인생 을
바꾸는
**건축
수업**

삶을
건축하며

나는
성장한다

인생을 바꾸는
건축수업

다선북

프롤로그

인생과 건축은 같다

젊은이들을 위해 이 책을 씁니다.
우리 인생을 풍성하게 살고 싶은 마음으로 이 책을 씁니다.
우리 모두 무럭무럭 자라면 좋겠다는 심정으로 이 책을 씁니다.
우리의 삶을 생생하게 깨울 수 있다는 믿음으로 이 책을 씁니다.
제 젊은 시절에 꼭 듣고 싶었던,
바로 그 이야기들을 담고 싶어 이 책을 씁니다.
건축수업에서 길어 올린 이야기들입니다.
건축과 인생은 참 비슷합니다.
우리 스스로 우리 인생의 건축가가 되어봅시다.

나도 건축하고 싶었다

"저도 건축하고 싶었어요!" 이 말을 정말 많이 듣습니다. 다른 일에서 상당한 성과를 거둔 분들까지도 이 말을 하십니다. '다시 태어나면 건축을 하고 싶다'고 작가 박경리 선생님도 말씀하셨던 적이 있지요. 이 말씀을 듣고 참 박경리 선생님답다고 생각했습니다.

건축은 왜 그리 매력적으로 보이는 걸까요? 건축은 정말 그렇게 매력적일까요? 현실 속의 건축 분야가 영화나 드라마에서 그려지듯 그리 매력적이거나 멋진 것만은 물론 아닙니다. 그 속을 살펴보면 다른 분야들보다 훨씬 더 고달픈 분야랍니다. 하지만 한 가지만은 분명합니다. 건축은 인생과 빼닮아 있다는 사실이지요. 건축 작업에는 우리 인생의 모든 것이 대입될 수 있을 정도로 비슷한 점이 많습니다. 우리 개인의 인생뿐만이 아니라 우리 사회가 고스란히 들어가 있기도 하지요. 어디 인생과 건축, 또 사회와 건축의 닮은 점들을 찾아볼까요?

하나, 그린다는 것입니다. 즉 구상, 계획, 설계입니다. '청사진을 그린다'는 말이 있지요. '청사진, 블루프린트(blueprint)'는 건축에서 나온 용어입니다. 지금이야 거의 캐드(CAD)로 그리고 프린터로 출력을 하지만, 예전엔 얇은 종이에 손으로 하나하나 도면을 그려서 청사진을 구워내었지요. 그래서 '청사진'이라는 말은 구상하고 계획하고 설계한다는 행위를 상징합니다. 청사진대로 되는 인생은 절대 없지만, 청사진 없는 인생 또한 어디 있겠습니까? 꼭 그림으로 그리지 않는다 하더라도, 머릿속 그림, 마음속 그림 없는 삶은 있을 수 없지요.

둘, 미래를 '긍정'합니다. 미래를 긍정하지 않고서야 어떻게 인생을 살아갈 수 있겠습니까? 흥미롭게도 '건설적'이라는 형용사는 긍정적이고 미래지향적이고 창조적이란 의미를 담고 있지요. '건설'이란 말 역시 도처에서 쓰입니다. 국가의 건설, 사회의 건설, 도시의 건설 등. 영어로 constructive(건설적), building(건설)이라고 하지요. 미래를 긍정해야 건설적이 될 수 있습니다. 현재가 아무리 힘들어도 미래를 긍정하며 인생을 긍정합시다.

셋, '창조'를 추구합니다. 물론 창조란 어떤 분야에서도 필요하지만 건축은 특별히 창조 행위가 강조됩니다. 흥미롭게도 영어 architect(건축가)의 첫 자를 대문자로 해서 'Architect'라 하면 '신'을 지칭합니다. 창조는 신의 영역이지만, 신의 분신인 우리 역시 마음 속 깊이 창조 행위에 끌립니다. 비록 신의 영역을 넘볼 수는 없다 하더라도, 우리의 삶에서 또 우리의 일에서 하나의 창조적 건축가가 되고 싶지 않습니까?

넷, '구성의 달인'이 되어야 합니다. 영어 'architecture'라는 말은 건축 분야에서만 쓰이는 것이 아닙니다. 'IT architecture'란 말처럼 컴퓨터, 소프트웨어 분야에서도 이 말이 쓰입니다. 구조를 디자인하는 작업이기 때문이지요. 복잡하고 복합적인 요소들과 절차들을 잘 구성해야 그 어떤 목적을 성취해낼 수 있다는 뜻이기도 합니다. 아무리 복잡한 것도 단순하게, 차근차근하게, 구조를 구성해가는 작업이 건축의 기본 속성입니다. 건축 훈련을 받은 사람들이 여러 분야에서 활약하는 이유이기도 합니다. 건축의 기본을 익히면 아주 요긴하게 쓸 수 있습니다.

다섯, '오케스트라' 작업을 합니다. 사실 이 세상에 협동 작업 없이 이룰 수 있는 일은 거의 없지만, 특히 건축은 그 복잡성과 복합성 때문에 협동과 협업이 절대적으로 필요합니다. 지휘자의 역할도 중요하지만 각 파트의 역할이 완벽히 맞아떨어져야 전체의 하모니가 이루어집니다. 어떤 일이든 부분과 전체의 역학을 잘 이해해야 좋은 퍼포먼스가 나오지 않습니까? 건축 훈련으로부터 협업에 대해 배울 수 있는 게 정말 많답니다.

여섯, 건축과 인생은 '소통'입니다. 통해야 합니다. 생각과 마음이 다른 사람들과 어떻게 통하느냐에 따라 일의 내용, 삶의 내용이 완연히 달라집니다. 성과만이 아니라 과정이 중요하고, 과정이 풍성해야 성과가 풍성해질 가능성도 높아집니다. 건축은 사람과 통하고, 자연과 통하고, 역사와 통하고, 미래와 통해야 하지요. 소통하는 기술을 익힐수록 더 큰 지혜를 얻을 수 있습니다. 물론 소통, 그 행위 자체가 기쁨을 주기도 합니다.

일곱, '관계'를 맺어주는 작업입니다. 건축이 폼 잡는 것이라고요? 물론 건축에서 폼(form, 형태) 잡는 기능은 매우 중요합니다. 하지만, 더욱 중요한 기능은 '관계'를 맺어주는 것입니다. 공간과 공간 사이, 공간과 사람 사이, 건축과 자연 사이의 '보이지 않는 선'을 잘 엮어서 좋은 관계를 맺으면 좋은 스토리가 생깁니다. 더 말할 것도 없이, 인생이란 관계 맺기의 스토리이지요. 폼만 잡는 건축이 처음엔 산뜻해도 곧 싫증나듯이 폼만 잡는 인생 또한 재미가 없지요.

여덟, 정치·경제·사회·인문·문화·예술·과학·기술 전반을 엮어야 합니다. 건축을 이른바 '인문사회·과학기술·문화예술의 삼위일체'라 하지요? 인류의 역사만큼이나 오래된 건축은 다른 어떤 분야보다도 모든 사회 구성요소들이 복합적으로 얽혀 있습니다. 건축은 사회를 통찰해야 하고, 그 통찰을 바탕으로 '그 무엇'을 만들어내는 작업입니다. 건축 분야가 시대정신과 시대적 과제를 고민하는 이유입니다. 우리 인생도 이런 고민과 무관치 않지요.

아홉, 건축은 궁극적으로 '행복'을 만드는 작업입니다. 우리 인생, 우리 삶의 궁극적인 목표를 무엇이라고 할 수 있을까요? 성공, 권력, 명예, 돈? 아니면 진리, 의미, 아름다움? 세속적 가치이든 성찰적 가치이든 이런 가치들을 넘어서, 결국 모든 사람들은 '행복'하기를 바랍니다. 아무리 돈이 모자라도, 아무리 시간이 모자라도, 아무리 땅이 작아도, 아무리 작은 집이라도, 건축은 그 제약과 한계 속에서 '행복'을 만들고자 노력하는 작업입니다. 우리의 인생도 그러하지요?

열, 그래서 결국 '사람'입니다. 이 모든 것을 합쳐 건축은 사람입니다. 사람에 대한 것이고, 사람을 위한 것이고, 사람이 하는 것이지요. 인생이 사람의, 사람에 대한, 사람을 위한 것인 것처럼 건축 공부는 결국 사람 공부이고, 건축수업에서 삶 공부와 인생 공부의 지혜를 길어 올릴 수 있는 것이지요. 사람을 발견하고, 사람과 인연을 맺고, 사람 사는 이야기를 엮어가고, 사람으로서 할 수 있는 일에 몰입하고, 그래서 건축은 무한히 흥미롭습니다.

이렇게 우리의 인생과 건축이 닮은 점 열 가지를 조목조목 짚어보니, 건축수업에서 배울 것이 참으로 많을 것 같지요? 건축 작업은 참으로 인간의 본성에 부합되는 속성을 갖고 있습니다. 그래서 많은 사람들이 부지불식간에 "나도 건축을 하고 싶었다!"고 하는 것이겠지요. 저는 건축을 다음과 같이 정의합니다.

"건축 작업은 사람이 중심이고, 논리적인 한편 감성적이고, 큰 그림과 함께 정교한 디테일이 필요하고, 미래를 만들지만 동시에 역사가 담겨 있고, 예술이자 또한 실용이고, 건설 속에 문화가 스며들어 있으며, 지역성과 함께 세계성을 포괄하고, 하드웨어 속에 소프트웨어를 녹이고, 전문적이면서도 여러 분야를 넘나들어야 하고, 아는 것 이상으로 만들어내야 하고, '무언가 만들고 싶다'는 인간의 깊은 심성과 닮아 있으며, 제약 속에서 행복을 만드는 작업이다. 건축은 복합적이고도 흥미로운 작업이다."

누구에게나 필요한 건축수업

실제 건축수업은 어느 누구에게나 상당한 도움이 되는 내용을 담고 있습니다. 건축을 공부한 사람들이 다른 분야에서 다양한 기량을 펼치는 것도 건축 학습에 포함되어 있는 창조, 상상, 소통, 구성과 구축, 팀워크, 감성의 훈련 때문일 것입니다.

제 소망 중 하나는, 초등학교 필수 과목으로 '건축, 도시, 환경, 디자인을 아우르는 공간학습'을 만드는 것입니다. 지나치게 꽉 짜인 지식 주입식 공부에서 벗어나 창조적인 공부 습관을 기르게 해줄 수 있거든요. 상상력을 불러일으키고, 무에서 유를 창조할 수 있게 돕고, 역동적인 탐험의식을 길러주고, 풍부한 감성을 유지할 수 있게 하는 거지요. 우리 사회의 교육 시스템에서 부족하다고 자주 지적되는 역량들입니다.

대학에서도 역시 '공간 상상 학습'이 필수 과목이 되면 좋겠습니다. 〈건축학개론〉이라는 영화가 대성공을 거두면서 교양과목으로서의 '건축학 개론'이 인기가 높아졌다고 합니다마는, 저는 개론 그 이상의 학습을 꿈꾸어보곤 합니다. 본문에서도 다시 거론할 테지만, 저는 한때 카이스트에서 '도시상상'이라는 과목을 디자인해서 가르쳤던 적이 있습니다. 이 과목을 통해 다양한 전공을 가진 학생들이 자신의 전공 지식의 틀에서 벗어나 세계를 보는 새로운 눈을 갖게 되는 것을 보며 아주 뿌듯했답니다. 이런 '상상 훈련'이 참으로 우리를 다시 깨어나게 합니다. 다시 태어나게 합니다. 우리의 일상을 뜻깊게 만들어줍니다.

'건축을 하고 싶었던 분들, 건축을 하고 싶어 하는 분들, 건축을 하고 있는 분들'에게도 이 책이 쓸모 있겠지만, 좀더 크게 본다면 이 책은 '눈에 안 보이는 것을 눈에 보이는 것으로 만드는 일, 창조적인 일, 복잡한 일을 헤쳐 나가는 일, 사람들의 마음과 생각을 읽고 소통하는 일, 사람들을 행복하게 만들고 마음을 풍요롭게 해주는 일'을 하고 있고 또 하고 싶어 하는 모든 분들에게 도움이 될 수 있을 겁니다.

책은 4부, 30가지의 프로젝트로 구성됩니다. 핵심이 되는 훈련만 고르려 노력했습니다. 꼭 차례대로 읽으실 필요는 없습니다. 흥미로워 보이는 부분을 골라서 읽어보셔도 좋습니다.

1부는 '탐험하는 건축'입니다. 인생은 탐험의 여정입니다. 호기심과 동경, 떠남과 만남, 첫 경험의 떨림과 재 체험의 깊이를 오가고, 모르는 길을 걸으며 모퉁이에서 나타날 새로운 장면에 설레는 끝없는 여행이지요. 우리가 호기심을 잃지 않는 한, 세계는 그 무한한 비밀을 우리에게 펼쳐줍니다. 건축은 탐험에서부터 시작한다고 해도 과언이 아니지요. 현장은 새로운 영감을 던져줍니다. 길을 잃어보는 용기에서부터, 익숙한 우리 집을 탐험하는 방식, 생전 모르던 공간의 단서를 발견하는 방식까지, 탐험의 여정은 끝이 없습니다. 세계가 펼쳐주는 수수께끼를 풀어가는 재미를 익히고, 관찰하고, 단서를 찾으며 우리 스스로 능숙한 '탐정'이 되어봅시다!

2부는 '통하는 건축'입니다. 사람들과 통하는 것만큼 재미있고 신나는 것은 없습니다. 통하며 살면 인생이 풍부해지듯이, 통하며 건축해야 좋은 건축을 만들 수 있습니다. 그런데 이 '통하기'만큼 어려운 과제 또한 없습니다. 근본적으로 말하기와 글쓰기로 이루어지는, 가장 쉬운 것 같으면서도 가장 어려운 소통 역량을 어떻게 키울지, 우리 모두의 고민이 아닐 수 없습니다. 평생을 갈고 닦아야 할 기량입니다. 어떻게 입을 열고, 이야기하고, 글을 쓰고, 사람을 만나고, 토론하고, 자신을 기록하고, 자료를 정리하며 자신의 역량을 결집하는 포트폴리오를 만들 것인가? 우리의 '소통' 역량을 마스터해봅시다!

3부는 '짓는 건축'입니다. '짓다'라는 말은 참 의미심장한 말입니다. 우리는 집을 짓고, 글을 짓고, 시를 짓습니다. 또 옷을 짓고, 약을 짓고, 밥을 짓습니다. 왜 '짓다'라는 행위의 대상은 이렇게 다양할까요? 왜 우리는 '짓다'라는 말을 이렇게 많이 쓰는 것일까요? 짓는 행위는 그 안에 '구조적'인 과정이 녹아 있으며, '창조'를 하는 행위입니다. '창조'란 하늘에서 뚝 떨어지는 게 아닙니다. 여러 가지 요소들을 엮고, 절차를 잘 관리해야 지을 수 있지요. 짓는 방법을 습득해봅시다. 콘셉트를 어떻게 잡을지, 얼개를 어떻게 짜야 하는지, 디테일은 어떻게 발전시켜야 하는지 등 '짓기'의 기본기는 여러 상황에서 도움이 됩니다. 복잡한 것을 단순화하고, 단순한 데에서 정교하게 발전시키는 것이 핵심입니다. '짓기' 능력을 키워봅시다!

4부는 '느끼는 건축'입니다. '느낌'이란 감성이고, 감성은 본능적이라는 오해가 많습니다. 느끼기엔 이유가 없다는 오해가 많습니다. 감성은 훈련이 필요 없는 것이라는 오해도 많습니다. 그러나, 그렇지 않습니다. 느끼기에도 많은 훈련이 필요하답니다. 사실 이 훈련은, 우리가 어린 시절 풍부하게 가졌던 느끼는 능력을 잃지 않고, 다시 떠올리고, 더 발전시키기 위한 훈련이라고 할 수 있습니다. 어릴 때 풍부하던 느끼는 능력이 아는 게 많아질수록 어느새 멈춰져 있음을 한탄할 때가 많으시지요? 관건은, 알면서도 느낄 수 있는 것입니다. 생각조차도 느낄 수 있는 능력입니다. 진정 느껴야 그 무엇을 만들어낼 수 있습니다. 우리의 몸과 오감을 발동시키며 상상력을 키워봅시다. '느끼는 기쁨'을 만끽해봅시다!

매일매일 자라기

이 책은 일상의 습관에 대한 내용을 담고 있습니다. '건축'은 항상 우리 주변에 있는 만큼, 그야말로 일상의 소재가 아닐 수 없지요. 매일매일이 공부이고 순간순간이 공부입니다.

학교 공부는 물론 중요합니다. 하지만 어떤 공부도 학교 공부만으로 되는 것은 아닙니다. 현장 학습이 동반되지 않으면 통찰력과 순발력과 추진력과 기획력이 떨어지는 것은 물론, 무엇보다도 피가 도는 생생함과 땀 흘리는 절박감이 떨어집니다. '현장의 학습, 일상의 학습'이 그리 중요한 이유이지요. 현장은 따로 있는 게 아닙니다. 우리의 일상이 모두 하나의 현장이지요. 우리의 일상에서 안테나를 발동시키고, 우리의 온몸을 사용해보고, 우리의 오감을 작동해보고, 우리의 체험과 생각을 세상과 소통해보고, 우리 자신의 존재를 확인하고 또 의문하는 과정 속에서 학교에서 배운 공부에 피가 돌고 살이 붙게 됩니다.

저는 '매일매일 자라기'를 넘어 '순간순간 자라기'라고까지 표현하고 싶습니다. '자라기 습관'을 몸에 익히면 저도 모르게 어느덧 훌쩍 자라 있는 것을 느끼게 됩니다. 인생은 죽을 때까지 자라는 여정이 아닐까요?

방황하던 젊은 시절에 듣고 싶었던 이야기

이 책의 내용은 제가 어릴 적 방황할 때, 뭘 몰라서 당황해할 때, 건축에 입문했을 때, 사회초년병 시절에, 정말 듣고 싶었던 내용들이랍니다. '그때 이런 이야기를 들었더라면 얼마나 좋았을까? 그때 이런 이야기를 들었더라면 용기백배했을 것을, 좌절을 더 잘 이겨낼 수 있었을 것을, 헤매는 시간을 많이 아낄 수 있었을 것을, 아마 지금의 나는 훨씬 더 훌쩍 자라있었을 것을⋯⋯' 하는 생각도 듭니다.

　우리 사회는 참 잘 안 가르쳐줍니다. 대충 알아서 하라거나, 혼자 깨져가며 배우라거나, 고답적이고 추상적인 원론만을 강조하거나, 또는 너무 '정답'만을 알려주려 하거나 '요령'만을 반복 주입해서 스스로 깨우치지 못하게 하는 경우가 참 많습니다. 답답할 노릇이죠. 의문을 던지는 사람이나 답을 고민하는 사람이나 모두 답답한 상황이지요.

　저는 이 책에서 최대한 이런 답답한 심정을 풀어보고자 합니다. 추상적 개념과 구체적 방법을 오가고, 눈에 보이는 현상과 눈에 잘 안 보이는 본질 사이의 관계를 짚어보고자 합니다. 독자들이 이해하기 쉽게 사례도 많이 들고, '첫째, 둘째, 셋째' 하는 식으로 조목조목 짚어보기도 하겠습니다. 제가 그렇게 듣고 싶어 했던 방식을 떠올리면서, 독자들의 아쉬움을 풀어보도록 하겠습니다.

　이 책은 제가 썼던 책, 『매일매일 자라기』를 각색해서 새로 쓴 것입니다. 건축인과 관련 전문인들을 위하여 썼던 『매일매일 자라기』를 통해 많은 깨우침을 얻었다면서, 건축인들뿐 아니라 일반 사람들이 쉽게 접할 수 있는 책으로 다시 태어나게 하자는 제안들을 수없이 받았고 저도 그렇게 해야 한다고 마음을 먹었답니다. 작심만 하고 실행하지 못했던 프로젝트를 이번에 마무리하게 되어 저도 홀가분합니다. 『매일매일 자라기』를 읽으며 자랐다고 한 독자들도 이 『인생을 바꾸는 건축수업』을 다시 읽어주시면 좋겠습니다. 얼마나 자랐는지, 자신의 삶이 얼마나 일깨워졌는지 생각하면서요.

이 책은 저 자신에게도 큰 의미가 되었답니다. 이 책을 쓰면서 저도 훌쩍 자랐고, 또 수시로 읽으면서 저의 초심을 다시 일깨울 수 있었습니다. 앞으로도 그럴 것이고, 그래서 계속 다시 쓰는 작업을 할 결심을 하고 있답니다. 건축수업은 끊임없이 저의 삶 역시 새롭게 일깨울 것입니다.

'좋은 건축인', '좋은 사람'이 되어봅시다!

이 책에서는 '건축가'라는 말보다는 '건축인'이라는 말을 주로 쓰려고 합니다. 독자 여러분들도 '건축가'에 대한 환상이 있으시지요? '창조의 주인공, 멋지고 로맨틱하고 때로 영웅적이고, 자신이 그린 대로 만들어내는 전지전능' 등의 이미지가 '건축가'라는 말에 투영되어 있지요. 이런 환상을 깨기가 쉽지 않아서, 저는 건축가 대신에 건축인이라는 말을 쓰려고 합니다.

우리는 모두 '좋은 건축인'이 될 수 있다고 생각합니다. 우리 모두가 삶의 주인공이기 때문입니다. '좋은 건축인'이란 '좋은 친구, 좋은 연인, 좋은 반려자, 좋은 이웃, 좋은 시민'이 된다는 것이 제 생각입니다. 한마디로 '좋은 사람'이겠지요? '삶과 사람을 사랑하며, 자연과 생명의 이치를 이해하고 존중하며, 도덕적이고 성찰적이며, 자신의 감성과 다른 사람들의 감성을 이해하고, 진지하면서도 유쾌하고, 비판적이면서도 긍정적이고, 사회 정의에 무감각하지 않으며, 하나의 시민으로서 더 좋은 사회를 만드는 노력을 하는 사람'을 '좋은 사람'이라 정의한다면, 좋은 건축인은 좋은 사람일 가능성이 높아진다고 저는 감히 말하고 싶습니다.

여러분이 '건축'을 자신의 업으로 택할 필요는 없습니다. 다만, 항상 '건축 안'에서 사는 사람으로서, 건축수업이 우리의 삶을 일깨우는 의미에 귀를 기울여봅시다. 우리의 좋은 삶과 좋은 인생을 위해서, 즐겁게 또 행복하게!

2012년 10월

김 진 애

차례

프롤로그 인생과 건축은 같다 5

1부

'탐험하는' 건축

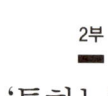

길 잃어보기 길을 잃어야 길을 찾을 수 있다 25

집 읽기 나의 집에 내가 있다 36

I See You, 건축 보기 마음으로 보면 새삼 보인다 47

도시 탐험하기 도시의 숲에서 세상을 발견한다 61

우리 땅 걷기 내 발로 걸어야 생생하다 84

내 공간 깨우기 당신이 있는 그 공간, 당신 거다 92

동네에 개입하기 진화하는 동네에 우리 삶이 있다 99

2부

'통하는' 건축

말하기 입을 열수록 겁이 줄어든다 109

이야기하기 우리 모두 이야기꾼이 될 수 있다 120

글쓰기 글을 써야 자란다, 글을 써야 남는다 133

토론하기 묻고 듣고 논쟁하면서 부쩍 큰다 144

사람 만나기 언제 어디서나 사람들은 나를 보고 있다 152

서랍 만들기 머릿속 서랍과 진짜 서랍은 통한다 160

포스트잇 하기 눈에 보이면 생각이 난다 172

기록하기 자신의 기록은 자신의 책임이다 177

포트폴리오 만들기 언제나 '준비된 나'를 보여주다 183

세 권의 책 읽기 책 읽는 당신의 이유는 무엇인가 195

3부 '짓는' 건축

다이어그램 그려보기 '컨셉'의 힘은 세다, 그릴수록 커진다 213

스케치하기 생각의 발전을 도와주는 게 스케치다 223

모형 만들기 입체적 사고를 하면 발상이 바뀐다 234

베껴보기 모방의 순기능을 익히면 창조할 수 있다 248

팀워크하기 전체는 부분의 합보다 크다 259

4부 '느끼는' 건축

눈 감고 느끼기 눈을 감고 본능을 일깨워라 273

눈 뜨고 느끼기 의식의 눈을 활짝 뜨고 느껴라 282

몸으로 느끼기 몸은 먼저 기억한다, 오감을 작동하라 289

생각을 느끼기 느끼는 생각이야말로 진짜 생각이다 299

예술 속의 건축성 맛보기 예술의 영혼을 만져보라 306

시간 느끼기 눈에 안 보이는 시간, 어디에나 배어 있다 315

상상력 키우기 상상력과 실천력은 짝이다 323

흔들어보기 당신의 믿음을 흔들어라, 야성을 깨워라 335

에필로그 '말하는 건축가'와 '만드는 건축가' 343

1부

'탐험하는' 건축

길을 잃으며,

길을 찾으며,

탐험하는 인생의 여정.

믿을 것은 우리 자신밖에 없다.

온 마음을 활짝 열고

온 몸의 촉수를 생생하게 작동하고

밝은 눈, 깨인 눈과 함께

이 세계를 탐험해보자.

길을 잃어보면 길이 보인다.

길 잃어보기
Be lost

길을 잃어야 길을 찾을 수 있다

길을 잃는 것은
자신이라 알고 있던 것을 잃어보는 것이다
길을 찾는 것은
곧 자신을 찾는 것이기도 하다

길을 찾으려는가? 편한 길, 넓은 길, 밝은 길, 쉬운 길, 확실한 길을 찾는가? 길을 잃지 않으려 애쓰는가? 길을 잃을까 봐 무서운가? 그 이전에, 과감하게 길을 잃어보자!

길을 잃는다는 건 '잃는 행위' 자체가 아니라 '찾는 행위'가 중요하다는 것을 말한다. 어떻게 찾을 것인가? 무엇을 찾을 것인가? 단서는 어디에 있는가? 위험은 어디에 도사리고 있는가? 그 위험을 어떻게 피할 것인가? 즐거움은 어떤 것인가? 만약 다시 여기에 온다면 확실히 길을 찾을 수 있을까? 다른 사람에게 이곳을 어떻게 설명할 수 있을까? 이곳의 지도를 그릴 수 있을까? 이런 즐거움이 바로 길을 잃어보는 즐거움이다. 길을 잃고 또 길을 찾는 과정에서 공간, 장소, 생활, 사람, 사회의 작동 방식에 대한 노하우가 생긴다. 실수를 통해 얻어지는 진짜 지식, 모색의 모색을 통해서 얻어지는 진짜 체험이 길을 잃는 과정에서 생기는 것이다. 마치 우리의 인생처럼.

길 잃기란 마치 추리소설 같다

그 유명한 영화 〈본〉 시리즈 3편 중 하나도 안 보신 분들이 아마 많지는 않을 것이다. 동명의 추리소설에서 다시 태어난 액션 영화다. 나는 이 소설을 쓴 작가 로버트 러드럼(Robert Ludlum)에게 홀딱 반해서 그가 쓴 거의 모든 소설들을 찾아 읽었다. 주로 해외여행 길의 비행기 안에서 읽곤 했는데, 공항 책방에서 한 권 사서 비행기에 오르면 시간 감각을 없애기에 그만이다. 그중에서도 〈본 아이덴티티(The Bourne Identity)〉〈본 슈프리머시(The Bourne Supremacy)〉〈본 얼티메이텀(The Bourne Ultimatum)〉이 세 권은 압권 중의 압권이다.

원작 작가도 직접 시나리오 작업에 가담하면서 영화는 21세기다운 스토리로 재구성되었으나 근본적 모티브는 같다. 총격 부상으로 기억상실증에 걸린 첩보요원이 자신의 정체성을 찾아다니는 내용이다. 유일한 단서는 치료 중 자신의 엉덩이 속에서 발견한 쪽지 하나다. 제

네바, 파리, 런던, 베트남, 알프스, 뉴욕, 워싱턴으로 전개되는 이 영화는 특히 도시에서의 길 찾기, 곧 살아남기가 흥미롭고, 주인공 본이 자신의 '진짜 아이덴티티'와 첩보요원 임무에 의해 '주입된 아이덴티티' 사이에서 끝없이 방황하는 것이 묘미다. 사람의 아이덴티티('본'과 '킬러')를 탐험하는 과정과 장소의 아이덴티티(각 도시의 접선 장소들, 아파트, 묘지, 거리, 상점, 성당 등)를 탐험하는 과정이 마치 바흐의 푸가처럼 얽히고설킨다. "길을 잃는 것은 자신이라 알고 있던 것을 잃어보는 것이다. 길을 찾는 것은 곧 자신을 찾는 것이기도 하다." 내가 정의한 이 진실을 선명하게 보여주는 추리소설이다.

공전의 히트를 친 댄 브라운의 추리소설 『다빈치 코드』 역시 공간에 숨겨진 비밀을 찾는 발상이 독자를 매혹했던 것이 아닐까. '성서'의 비밀이 이천 년 동안 그 어느 공간에 숨겨져 있을지 모른다는 구상은 사람들의 가슴을 설레게 한다. 이 소설 덕분에 중국계 미국 건축가 I. M. 페이가 설계한 피라미드 모양의 새 루브르 박물관에 사람들이 몰려드는 건지도 모르겠다. '길 찾기'에 숨어 있는 추리 행위란 그렇게 매혹적인 것이다.

길을 헤매며 숨은 보물을 찾는다

나는 길을 잃다가 내가 모르고 있던 한 건축가를 우연히 발견했던 적이 있다. 카를로 스카르파(Carlo Scarpa, 1906~1978)라는 이탈리아 건축가로, '건축의 시인'이라 평가받는 건축가다. 콘크리트, 철제 등 현대적인 재료를 수공예적인 디테일을 통해 감수성 가득한 공간으로 창조하여 새로운 이탈리아적 건축의 가능성을 열었을 뿐 아니라 수많은 후학들에게 건축적 영감을 선사했다.

MIT 유학 시절에 보름 동안 유럽여행을 하는 행운이 있었다. 길을 잃을 생각은 전혀 없었다. 처음 가보는 유럽, 게다가 홀로 하는 여행이니 준비를 열심히 했던 셈이다. 오스트리아 친구가 밀라노와 베니스 사이에 있는 작은 도시인 비센차(Vicenza)와 베로나(Verona)를 꼭 들러보기를 권했다. 비센차는 팔라디오(르네상스와 바로크 시대를 잇는 대표적 건축가)의 고향도시이니 꼭 보고, 베로나는 『로미오와 줄리엣』의 무대로도 유명하거니와 무엇보다 여름밤에 원형극장에서 야외 오페라를 공연하니 그것도 꼭 보라고 권했다. 나는 베로나에서 〈나비부인〉을 봤다. 오페라 자체보다 도시 전체에 가득한 축제 분위기가 더욱 생생한 인상으로 남아 있다.

비센차에서 팔라디오의 최고 걸작인 '올림픽 극장(Olympico Theatro)'을 보러 갔다. 신통방통한 공간 발명에 감탄을 금치 못했다. 그 감동을 식히려 길을 걷다 옆에 있는 한 바실리카 건물에 들어갔다. 1층 일부와 작은 옥외공간에 설치된 전시공간을 우연히 보게 되었는데 나는 단순한 조형에서 우러나오는 힘을 보고 '이탈리아의 디자인 능력은 참으로 뛰어나구나' 느꼈다.

베로나에서는 강가를 한가롭게 걷다가 우연히 '카스텔베키오 박물관(Castelvecchio Museum)'에 들어갔다. 오페라를 보려던 나의 일정에 없던 우연한 일이었다. 그저 소도시의 작은 박물관일 것이라 여겼던 이 박물관에서 받은 충격은 무척 컸다. 늦은 오후에 긴 그림자가 떨어지는 공간을 거닐며, 나는 이탈리아의 그 무엇이 이처럼 '단순해서 더 큰 디자인 파워'를 만드는지 놀라울 따름이었다. 돌아와서 학교 친구와 여행 소감을 나누다가 드디어 이 공간들을 설계한 건축가 스카르파에 대해 알게 되었다. 친구는 '아니 어떻게 여태껏 스카르파를 모르느냐'고 웃어댔다. MIT 교수 중 한 사람이 스카르파 광신도에 가깝다는데 나는 그 교수가 왠지 맘에 안 들어서 관심을 두지 않았던 터라 완전히 놓쳤던 셈이다. 얼마나 다행이랴? 건축을 직접 만남으로써 한 건축가의 존재를 알게 되었으니. 길을 잃다 우연히 겪은 고귀한 체험인 것이다.

나는 지금도 자주 길을 잃는다. 물론 다분히 의도적으로 말이다. 고속도로 외에는 미리 지도를 보지 않는다. GPS 끄고 모바일 지도도 찾지 않는다. 시간 맞춰야 하는 일이 아니라면 운전대를 꺾는다. 시간이 남으면 돌아가더라도 작은 길을 택한다. 시간이 더 있다 싶으면 차를 세우고 주변 골목을 걸어본다. 그러는 와중에 나는 여러 동네를 알게 되었다. 서울은 내게 꽤 친숙한 도시이지만 작은 동네에서는 길을 잃기 십상이다. 이런 가운데 내가 발견한 '맛있는' 동네들은 꽤 많다. 사람들이 무척 좋아하는 서울의 인사동, 삼청동, 가회동 등은 물론이고 서울의 보통 동네인 옥수동, 봉천동, 성수동, 보문동, 우면동, 황학동, 보광동, 성북동, 신수동, 염리동 등. 그리고 우리의 아름다운 지방 도시의 동네로 전주 교동, 인천 차이나타운, 경주 쪽샘마을, 제주 조천마을 등. 아쉬운 점이라면 이런 맛깔스런 동네들이 자꾸 사라진다는 것이다.

이왕이면 혼자서 길을 잃어보라

여행은 혼자 가는 게 최고다. 혼자 다녀야 진짜 길을 잃어볼 수 있다. 수많은 여행 중에서도 혼자 했던 여행이 기억에 남고, 길을 잃었던 여행은 더욱 깊이 기억에 남는다. 워낙 그룹여행이 대세이지만, 일행이 가는 그룹여행에서도 되도록 혼자만의 길 잃는 시간을 만드는 것이 상책이다.

꽤 오래전 아직 중국 개방이 안 되어 있던 무렵, 30여 명의 미국인, 중국인들과 한 달간 중국 여행을 할 기회가 있었다. 당시의 중국은 마치 오지와 같은 느낌이었고, 사회주의 환경에 대한 막연한 두려움도 작용했던 터라 우리는 항상 같이 다녔다. 여행의 열흘 째, 나는 결국 못 참고 혼자 길을 택했다. '물의 도시' 스주(蘇州)에서 호텔로 돌아가는 여정이 자유 시간으로 주어졌는데 나는 그룹을 제쳐버리고 혼자 나섰다. 두어 시간 운하를 헤집고 골목길을 헤집으며 겨우 호텔을 찾

았는데, 한적한 길을 걷다가 혹시 무슨 일이 생기지는 않을까 불안하기도 했지만, 결국 그 순간이 그 여행에서 최고의 체험 중 하나가 되었다.

혼자서 못 가보는 곳도 있다. 특히 여자는 불안하다. 나는 뉴욕시의 할렘 가(한때 고급 주거지였으나 피폐되어 부랑배와 범죄자가 들끓는 폐허 지역이 되었다가 최근엔 도시 재생 노력에 힘입어 다시 태어나고 있다)를 차안에서, 그것도 일부밖에 못 봤다. 미국 도시들에서는 번화한 다운타운 외에는 혼자 걷기가 아무래도 불안하다. 다른 도시들도 북적거리는 곳이 아니면 그리 안전하게 느껴지지가 않는다. 나의 방침은 이렇다. "길에 혼자 걷는 사람이 있는 곳, 특히 아줌마, 할머니, 어린이가 있으면 안심하고 탐험하자." 파리의 몽마르트르 언덕을 나는 이런 마음으로 걸었다. 관광객의 눈이 아니라 주민의 눈으로 몽마르트르를 본 셈이다.

한 번은 지하철을 잘못 타서 독일 프랑크푸르트 교외에 혼자 내리게 되었는데 내친 김에 지도에 찍어둔 근처 유치원을 보기로 했다. 으스스하게 흐린 일요일 오전에 이 한적한 교외에는 그야말로 개미 새끼 한 마리 없었다. 주변에 집 한 채 없는 시골 풍경이 이어졌다. 유치원 근처이니 설마 무슨 일 있으랴 하고 갈대밭 사이를 걸어 유치원을 찾기는 했는데 문이 굳게 닫혀 있었다. 다시 한적한 교외 역에 돌아와 오지 않는 지하철을 기다리자니 기분은 더욱 으스스해지기 시작했다.

그때 저쪽 길에서 열 살 정도의 한 소년이 자전거를 타고 오더니 의젓하게 자전거를 주차시키고 역으로 들어왔다. 마음이 푹 놓였다. 주변을 돌아보니, 역 뒤에 빈터가 있는데 중간 중간에 나무가 심어져 있지만 영락없는 주차장이었다. "아하, 이게 바로 '파크 앤 라이드(park & ride, 교외 주민이 차를 주차시키고 철도로 통근하는 시스템)'구나!" 그렇게 보니 주중이면 어떤 장면들이 벌어질지 상상이 되었다. 바쁜 통근인들, 남편을 태워다줄 아내들, 학생 자녀를 배웅해줄 부모들, 바쁜 뽀뽀, 반갑게 얼싸안는 장면들이 연상되면서 마음이 푸근해졌다.

점(点), 선(線), 면(面) 사이에 나를 놓는다

여행에서 길을 잃어보기란 쉽고도 어렵다. 길을 잘 모르니까 잃기 쉬울 수도 있지만, 오히려 길을 모르니 불안해서 잃지 않으려 온갖 애를 쓰게 되는 것이다. 나의 방침은 이렇다. 찾아볼 곳 몇 군데에 점만 찍어놓고 사이사이에서는 길을 잃는다. 머릿속에 미리 대충 지도를 그려놓는다. 남쪽에 어디어디, 북쪽에 어디어디, 큰길 따라 어디어디 하는 식이다. 나머지는 온전하게 다리와 체력에 맡긴다. 정 피곤해지면 택시를 타리라 마음먹는다.

이렇게 해서 체험한 도시들이 무척 많다. 이탈리아 소도시들은 어디나 발로 체험하기 좋고 길 잃을 위험도 별로 없다. 조금만 걸으면 광장이 있어 방향 감각을 찾기 쉽기 때문이다.

시에나(Sienna)의 체험은 그중에서도 가장 그럴듯했다. 새벽에 도착했는데, 도시 전체에 새벽 안개가 피어오르는 가운데 골목골목을 누비다가 캄포(Piazza del Campo, 조개 모양의 시에나 중심 광장)에 도착했을 때에는 햇살이 드높아진 9시, 사람들로 시끌시끌해지며 커피 향기와 빵 냄새가 진동하는 가운데 도시가 삶으로 깨어나는 일련의 과정을 생생하게 체험했다.

점(点) 선(線), 면(面)을 대충 그려두는 것은 아주 유용하다. 점이라면 특정한 건물이나 랜드마크가 되는 광장 같은 곳이다. 선은 길게 늘어선 거리다. 어느 도시에나 유명한 거리가 꼭 있게 마련이다. 면은 동네다. 특색 있는 색깔을 가진 동네가 곳곳에 있다. 이미 모든 독자들은 나름대로 점, 선, 면을 머릿속에 그리고 있을 것이다.

이것이 바로 이미지 맵(image map)이다. 우리 머릿속에 그려지는 이미지 맵을 통해 우리는 세계를 인식하고, 길을 찾는다. 길을 잃어볼수록, 길을 찾아보려고 애써볼수록 우리의 이미지 맵은 선명하고 다양하고 풍성해진다.

이미지 맵(image map)을 그려보자

모쪼록 길을 잃어볼 일이다. 도시에서 또는 건축물 안에서도 많이 걸어야 한다. 도시를 전혀 모르는 사람이라면 어디에서도 길을 잃어보라. 큰길에서도, 작은 길에서도. 큰길을 찾는 단서는 어디에 있나? 어떤 지형에 어떤 길이 나는가? 길은 어떤 모양인가? 가게는 어디 생기나? 큰집은 어디 생기나? 무엇이 이정표 역할을 하나? 사람은 어디로 들어가고 차는 어디로 들어가나? 시간에 따라 사람들의 모습은 어떻게 바뀌나? 유심히 살펴보자.

길을 잃고 헤맨 후에는 지도를 그려보라. 머릿속에 새겨진 지도를 손으로 그려보는 것이다. 그 스케치를 진짜 지도와 비교해보라. 무척 다르다. 다르다고 자신을 바보라 생각지 마라. 다른 것이 옳다. 만약 우리가 진짜 지도와 똑같이 도시를 체험한다면 우리는 사람이 아니라 지도상의 좌표에 불과할 뿐이다. 우리는 사람이다. 우리의 눈과 발로 본 도시건축은 바로 사람의 마음이 그리는 지도이다. 바로 '이미지 맵'이다. 삶의 체험을 풍요롭게 하고 이미지를 풍부하게 해주는 체험은 바로 길을 잃어보는 데서 나온다. 길을 잃자. 그리고 길을 찾는 우리의 본능을 일깨워보자.

집 읽기
Read into my house

나의 집에 내가 있다

이 집은 '누구'일까
알지 못하는 나,
나의 집에 내가 있다

우리 모두가 '건축가'가 될 수 있다면 그건 바로 '집'이 있기 때문이다. 집에 대해서만큼은 오롯이 우리 자신이 주인이다. 집은 우리의 '성(城)'이며, 우리의 꿈이며, 우리의 추억이며, 우리 자신의 모습이다. 집에서 우리는 온전히 우리 자신을 드러낼 수 있는가 하면 은밀하게 비밀을 감출 수도 있다. 집에서 우리는 세상을 배우고 인간관계를 배우고 자신과 사람들의 심리를 파악한다.

내가 쓴 책 중에 『이 집은 누구인가』라는 게 있는데, 내가 지은 책들 중 가장 마음에 드는 제목이다. 어떻게 그리 근사한 제목을 생각해냈을까, 스스로 감탄하곤 한다. 집을 들여다보면 정말 사는 사람이 보인다. 집이 누구인지를 알면 내가 누구인지도 알 수 있을 것이다. 그러니 일단 자신의 집을 잘 읽어보자. 누구나 자기의 집에 살고 있기 때문에 누구에게나 기회가 있다.

건축가가 자신의 집을 지어 유명해진 것은 고전적인 스토리다. 우리 건축가 중에는 그 정도의 여유를 가진 분들이 사실 그리 많지 않다. 반면 외국에는 자기 집을 하나의 작품으로 내보이는 건축가들도 적잖다. 미국 건축가 필립 존슨(Phillip Johnson)은 비평가로 이름을 날리다가 그가 설계한 자신의 심플한 집, '글래스 하우스(Glass House)' 하나로 명성을 굳혔다. 오스트리아 철학자인 비트겐슈타인은 '비트겐슈타인 하우스'라는 근대건축을 남겨서 철학적 해석의 재료가 되었다. 내가 무척 좋아하는 건축가인 알바 알토(Alvar Aalto)의 집도 유명한데, 핀란드 여행길에서 그곳을 방문해보고 그의 탁월한 건축 어휘들이 초기 작업에서부터 실험되었던 사실을 발견하고는 감명을 받았던 적이 있다. 왜 건축가는 자신의 집을 통해 자신의 건축을 선보일까? 두말할 것도 없이 건축주로서 자신의 생각을 맘껏 실현해볼 수 있기 때문일 것이다. '집이란 역시 집주인의 작품'이란 말이 맞다.

'말하는 건축가'가 되어보는 일

건축가들이 평소 아무리 큰 프로젝트들을 다룬다 하더라도, 몇 년에 한 번씩은 집 설계를 해봐야 한다는 말이 있다. '모쪼록 설계는 집으로 시작해서 집으로 끝내라'는 말도 있다. 왜 이런 말이 나올까? 그만큼 집 설계는 가장 원초적이고 가장 본질적으로 사람의 심성을 짚어보고 꿈을 헤아리는 작업이기 때문이다.

어떤 건축가도 집 설계를 의뢰받으면 가슴이 설렌다. 영화 〈건축학개론〉에서 삼십대 중반의 건축가인 주인공은 첫사랑 여인으로부터 집 설계를 의뢰받는데, 그게 그의 첫 작품이다. 작은 리모델링 프로젝트를 두고 건축가와 여인은 자신들의 꿈과 제주도의 아름다움과 첫사랑의 기억을 오가며 종종 기 싸움을 벌이는가 하면 서로 마음이 합해지는 황홀한 순간도 맛본다.

불행히도 요즘 건축가들은 집 설계 한 번 못 해보는 경우도 많다. 아파트며 빌라며 전원주택 등 이른바 업체들의 '레디메이드 상품'이 워낙 많아져서 집 설계의 기회 자체가 드물기 때문이다. 물론 기회가 닿는다고 해서 건축가가 자기 마음대로 지을 수는 없다. 집이란 만드는 사람의 것이 아니라 사는 사람들의 것이니 말이다. 나는 이렇게 말하곤 한다. "집주인은 '말하는 건축가'이고 집을 짓는 건축가는 '만드는 건축가'이다." '말하는 건축가'는 자신이 원하는 것을 되도록 잘 표현하고 잘 전달해야 한다. '만드는 건축가'는 '말하는 건축가'의 말에 함축된 마음과 꿈을 헤아려서, '눈에 안 보이는 것'을 '눈에 보이는 것'으로 만들어내는 사람이다. 가장 바람직한 경우는 '말하는 건축가'와 '만드는 건축가'의 궁합이 잘 들어맞는 경우다. 우리 중에 직접 '만드는 건축가'가 되는 사람들은 적을지 몰라도, 우리 모두 아주 훌륭한 '말하는 건축가'가 될 필요가 있다. 집을 읽는 것은 그 시작이다.

'나의 집'인가, '우리 집'인가?

그런데, '우리 집'이라 해야 할까, '나의 집'이라 해야 할까? 고민스럽다. 우리 문화에서는 통상 '우리 집'이라 쓰는 게 자연스럽지만, 최근에는 '나의 집' 역시 자연스럽게 쓰고 있다. 개인주의 성향도 그러하거니와 혼자 사는 집이 많아지면서 집에 대한 생각이 그만큼 변화하고 있는 것이다.

하지만 '집'은 역시 '우리 집' 아닐까? 영어에서는 'house(집)'와 'home(가정)'을 구분하지만, '집'이라는 단어는 집 자체와 가족이 사는 가정을 동시에 표현한다. '가족이 함께 사는 우리 집'이 역시 최고의 집인 것이다. '우리 집'인지라 그 안의 역학이 복잡다단하고 그만큼 더 흥미로워진다. 집을 짓다가 건축가와 집주인이 논쟁을 펼치는 경우도 적지 않지만, 때로는 집주인 가족들이 감정싸움을 하는 경우도 허다하다. 부부 사이에도 취향이 다르고 부모 자식 간의 의견 충돌은 다반사이다. 때로 갈등과 논쟁이 괴롭기도 하지만 그만큼 의미 있는 고민이다. 집은 '나'와 '우리'의 관계에 대해서 고민하게 만드는 공간이기 때문이다.

내가 우리 집을 지을 때에도 우리 아이들과 적잖이 논쟁을 했다. 당시 초등학생, 중학생이던 두 딸은 머리가 다 컸거니와 요즘 아이들답게 '프라이버시'에 대한 생각이 확고했다. 문제가 된 것은 내가 제안했던 '방 각각, 방문 각각이지만, 책장 위로 공간을 터놓는 아이디어' 때문이었다. 엄마로서 또 건축가로서 낸 아이디어다. '각기 시각적, 공간적 프라이버시는 가지되 자매의 관계를 소리로 확인한다'는 다소 엉뚱한 발상인데, 내가 '말하는 건축가이자 동시에 만드는 건축가'였기 때문에 실천 가능한 아이디어였다. 결국 실천된 이 아이디어 덕분에 우리 두 딸의 관계는 어떻게 전개되었을까? 나는 귀를 기울인다.

솔직히 건축인들의 가족은 적잖이 괴로울 것이다. 물론 쓸모 있는 '마름'으로 부려먹을 수 있어 편한 점도 있겠지만, 건축인들은 대체로 가족들에게 잔소리를 해대는 편이니 그리 편한 존재는 아닐 것이다. 건축가, 실내건축가, 디자이너를 남편으로 둔 아내는 불행하다는 농담도 있다. 어쩐지 못마땅해하는 눈치가 보여서 신경 쓰인다고 그들의 아내들이 나에게 귀띔한 적도 많다. 그래서 나는 결혼하는 남자 건축인들에게 집에 대해서만큼은 아내에게 모든 권한을 주라는 충고를 아끼지 않는다.

그래도 어쩌랴. 직업적 습관과 개인적 삶이 떨어지기 이려운 것이 건축 직능의 나쁜 점이자 또 좋은 점이다. 항상 눈을 뜨고 온몸의 촉수를 열어놓고 관찰을 해야 생활의 면면이 보이고 그것이 노하우가 된다. 집이란 단순해 보이면서도 짓기, 관리하기, 생활하기, 고치기 등

끝도 한도 없는 생활의 역학이 녹아 있으니 관찰 대상, 실험 대상으로는 그만이다.

건축인은 다채로운 경험을 해볼 필요가 있다. 물론 혼자 살아보는 경험도 좋다. 부부가 되면 더 많은 것이 보이고, 아이가 생기면 더 많이 보이고, 둘 이상의 아이들이 생기면 집의 더 큰 모습이 보인다. 건축인이라면 남녀 가릴 것 없이 누구나 부엌살림도 해보고, 빨래도 널어보고, 다림질도 해보고, 쓰레기도 버려보고, 청소도 해보아야 한다. 또 가족들이 언제 행복해하고 언제 불편해하는지 예민하게 관찰할 필요가 있다. 아이들이 왜 자기 방에 처박히는지, 왜 자기 방에는 잠만 자러 들어가는지, 어떤 저녁의 분위기가 좋은지, 어떤 분위기의 아침이 즐거운지, 어떤 휴일이 행복한지 관찰해야 한다. 날씨의 변화, 계절의 변화에도 가족의 감정이 어떻게 바뀌는지 집의 감정이 어떻게 바뀌는지 느낄 수 있어야 한다.

그런데, 이런 관찰을 과연 건축인들만 해야 할까? 사실은 모든 사람들의 습관이 되어야 한다. 만약 우리들이 집에서 벌어지는 우리들의 삶에 관심을 가져준다면 우리들의 삶은 얼마나 더 풍부해질 것인가?

'기억의 집, 오늘의 집, 꿈의 집'을 떠올려라

내가 기획했던 『건축가는 어떤 집에서 살까』라는 책에서 건축가고(故) 정기용 선생의 글은 아주 인상적이었다. 우리는 세 가지 종류의 집에서 산다는 것이었다. '어릴 적 살아봤던 기억의 집, 지금 살고 있는 집, 그리고 살고 싶은 꿈의 집'이다. 단순히 과거와 현재와 미래라는 시간으로 해석하기보다는, '기억과 체험과 바람'에 대한 사람의 심리라고 해석해야 할 것이다. 가장 좋은 상태라면 이 세 가지 집이 동시에 현존하는 집이다. 그렇지만 사실은, 우리는 언제나 이 세 가지 집이 존재하는 집에서 살고 있다고 할 수 있다. 기억을 떠올리고 무의식의 기억에 영향을 받으면서 사람들은 그 기억들을 오늘의 집에 되새기며, 살고 싶은 집을 떠올리며 의식적으로 오늘의 집에 그 바람을 투영시킨다.

나에게 역시 수많은 '기억의 집'이 있다. 어린 시절 기억의 문을 들어서면, 아픔과 기쁨, 설렘과 실망, 행복과 비극, 웃음과 눈물의 장면이 펼쳐진다. 집 구석구석이 떠오르고 수많은 장면들이 떠오른다. 소리가 들리고 맛이 떠오른다. 색깔이 기억나고 촉감이 생생하다. 『이 집은 누구인가』라는 책에서 그 기억들을 글로 담았더니, 책을 읽은 독자들이 "어릴 적 살던 옛집들을 찾아다니게 된다, 어쩐지 행복해진다"는 소감을 전해주곤 했다. '기억의 집'은 누구에게나 소중하고 애틋하다. 아무리 없애려 해도 내 마음속 그 어딘가에 있다가 불쑥 튀어나온다.

나에게도 여전히 '꿈의 집'이 있다. 당장 문만 열면 텃밭이 있는 집, 당장 대문을 열고 나가면 땅을 밟으며 산책을 나갈 수 있는 집, 마당에 있는 부엌에서 밥을 해먹는 집, 여름밤 달과 별만 보며 시원하게

샤워할 수 있는 집, 아무것도 채우지 않은 빈 공간이 있는 집 등 수없이 많다. 나의 '꿈의 집'은 아마도 절대로 다 이루어지지 않을 것이다. 하지만 이 꿈을 헤아리며 그 꿈의 조각을 내가 사는 오늘의 집에 조금이라도 담아보려 한다. 관건은, '잊지 않는 것'이다.

'나'를 관찰하자

다시 '나'로 돌아와보자. 우리 집 속의 나, 혼자 사는 나의 집 속의 나, 나의 방 속의 나, 과연 나는 나를 잘 읽고 있는가? 자신이란 결국 가장 친한, 그리고 친해져야 하는 사람이다. 가장 가까운 관찰 대상이고 가장 쉽게 실험해볼 수 있는 대상이다. 물론 자신을 안다는 것은 결코 끝이 없다. 그래서 가끔은 자신에게 여러 가지 실험을 해볼 필요가 있다. 자신의 공간에, 자신의 공간의식에 가지각색의 실험을 해보자. 시간을 가장 많이 보내는 곳, 자기 방, 자기 책상, 자기 작업 공간에 변화를 줘보자. 그래서 우리 자신이 어떻게 변하는지 보자. 자신이란 가장 믿을 만한 실험대상이다. 나 자신과의 소통은 가장 중요하다.

'청춘콘서트'에서 '청년 주거' 주제로 발표를 한 적이 있는데, 그때 이런 질문이 나왔다. "원룸에 사는데, '그냥' 산다. 어떻게 집처럼 느끼며 살 수 없나?" 최근 참 많이 듣는 질문이다. 그만큼 혼자 사는 젊은이들이 많아졌다. 방 한 칸이나마 마련해 사는 것에 감사해야 하지만 역 시 '집 맛'에 대한 갈증은 없어지지 않는 것이다. 집 맛에는 엄마 맛, 밥상 맛, 된장찌개 맛, 구석구석 맛, 골목 맛, 두런두런 가족 이야기 맛, 마당 맛, 웃음 맛, 추억 맛, 정 맛 등 여러 가지가 섞여 있다.

아마도 '기억의 집, 꿈의 집'을 떠올리며 '오늘의 집'에 그 어느 한 조각이라도 담고 있다는 마음이 들면 '집 맛'에 대한 아쉬움이 많이 줄어들지 않을까? '사람답게 살고 있다'는 안도감을 주는 그 무엇은 무엇일까? 그것은 영화 〈레옹〉에서 레옹이 호텔을 전전하면서도 꼭 들고 다니는 '화분'일지도 모르고, 벽에 붙은 한 장의 사진일지도 모르고, 베고 자는 베개일지도 모른다. 특정한 물품이 아니라면 그 어떤 분위기일지도 모른다. 찾아보자! 없을 리가 없다.

스스로 '쪽지 문제'라도 내보면 어떨까. 나의 '기억의 집'은 어떤 것인지, 여전히 품고 있는 '꿈의 집'은 어떤 것인지, 그중 어느 한 조각이 '오늘의 집'에 여전히 살아 있는지?

'집'을 그려보자

초등학교 3~4학년쯤 되면 갑자기 아이들이 줄자를 가지고 이 방 저 방을 잰다. 학교에서 숙제가 나온 것이다. 자기 집을 그려 오라는 숙제를 하던 그 시절을 기억하는가? 그때 발견했던 우리 집을 기억하는가? '왜 이렇게 좁지, 생각보다 넓네!'에서부터 '집에 끼고 사는 물건은 얼마나 많은지!'까지, 새로운 발견이 줄을 잇는다. 그런데, 그 이후에 자기 집을 그려본 적이 있는가?

작업에 사람을 끌어들이기 좋아하는 나는 집을 설계할 때 어느 시점쯤 되면 집주인을 집 그리기에 끌어들인다. 완전히 새로 그릴 수는 없으니, 어느 정도 평면이 그려질 때쯤, 1:100 축척으로(그러니까 1센티미터가 1미터) 도면을 여러 장 복사해서 드리고, 소파도 넣어보고 침대도 넣어보고 부엌 가구도 넣어보라고 권한다. 실제 수치를 재어보며 기능적인 체크를 하게 되는 것은 당연하고, 그 과정에서 이것저것 다른 생각도 하게 된다고 다들 고백한다. 아무래도 안주인들이 더 즐거워한다. "잘 안되던데……" 하면서도 은근히 재밌어 한다. 이렇게 '집주인과 같이 설계하는 과정'을 거치면 집주인의 자신감이 생기는 것은 물론, 시공할 때 뜯어고치는 일도 훨씬 줄어드는 등 책임을 같이 지는 이점도 생기니 설계자로서는 일거양득이 아닐 수 없다.

요점은, 그려보라는 것이다. 그려보면 보인다. 안 보이던 것이 떠오른다. 집에 담긴 자신을 알기 위해서 모든 사람들이 자신의 집을 그려볼 때까지!

I See You, 건축 보기
Architecture, I see you

마음으로 보면 새삼 보인다

항상 거기 그 자리에 있는 건축,
우리는 무엇을 봐야 할까

영화 〈아바타〉의 주제곡 제목이 'I See You'다. 천상의 목소리를 가진 가수, 레오나 루이스의 노래가 마치 판도라의 상자가 열린 듯 황홀경을 선사한다. 영화 속에서 나비족들이 만나 인사하는 말이 'I see you'이고, 아바타 제이크와 나비족 네이티리가 드디어 교감의 클라이맥스를 이루며 하는 말도 'I see you'다.

'본다'라는 말만큼 많이 쓰는 말이 있을까? 우리는 수없는 대상들을 본다. 건축도 '본다'의 대상이다. 그러나 우리는 진정 보고 있을까? 나비족이 얘기한 'I see you'는 단순히 보는 게 아니라 통하는 것을 말한다. 눈으로 보는 게 아니라 마음으로 보는 것이다. 자연이 서로 어떻게 얽혀 있는지, 생명체들이 어떻게 서로 의존하며 살아가는지, 죽음은 끝이 아니라 왜 하나의 시작인지, 하나하나의 자연 현상에 어떤 의미가 있는지, 자신은 그 세계 속에서 어떤 마음으로 살아야 하는지 깨닫는 눈이 생기는 것이다. 이 영화 속에 나오는 '영혼의 나무'는 모든 생명이 얽혀 있음을, 생명체는 나고 가는 삶을 반복하지만 생명의 영혼은 지속되고 있음을, 서로 이어져 있는 영혼은 더 큰 힘을 가질 수 있음을 보여주는 상징이다. 아니 상징일 뿐이 아니라 실체이다.

우리가 사는 세계도 그런 생명의 네트워크, 영혼의 네트워크의 비밀을 간직하고 있는 건 아닐까? 태어나고 자라고 죽는 하나의 생명체로서의 건축, 지구라는 이 큰 세계의 한 생명체로서의 건축, 사람과 사람 사이의 보이지 않는 선을 이어주는 건축. 이들이 서로서로 이어져 있는 큰 세계. 이런 마음으로 건축을 보면 얼마나 좋을까.

그래서 나는 이렇게 말하고 싶다. "건축을 봅니까? 물론 건축은 봅니다. 그러나 건축은 보는 그 이상입니다. 건축을 씁니다. 건축을 느낍니다. 건축의 마음을 읽습니다. 건축을 구상한 사람, 지은 사람, 기술을 만든 사람, 쓰는 사람, 고친 사람의 마음과 생각을 헤아립니다. 건축을 만든 그 시대의 기를 느낍니다. 건축이 목격해온 시간의 흔적을 읽습니다. 건축을 통해 사람이 무엇을 담으려고 했나, 무엇을 표현하고자 했나, 무엇을 헤아리고자 했나, 감히 무엇을 이루려고 했나 엿봅니다. 호기심이 나지 않을 수 없습니다. 그러나 역시 건축은 봅니다. 다만, 보는 넓이와 보는 깊이는 무한합니다. 부디 '아는 만큼 보인다'를 기억하십시오. '느끼는 만큼 앎은 커진다'를 기억하십시오. 그러나 '아는 것과 만드는 것은 다르다' 역시 잊지 마십시오. 부디 건축을 보십시오. 보는 그 이상으로 건축을 '잘' 보십시오."

매일 보는 건물, 왜 저기 저렇게 서 있을까?

우리는 매일매일 건축을 본다. 미술 작품은 미술관이나 작가의 작업실에 가야 체험할 수 있고, 음악은 연주회에 가거나 CD를 틀어야 하고, 퍼포먼스 예술은 더욱이 그 시간을 맞추어야 접할 수 있다. 반면 건축은 언제 어디서나 볼 수 있다. 그렇게 매일 볼 수 있기에 외려 우리는 둔감해지는 건지도 모른다.

건축 공부를 시작하는 초년생들에게 내가 주는 '쪽지 문제'가 있다. "어떤 건물도 좋다. 좋아서건 싫어서건, 주목할 만해서건 주목이 안 되어서건, 관찰한 결과를 이야기해 달라"는 간단한 쪽지 문제다. 내가 주는 요령은 다음과 같다. "조사하러 간다고 공연히 모자 쓰고 카메라 둘러메고 스케치북 들고 줄자 드는 등 중무장하지 말고, 통학 길에 점심 길에 몸 가볍게 그러나 눈은 진지하게 '배울 것, 안 배울 것'이 무언가 보라. 절대로 '자'는 쓰지 말고 사진만 찍어대는 짓도 하지 마라!"

이 간단한 쪽지 문제로부터 학생들은 많은 것을 배운다. 무엇보다 '일상의 건축을 다시 보게 되었다는 깨달음' '내 앞에 있는 건물들을 알고 싶다는 생각'이 그것이다. "이제 길을 걷다가도 예전에 무심코

지나쳤던 건물들을 다시 한번 쳐다보게 된다. 저 건물은 왜 저렇게 서 있는 걸까? 왜 창은 저렇게 나있고? 그동안 너무 무감각하게 아무 생각 없이, 그저 외관만 보며 건물을 지나쳤던 내 자신을 반성하는 계기가 되었다…… 아무 이유도 없이 '그냥 그렇게 하면 좋아 보일 것' 같아서 만드는 그런 생각 없는 공간은 만들지 않을 테니까." 한 학생의 소감은 '보기'의 진정한 뜻에 대한 깨달음을 드러낸다.

사실 건축 보기의 가장 좋은 눈은 '일상의 눈'이다. 즉 그 건축을 매일 접하고 쓰는 사람의 눈으로 보는 것이다. '관광'의 눈, '견학'의 눈에는 특이한 것을 찾으려는 심리가 작용하기 십상이고 일상과 다른 모습을 보게 될 확률이 높다. 그래서 건축을 '잘' 보자면 평소 쓰이는 모습 그대로 접해보는 것이 최상이다. 주택이라면 사는 모습, 종교 건축이라면 의식이 치러지는 모습, 전시공간이라면 관람 모습, 상업공간이라면 사람들이 가득 차서 활발한 모습, 공항이나 역사 같은 교통 건축이라면 직접 시설을 이용하는 눈으로 보는 모습 등. 이런 일상 체험이 없이는 그 건축을 아직 '제대로 보지 못했다'고 여기는 것이 좋다.

'유명한 건축'도 일상의 눈으로

그런데, '일상의 눈'을 견지하기가 쉽지만은 않다. 더욱이나 유명한 건축물을 볼 때는 판단력이 더욱 흐려지기 쉽다. '유명세'에 밀려서다.

건축물 자체가 유명한 경우도 있고 건축가가 유명한 경우도 있다. 형태, 역사, 크기, 화려함이 우리 눈을 현혹시킨다. 잡지에 나오고, TV에 나오고, 영화에 등장하는 등 이른바 광고 시대의 '후광 효과'를 노리기도 한다. 게다가 요즘은 속칭 '삐까번쩍'한 건물들이 워낙 많아서 사람을 지레 주눅 들게 만든다.

그러나 자신의 주체적 눈에 자신감을 갖자. 유명한 건축물 역시 그 건축이 존재하는 환경에서는 그저 하나의 건축물에 불과하다. 쓸 수 있고, 항상 그 자리에 있으며, 필요하면 용도가 바뀌고, 모습마저 바뀔 수도 있는 '하나의' 건축물이다. 일상의 눈으로 건축물을 보는 역량, 담담한 눈으로 건축물을 보는 역량이 건축을 '잘' 보는 눈의 기본이다.

유명세에 주눅 들지 않기란 쉽고도 어렵다. 가장 쉬운 방식은 그 명성을 모르고 보는 것이다. 나는 서울 강남 삼성로에 들어선 원형 형태의 '아이파크 타워'를 처음 봤을 때 "개발업체가 튀는 형태를 만들려고 어떤 광고업체에 디자인을 맡겼구나!" 했다. 나중에 그 외관을 다니엘 리베스킨트가 설계했다는 것을 알고 깜짝 놀랐다. 아니 베를린 '유대 박물관'의 그 탁월한 개념을 만들고 9·11 테러 현장 재건축 설계경기에 당선되었던 그 건축가가 설계했단 말인가?

영국의 런던에 무척 유명한 건축가의 무척 유명한 건물이 있다. 노먼 포스터라는 탁월한 건축가가 설계한, 마치 연꽃 봉우리처럼 붕긋하게 솟아오른 고층건물이다. 그 형태가 특출해서 영화나 광고에도 자주 등장하고 런던의 랜드마크로 잘 알려지기도 했다. 이 건물의 본명을 제쳐두고 런던 사람들이 건물에 붙인 별명이 '오이지(gherkin)'이고, 결국에는 '거킨 빌딩(Gherkin building)'으로 불리게 되었다. '총알 건물, 미사일 건물' 등으로도 불리던 이 건물이 '오이지 건물'로 낙착된 것은 아마도 초록색이 도는 유리창 외벽 때문일 텐데, 시민들이 조롱하듯 부르던 이름이 결국 공식 이름으로 지도에까지 오르게 된 것이다. 흥미롭지 않은가. 유명한 건축가가 설계했다고 조롱하지 못할 법도 없거니와, 조롱한다고 해서 좋아하지 않을 이유도 없는 법이다. 런던에 들렸다가 이 건물이 설계된 과정을 들었더니 설계 심의 과정에서 무려 다섯 번이나 퇴짜를 먹었단다. 조밀하게 고층건물들이 들어선 도심에 또 하나의 고층건물이 들어서는지라 시청도 시민들도 걱정이 많아서 진통이 심했던 것인데, 그 과정에서 노먼 포스터도 무척 곤욕을 치른 모양이다.

이 스토리를 듣고 경(sir) 작위까지 받은 건축가의 유명세에 주눅들지 않았던 런던 시민들이 영 존경스러웠고, 곤욕을 치르면서도 공적인 시민참여 과정에 끈기 있게 응한 건축가도 존경스러웠고, 명 건축가가 설계한 건물의 형태에 감히(?) 조롱을 보내던 시민들도 썩 괜찮아 보였다. 그 조롱을 농담처럼 일상생활에서 주고받으면서도 여전히 런던의 명소로 사랑하는 시민들의 소탈한 모습이 즐겁게 다가왔다.

나 역시 직업상 유명한 건물을 많이 보러 다닌다. 그런데 내 경험을 보자면, 너무너무 유명한 건축물을 보고 '아!' 하기란 어려운 듯하다. 미리 공부하고 보는 건축물을 보고 '아!' 하기란 더욱 어렵다. 특히

'오랜 건축'이 아닌 '새 건축', 건축가의 이름이 알려지고 미디어를 통해 잘 알려진 건축물을 보고는 실망하는 경우가 더 많다. 그만큼 선입견과 높은 기대가 작용하기 때문이리라. 오히려 사전에 사진만 보고 비판적이었던 건물이 실제 방문에서는 훨씬 좋게 느껴지는 경우가 왕왕 있다.

내 경험을 보면, '조형 지향적' 건축물, 즉 형태가 강한 건물은 실제로 보고 실망하는 경우가 많았다. 아마 그 조형성이 사진에 너무도 근사하게 잡혀 있는 반면 실제 상황에서는 그러한 형태가 확실하게 드러나는 순간을 포착하기 어렵기 때문일 것이다. 많은 건축 사진들을 계산된 순간에 계산된 시각으로 찍으니 말이다. '공간 지향적'인 건축물, 즉 공간이 서로 이어지며 구성되는 건물에 대해서는 실제 그 공간을 체험하고 내심 설득되는 경우가 많다. 단순한 건축일수록 실제 보고 감동이 커지는 것은 또 왜 그럴까? 크기가 클수록 실제 건축 보기에서 비판적이 되는 이유는 왜 그럴까? 왜 어떤 건축은 마음까지 다가오고 어떤 건축은 별로 다가오질 않을까? 자신의 마음을 들여다보자.

'부석사'와 '판테온'

자주 받는 질문 중 하나가 '좋아하는 건축 딱 하나만 꼽는다면?'이다. 세상에, 어떻게 딱 하나만 꼽을 수 있나? 말도 안 된다. 하지만 나

판테온의 '눈(oculus)'

름 의미도 있는 질문이라서 곰곰 생각해본다. 나는 우리나라에서는 '영주 부석사', 다른 나라에서는 로마에 있는 '판테온'을 꼽곤 한다.

부석사는 아주 오래 전 제대로 건축을 공부하기 전에 갔었는데 여전히 생생하다. '부석사 가는 길'만 떠올려도 나는 가슴이 설렌다. 부석사 가는 길은 참 길다. 차로 가면 굽이굽이 서서히 산속으로 올라가야 한다. 이미 그 길 자체가 가슴을 부풀게 만든다. '부석사 오르는 길'은 발이 즐겁고 또 눈이 즐겁다. 사과나무의 향이 피어오를 때는 코마저 즐겁다. 그러다 부석사 바로 앞에 서면 그 여러 단에 보이는 광경에서 오래된 시간의 소리가 들린다. '안양루'가 가볍게 땅에 살짝 발을 내디딘 모습은 마치 한복을 곱게 차려입은 처자처럼 아름답다. 부석사에서 제일 유명한 건축물은 '무량수전'이지만, 만약 안양루가 무량수전 앞에 없다면 부석사가 부석사일 수 있을까? 안양루 밑의 좁고 급한 계단을 올라 '무량수전' 앞의 마당에서 뒤를 돌아보는 그 순간, 세상을 잊는다. 황홀하다. 끝없이 펼쳐진 푸른 산자락, 마치 푸르른 구름 위에 올라선 느낌이다. '불국(佛國)'이란 이렇게 '깨달음의 나라'일까 하는 생각이 저절로 든다.

로마의 '판테온'은 건축 공부를 처음 시작할 때부터 나의 호기심을 끌었던 건축물이다. 2천 년 전에 그 큰 공간을 만들었다는 게 상상이나 되는가? 도대체 왜 평면의 지름과 높이를 똑같이 43.3미터로 맞춰 정확한 구(球)를 만들었을까? 어찌 그리 단순한 형태를 만들었을까? 이 건물을 재건축한 하드리아누스 황제는 도대체 무슨 마음을 먹었던 걸까? 돔 한가운데 뚫린 9미터 구멍의 이름은 '눈(oculus)'이다. 창 하나도 없는 이 큰 공간에 판테온의 눈을 통해 쏟아지는 햇빛이 판테온 공간을 더욱 극적으로 만드는데, 이 장면을 그린 르네상스 시대의 그림들은 너무도 매혹적이다.

업무차 들렀던 로마에서 딱 한 시간의 여유가 있었을 때 찾은 유일한 건축물이 바로 판테온이었다. 교통체증에 시간은 가고 결국 택시에서 뛰어내려 골목길을 돌고 돌아 문 닫기 5분 전에야 판테온에 들어갔다. 그 짧은 시간의 감동은 강렬했다. 원형(原型)의 단순한 힘은 나를 사로잡았다. 과연 판테온(Pantheon)은 '만신전(萬神殿)'이라는 원뜻 그대로 이 세상의 모든 신이 깃든 것 같은 공간이었다. 밖에서 보면 허름한 콘크리트 뭉텅이에 불과해 보이는데, 그 안에 이런 세계가? 판테온에 들어오면 사람들은 숨을 죽인다. 부석사와 판테온, 나는 인간이 이런 공간을 상상해내고 실현해 낼 수 있다는 사실에 감동한다. 부석사는 어떻게 그리 크지 않은 건물을 만들면서도 자연과의 합일을 이루면서 더 큰 세계를 만드는 걸까? 판테온은 어떻게 '원형(原型) 중의 원형'을 만듦으로써 하나의 세계를 만들었을까?

직접 체험하면 느낌이 다르다

사실 건축물을 직접 체험할 때까지 최종 판단은 유보하는 것이 맞다. 아무리 사진과 영상으로 보아도 실제 체험은 언제나 다르기 때문이다. 그렇게 달라야 또 정상이다. 사진이나 영화 속에서는 특정한 순간과 특정한 장면이 포착되지만, 우리 인간이 실제 건축에서 체험하는 것은 시각뿐 아니라 온 몸의 감각을 통해서이고, 또 인간의 눈은 카메라의 눈과 비교할 수 없을 만큼 다양하기 때문이다.

그 일례로 안동의 '병산서원'과 미국 산 호세에 있는 '솔크연구소'를 들어보자. 병산서원은 지금은 대중적으로도 잘 알려졌지만, 인근의 '도산서원'의 명성에 비해서는 뒤늦게 알려졌다. 오히려 주로 건축가들이 자주 찾는 곳이었고 건축가들 사이에서 많은 연구가 이루어졌다. 게다가 우리 건축가들이 워크숍 등을 열면서 외국 건축가들을 자주 대동했는데 그들도 병산서원에 반하곤 했다는 이야기를 자주 듣곤 했다.

'솔크연구소'는 일종의 '건축 순례지'와 같은 명성을 갖고 있다. 이를 설계한 건축가 루이스 칸(Louis Kahn, 1901~1974)은 수많은 작품들을 남긴 것도 아니고 살아생전 그리 유명하지도 않았지만 '건축가의 건축가'로 불릴 정도다. 후학들이 끊임없이 영감을 찾으려드는 선배인 것이다. '솔크연구소'를 다녀온 건축 후학들은 하나같이 찬탄과 감동의 목소리를 전한다. 그런데, 나름 건축에 관심이 높은 의학도 친구 하나가 우연한 기회에 '솔크연구소'를 다녀오더니, 나에게 단도직입적으로 물었다. "건축가들은 참 이상도 하지, 그 연구소가 도대체 왜 좋다는 거니?" 참 솔직한 질문인데, 내가 가보기 전까지는 바로 답을 할 수가 없었다.

　나는 병산서원과 솔크연구소를 꽤 뒤늦게야 찾아봤다. 안동에 자주 들러도 병산서원은 빠뜨리곤 했는데 한번은 아예 작정을 하고 찾아봤다. 솔크연구소는 내 생전에 볼 수 있을 거라고 전혀 생각 못 했는데, 정말 우연한 기회에 들를 수 있었다. 직접 체험해보니, 역시 병산서원이나 솔크연구소를 건축가들이 왜 그리 좋아하는지 절절하게 알 수 있었다. 몇 가지 특징을 꼽아보자.

　첫째는 '단순함'이다. 형태의 단순함, 구성의 단순함, 기하학적인 단순함, 재료의 단순함 등 극도로 절제된 단순성이 인상적이다. 둘째는 '개념의 혁신'이다. 병산서원은 당시의 서원건축과 다른 전범을 제시했고, 솔크연구소는 근본적으로 연구소의 개념과 다른 개념을 제시했다. 이런 혁신은 건축가들을 감동시킨다. 셋째는, '자연과의 의미 있는 관계 맺기 방식'이다. 병산서원이 그 앞을 흐르는 낙동강과 푸른 병풍과 같은 병산과의 관계없이 성립되지 못하고, 솔크연구소는 태평양의 망망대해와의 관계없이는 결코 성립되지 못한다.

　결과적으로, 두 건축에서 '체험'의 강렬한 단순함을 느낄 수 있다. 병산서원의 체험은 서원 초입의 만대루 밑으로 들어가 'ㅁ'자 모양의 중정에 '만대루'를 떠받치는 기둥들이 만들어주는 간결한 힘에 끌리다가, 드디어 만대루에 올라 병산 자락과 낙동강 자락의 푸른 물과 새하얀 모래밭(이것은 4대강 사업 이후 없어졌다)을 바라볼 때 정점에 달한다. 만대루는 강연이 열리는 학습 공간인데, 이 단순하고도 힘찬 공간에 앉아 고요한 시간을 보내봐야 병산서원의 진수를 알 수 있다.

솔크연구소의 느낌은 한마디로 '정적'이다. 태평양을 향한 기다란 중정과 고요하게 가운데를 흐르는 작은 물줄기를 기다랗게 따라가다 어느 지점에 다다르면 갑자기 거대한 바다가 나타난다. 고요함 속에서 나타나는 놀라움이다. 전혀 거기에 바다가 있을 것 같지 않은데, 갑자기 나타나는 바다의 존재가 더욱 크게 다가온다.

나는 병산서원과 솔크연구소를 체험한 후에야 비로소 그 체험의 느낌을 말할 수 있다. 체험을 하고 나니, 비로소 다른 느낌에 대해서도 나의 의견을 말할 수 있다. 병산서원과 솔크연구소에서 나타나는 특징은 여느 사람들이 느끼기 어려울지도 모른다. 아마도 건축가의 건축이라 할 만한 특징이 그 안에 있는 것인지도 모른다. 하지만 분명한 건 '잘 보면 더 잘 볼 수 있다'는 것, 그것이다.

잘 보면 보인다

건축은 가장 일상적인 대상이지만 건축을 어떻게 '잘' 볼 것인가는 건축인들에게조차 결코 쉽지 않은 과제다.

하지만 강조하고 싶다. 자연스럽게 건축을 만나자. 고정관념이나 선입견에서 벗어나 '쓰는' 사람으로서, 그 건축들이 모인 도시의 한 시민으로서 자연스럽게 만나자. 남의 눈치 보지 말고, '어떻게 봐야 한다'는 강박관념 없이 자연스럽게 만나자. '그저' 건축을 만나는 것이 가장 좋은 방법이다. 사심 없이, 특정한 목적 없이, 온몸을 맡기고 건축 공간을 느껴보는 것이다.

나는 건축과의 첫 만남에서는 되도록 사전 지식 없이, 특히 계획과 설계에 대한 지식 없이 보고자 노력한다. 물론 학교에서 배웠거나 책이나 잡지, 또는 얻어들은 지식까지 지워버릴 수는 없으나 되도록 마음과 눈을 비우려 든다. 우선 그 건축을 느끼고 싶고 나에게 어떻게 다가오는지를 알고 싶기 때문이다. 다만 첫 만남 후에는 나는 꽤 리서치를 해댄다. 예전에 지나쳤던 책도 다시 찾아보고 인터넷에서 뒷이야기도 뒤진다. 여행 전보다 오히려 여행 후가 더 바쁘다. 두 번째 찾아갈 때는 준비를 많이 하는 편이다. 이제는 더 철저하게 '알고 싶어서' 이다. 나름대로 이슈를 만들기도 한다. 배울 점이 어떤 것이냐, 찾아야 할 것이 어떤 것이냐 하는 생각이 마음을 바쁘게 한다.

건축을 보며 마음과 머리와 눈을 비우고 느끼는 것이 쉽지는 않다. 그러나 비워야 채울 수 있지 않은가. 건축이 주는 느낌에 빠져보자.

도시 탐험하기
Explore cities from the bird's and the ant's eye

도시의 숲에서 세상을 발견한다

도시의 '힘'을 읽는다
즐겁고 또 쉽게
마치 추리소설 읽는 기분으로

나는 꽤 많은 도시들을 가봤다. 몇 시간만 있어본 도시도 있고, 며칠이나 몇 주일 있어본 도시도 있고, 몇 년간 살아본 도시도 있다. 도시마다 느낀 것도 다르고 도시마다 발견한 것도 다르다.

도시 가보기는 심장을 두근두근하게 만든다. 앞의 '길 잃어보기'에서 도시 탐험이 소재가 된 추리소설을 거론했는데, 도시란 추리소설처럼 정말 많은 단서를 안고 있다. 단서를 어떻게 푸느냐에 따라 도시에 대한 이미지, 인상, 이해는 무척 달라진다. 그만큼 도시 탐험은 흥미롭고 다채롭다. 건축 탐험과는 다른 흥미로움이다. 건축 탐험이 상대적으로 목적이 분명하고 쉽게 눈에 잡히는 반면, 도시 탐험이란 목적도 다양하고 때로는 불분명하여 쉽게 잡히지 않는 것이 오히려 묘미다.

나같이 '도시 훈련'을 받은 사람은 도시 보는 눈에 아마 남다른 면이 있을 것이다. 어느 도시에 가든 나는 남들이 스쳐 지나가버리는 여러 가지에 관심을 가지게 된다. 자연환경, 인구, 산업구조, 교통체계, 주거, 도시구조, 동네 구성, 전형적 건축 형식, 거리, 시장 등. 눈에 안 보이는 것에도 관심을 쏟는다. '도시 역사'는 가장 중요하다. 그 도시를 만든 힘의 축적이기 때문이다. 도시정치, 도시행정에도 관심이 많다. 어떤 사람이 시장일까? 도시문제는 어떤 것이 있을까? 도시 운영과 관련된 것에도 호기심이 발동된다. 마실 수 있는지 또는 풍부한지 같은 물 문제, 쓰레기 수거 방식, 난방 방식, 주차비 부과 방식, 소방법, 계단의 폭과 경사도, 관청의 건축 심의 방식, 건축법, 생산자재와 재료 같은 것들이다. 도시를 만드는 틀이자 그 어느 것 하나 중요치 않은 것이 없는 잡다하고도 복합적인 사안들이기 때문이다.

복잡해보이지만 도시란 어디까지나 상식을 바탕으로 한다. 상식으로 다가서면 도시를 읽는 훈련은 무척 쉽고 또 즐겁다. 여기서 나의 비엔나 여행을 예로 들어 도시 탐험 방법을 소개해보려고 한다. 비엔나 여행은 만 6일의 체류였다. 첫 방문이었다. 19세기 세계 도시 중 하나인 비엔나를 그동안 왜 놓쳤는지 이상하지만 오스트리아는 잘츠부르크를 가본 것이 고작이다. 마침 〈Cities on the Move(변화하는 도시)〉라는 전시회에 초청받은 것이 계기였으므로 목적이 분명했다.

도시 탐험을 위한 사전 지식

　도시에 대한 사전 지식은 어느 정도나 있어야 할까? 다른 사람들에게도 비슷하겠지만 비엔나는 나에게 비엔나커피, 왈츠, 블루 다뉴브, 클림트, 모차르트, 살리에리, 베토벤, 마리 앙투아네트, 마리아 테레지아 여왕, 지그문트 프로이트 정도의 단서들뿐이었다. 전문인으로서 다른 단서들도 있었다. 아르 누보(Arts Nouveau, 20세기 초 유럽을 휩쓴 자연주의적 디자인 운동), 세제션(Secession, 19세기 말 20세기 초에 비엔나에서 시작한 새로운 디자인 운동), 링 스트라세(Ring Strasse, 20세기 초 옛 성을 허물고 만든 도로) 개발, 건축가이자 철학자 아돌프 로스(Adolf Loos), 건축가 오토 바그너(Otto Wagner), 건축가이자 디자이너 요셉 호프만(Joseph Hoffmann), 철학자이자 건축가 루드비히 비트겐슈타인(Ludwig Wittgenstein), 그리고 19세기 말 20세기 초 세기말(Fin de Siecle) 비엔나의 역동적 변화를 분석한 칼 쇼레스크(Carl Shoreske)의 유명한 책을 나는 알고 있었다.

　시각적 이미지는 전무한 셈이었다. 유명한 건축물들은 그나마 사진을 통해 알고 있었으나 도시의 모습은 거의 전무했다. 비엔나를 배경으로 한 영화도 드물다. 비엔나의 모차르트를 그린 영화 〈아마데우스〉의 촬영 배경도 프라하였다고 한다.

　사전 지식은 없어도 좋다. 몇 개의 이름만을 알아도 좋다. 가장 좋은 경우는 자신이 좋아하는 그 어떤 단서가 있는 것이다. 비엔나의 경우 나에게는 '화가 클림트'가 중요한 단서였다. 그의 그림에 매혹된 나는 그의 오리지널 그림을 볼 수 있다는 것만으로도 비엔나 여행의 가치가 충분했다.

전혀 모르는 도시에서 정말 아무도 모를 때

도시란 '익명성'이 매력이고, 해외여행의 가장 큰 매력은 '아무도 나를 모른다'는 점이다. 물론 불안하다. 요새야 전화 쉽고 메일 쉬우니 떠나온 곳과 쉽게 접촉할 수 있어서 피로감이 덜한 편이다. 그러나 갑자기 무슨 일이 생길 때 도움 청할 사람, 전화 걸 데 없는 도시에 홀로 떨어질 때의 막막함이란 흥미롭긴 해도 어딘지 불안한 외로움이 있다.

이 경우에는 유일하게 호텔이 가장 믿을 곳이다. 호텔이든 모텔이든 유스호스텔이든 잠자리를 정하면 전화할 데가 정해진다. 무슨 일이 생기면 그나마 도와줄 곳이다. 그래서 잠자리는 정하고 그 연락번호 정도는 남기고 떠나는 것이 좋다. 젊은 시절의 나는 잠자리조차 정하지 않고 홀로 여행길을 다녔는데 참으로 모험 찬 시절이었다. 지금은 감히 그런 생각을 하지 않는다. 물론 혼자 여행을 하는 경우다. 나는 혼자 여행을 하는 것이 여행의 진수라는 믿음을 갖고 있다.

잠자리는 도시 한복판에 있는 것이 최고다. 아침결에 도시의 웅성거림이 들리는 동네가 좋다. 새 도시나 대도시에 가면 이것이 어렵다.

대개 200~500실의 대규모 호텔이니 동네와 떨어져 있고 일어나봤자 조용한 복도, 넓은 창문을 통해 도시의 모습이 멀리 보이기 십상이다. 되도록 도시의 숨결을 느낄 수 있는 곳에 잠자리를 정해보라. 밤에 주변 동네에서 밥도 먹고 구멍가게도 들려보고 걸어서 들어갈 수 있는 위치가 최고다.

유럽 도시에서는 이런 호텔을 구하기 쉽다. 비엔나 여행 잠자리는 내가 정한 것이 아니었음에도 불구하고 최고였다. 도시 한복판에 있는 조용한 동네인데도 3~4분만 걸어 나가면 번화한 쇼핑거리에 지하철이 바로 있고 아침이면 건너편 지붕에 비둘기가 날아다니고, 밤이면 창문마다 불이 켜지고, 거리에는 출퇴근하는 사람, 아이를 학교에 데려다주는 할머니와 유모차 엄마들이 다니는 그런 동네였다. 행운의 케이스다. 폭 2.1미터 길이 6미터의 좁고 긴 방, 작은 책상 앞에는 비엔나답게 '아르누보 풍'의 의자가 있어서 창밖의 지붕 풍경을 내다보며 노트북을 놓고 작업하는 것이 아주 그럴 듯했다.

환하게 맑은 날, 하늘에서 보는 도시의 첫 인상

해외여행은 대개 비행기로 도착하지만, 일본이나 유럽에서처럼 도시 간 철도여행이 운치를 더해줄 때가 있다. 특히 유럽도시들의 '그랜드 스테이션(grand station)'들은 18, 19세기에 등장한 새로운 건축

형인데, 건물 내부까지 열차가 들어오는 큰 공간들이 가슴을 설레게 만든다. 기차역들은 각종 편의시설들이 밤새도록 열려 있는지라 공항보다 오히려 더 편하다. 유럽의 기차역 빵집들의 빵과 샌드위치는 왜 그리 유독 맛있는지, 여행객이 그만큼 많다는 뜻이리라.

비행기 도착 시간으로 가장 좋기는 환한 대낮, 그것도 맑은 날이다. 하늘에서 보는 도시의 첫 인상이 펼쳐지는 것이다. 김포공항의 경우 멀리 한강이 도도히 흐르고 북한산 자락이 펼쳐지는 광경이 가슴을 설레게 만든다. 최고로 드라마틱한 도시는 역시 홍콩이었다. 지금은 새로운 챕랩콕 공항이 개통되었지만, 예전에 쓰던 카이텍 공항의 활주로는 고층아파트 바로 옆에 있는지라 착륙할 때 금방이라도 도시로 추락할 듯이 아슬아슬했다. 공항 앞 택시 스탠드에 서면 우람한 비행기가 바로 코앞에서 뜨는데 아찔한 장면이다. 그 순간이 어찌나 인상 깊던지, SF 애니메이션 〈공각기동대〉에 그 장면이 나올 정도였다.

공항부터 도시까지는 도로 교통을 이용하는 것이 좋다. 지하철은 빠르지만 도시를 관통하면서 펼쳐지는 광경을 볼 수 없어 아쉽다. 좀 더 시간이 걸리더라도 도착 시에는 버스를 타는 게 좋다. 외곽에서부터 도심에 이르기까지 도시의 단면을 보는 게 좋은 배움 거리가 된다.

비엔나 여행에서는 캄캄한 새벽에 도착하고 캄캄한 야밤에 떠서 전혀 도시의 맛을 볼 수 없었다. 버스를 탔지만 캄캄해서 길옆에 펼쳐지는 랜드스케이프(landscape, 자연경관)나 시티스케이프(cityscape, 도시경관)를 마음껏 볼 수 없었던 것이다. 다만 도착할 때 비엔나에 첫눈이 왔고, 떠날 때는 겨울비가 내려서 여행길다운 분위기를 맛봤다. 비엔나도 도시 외곽의 풍경은 미국 도시들과 비슷하다. 하이웨이의 쭉 뻗은 광경, 간혹 있는 주유소, 도심에서 멀어질수록 나타나는 박스형의 공장과 전원형 오피스들은 어찌 그렇게 모든 도시들이 빼다 박았는지 모르겠다.

지도, 도시의 보물단지

공항이나 역에 도착하면 가장 먼저 구입해야 할 것이 지도다. 미리 준비하기도 하지만, 사실 지도는 현지에서 구입하는 것이 최고다. 선택할 종류가 많기 때문이다. 어떤 지도가 좋을까? 나는 다음 네 가지가 표현된 지도를 산다. 첫째, 버스와 지하철 등 공공 교통망이 표현되어 있을 것. 둘째, 도로 명을 볼 수 있는 지도일 것(주소만으로 찾아갈 수 있으니까). 셋째, 주요 지역의 상세 지도가 있을 것(동네를 누빌 때 편하니까). 넷째, 도시 주변상황이 간략하게나마 표현되어 있을 것(주변 도시들과 자연환경을 볼 수 있으니까).

이런 지도를 한 장으로 잘 만들어놓은 도시라면 다니기 쉬운 도시라 생각해도 좋다. 그렇지 않은 도시들에서는 무척 헤매게 된다. 서구의 도시들은 대도시, 가령 뉴욕이나 파리 같은 도시라 할지라도 한 장의 지도로 도시 전체를 읽기 쉽다. 아시아의 도시들은 지도 한 장으로 표현하기 어렵다는 것이 매력이기도 한데, 책으로 된 교통지도가 아니면 한 장으로 일목요연하게 도시를 파악하기 어렵다. 그럴 때에는 한 장짜리 지도와 지도책을 동시에 사는 것이 좋다.

'지도'란 끝없이 파헤칠 수 있는 보물이다. 지도를 보면 도시가 보인다. 도시를 직접 체험하고 나면 지도의 깊은 의미를 더 잘 찾아낼 수 있다. 나는 여행 중 시간이 있을 때마다 지도를 펼친다. 사람들이 이상한 눈으로 쳐다보더라도 괘념치 않고 열심히 지도를 탐독한다. '아하, 큰길은 이렇게 나 있구나, 동네들은 이렇게 구분되는구나, 여기가 옛 도심이구나, 도시가 이렇게 확장되었겠구나, 산과 강의 위치가 이렇게 작용했겠구나!' 도시의 구조가 머리에 들어온다.

도시를 알 수 있는 책을 사자

책은 언제나 좋은 것이다. 나보다 먼저 체험한 사람들이 친절하게도 그들의 체험을 잘 펼쳐놓았으니 말이다. 요령이 있다면? 여러 도시들을 묶어 놓은 책은 교통, 돈, 숙박, 음식, 명소 등 관광 정보를 간략하게 소개하는 극히 기본적인 가이드 정도다. 이런 책은 여행 전에 간편하게 읽어두고 필요한 것만 메모하는 게 낫다. 들고 다니면 짐만 된다. 물론 이것도 몇 번의 해외여행 이후 익숙해진 다음이다. 처음 다닐 때에는 아무리 무거워도 다 준비하는 것이 좋다.

정말 좋은 책은 '한 도시를 한 권으로 엮은 책'이다. 나는 어느 도시에서나 이런 책을 한두 권씩 구입한다. 도시의 역사, 문화, 사회 풍물, 명소, 뒷이야기들을 다각도로 알 수 있어서 좋다. 밤이나 여유 시간에 쉬면서 읽는다. 이런 책들은 대개 영어로 나온다. 그 도시 언어를 못하더라도 영어가 편한 사람은 이점이 있는 셈이다. 하지만 가이드북에서 쓰는 평이한 영어라면 사전을 찾아가면서라도 충분히 읽을 수 있지 않을까? 해외 여행할 때 영어사전 들고 가라는 충고도 내가 젊은 이들에게 종종 하는 말이다. 요새는 인터넷 덕분에 만사형통이지만.

비엔나에서는 운이 좋았다. 새벽에 도착해서 공항에서는 아무것도 못 샀지만 호텔에 짐 풀고 지하철 타러 나오는 길에 좋은 서점을 발견한 것이다. 그 서점에서 나는 지도 외에 좋은 책 세 권을 샀다. 첫 번째 책은 직설적인 여행 가이드로 어떻게 하루를 보낼 것인가에 관한 가벼운 부피의 책이다. 두 번째 책은 눈에 즐거운 그림 투어 가이드다. 오스트리아 사람이 만든 것을 영어로 바꾸어놓았을 뿐인데, 그렇게 기막힌 일러스트레이션, 옛 지도, 옛 그림, 건물 전개도까지 멋지게 넣어서 만든 책을 나는 처음 보았다. 자료로도 훌륭한 책이다. 세 번째 책은 건축 가이드 책이다. 가로세로 10센티미터의 작은 책인데, 이 책은 내가 어느 도시에 가나 꼭 사는 책이다. 각 도시마다 시리즈로 나오는데, 현대건축물을 담고 있고 건축가와 비평가와의 대담이 실려 있어 흥미롭다. 이 세 권의 책을 손에 쥔 나는 마치 벌써 비엔나 사람, '비에니즈(Viennese)'가 된 기분이었다.

그 도시를 잘 아는 사람과의 즐거운 하루

그 도시를 잘 아는 사람과 도시를 거닐 수 있다는 것은 축복이다. '관광 가이드'는 아무래도 관광 중심이라 썩 만족스럽지 않다. 그 도시에 살고 있거나 혹은 살아봤던, 더구나 관심을 공유하는 사람이라면 말할 나위 없이 완벽한 조건이다. 지금도 기억에 깊이 남는 여행에는 항상 그렇게 '사람'이 있었다. 네덜란드에서는 암스테르담, 헤이그, 로테르담을 정점으로 다른 소도시들까지 아우르면서 아침 8시부터 밤 12시까지 하나라도 더 보여주고자 했던 후배, 파나마에서는 오랫동안 선교생활을 해서 속속들이 문화를 알던 마음 따뜻한 대사관 직원, 일본에서는 완벽하게 동시통역을 하면서 각종 기관들을 안내하던 교포, 프라이부르크에서는 라인강 운하를 안내하며 4대강 사업에 대한 자료 하나라도 더 챙겨주려 하던 두 여인. '사람'은 언제나 중요하다.

비엔나의 경우 이 완벽한 사람은 누구였을까? 행운스럽게도 건축가 승효상이었다. '세제션' 전시회에 같이 출품했거니와 마침 결혼기념일을 축하하러 부인과 함께 결혼 당시의 비엔나를 회상하던 참이었다. 또 다른 건축가 민선주와 함께 떠나기 전 농담했던 대로 승효상 소장을 만 하루 동안 졸졸 쫓아다녔다.

전시회 오프닝 밤에는, 이것을 놓치면 비엔나를 놓치는 것이나 다름없다며 '열두 사도의 집'이라는 옛 로마 카타콤 지하교회를 개조한 술집에 데려가더니 기막힌 와인에 더 기막힌 맛의 '훈제 소 혓바닥(내

생전 처음 먹어봤고 그 이후로도 못 먹어봤다)'을 소개하고, 그 유명한 건축가 아돌프 로스가 설계한 '아메리칸 바'에 가서 사과주 칼바도스를 더 들이켰다. 이 '아메리칸 바'는 이미 없어졌던 것을 19세기 말 20세기 초 영광의 비엔나를 기억하고자 오스트리아 건축가 한스 홀라인(Hans Hollein)이 1989년에 〈Vienna: Dream and Reality〉 전시회를 대대적으로 기획했을 때 완벽하게 재현했다가 전시가 끝난 후 다시 옛 건물에 설치해놓아 역사 명소로 삼은 곳이다. 승효상의 설명으로는 비엔나 시가 소유하고 민간에게 바를 운영하도록 하고 있다니 역사를 자원으로 삼는 비엔나의 식견과 마케팅 능력에 감탄을 금치 못하겠다. 그날 밤늦도록 오고간 대화는 이국의 도시 정취에 취해 나오는 내용이어서 더욱 기억에 남는 추억이 되었다. 다음날 승효상의 비엔나 가이드가 본격적으로 시작되었는데, 차례는 다음과 같았다.

- 전시회가 열리고 있는 '세제션 건물' 앞에서 만나서,
- 아돌프 로스가 인테리어를 디자인한 '카페 뮤지엄(80여 년을 유지해온 카페, 꼭 시골 카바레 같은 느낌이 나는데도 두터운 격조가 있다)'에서의 커피 한 잔에서부터 시작,
- 오토 바그너가 설계한 '칼스플라츠 역'과 '우체국역사(1904년의 완공물이라고 하기엔 놀라운 현대적 건축물이다. 그 어느 현대 아트리움보다도 창의적인 아트리움, 여전히 격조를 띤 우체 업무, 백년이 지나도록 그대로 쓰이는 가구, 지하공간에서 빛이 올

라오는 아트리움 바닥의 글래스 블록, 외관의 돌 붙이기 디테일, 금속 디테일, 새로운 도시형 건축물의 탄탄한 파사드 처리에 감탄했다)'를 보고,

• 쿱 힘멜블라우(Coop Himmeblau)의 루프하우스 개조 증축(꼭 곤충 모양처럼 생긴 이 자그만 디자인 오피스의 개조는 해체주의의 정수로 꼽힌다. 석조로 둔중한 비엔나에 마치 사마귀처럼 사뿐히 꼬리를 들고 앉아 있는 꼴이다. 건축 허가 건에 대해 물어봤더니, 승효상의 대답이 결국 건축물이 아니라 '공작물'로 심의 통과되었단다)을 거리에서나마 흘끔 보고,

• 한스 홀라인의 '하스 하우스(Haas House, 비엔나의 중심 건물인 성 스테판 성당 앞 요지에 자리 잡아 주변의 모든 역사적 건축물들에 화답하기에 바빠서 복합절충식의 얼굴을 가진 건물이라 비엔나 사람들도 비판한다는 건물. 시도는 좋은데 결과는 그리 유쾌하지 않았다. 그래도 사진에서보다 실물이 더 나아 보이니 성공한 건축물이라 할까?)'를 본 후에,

• 쇼핑 거리에서 한스 홀라인의 숍 디자인 몇 점(지금 보면 그리 눈에 띄지도 않지만 그의 초기 특징인 단순한 아이콘 사용이 여전히 모던해 보인다)을 밖에서나마 지나치고,

• 왕궁 문 앞에 있는 승효상이 미친 듯이 존경하는 철학자·건축가 아돌프 로스의 '로스 하우스(이 건물에 얽힌 이야기는 시사적으로도 흥미롭다. 로코코 풍의 화려한 장식의 새로운 건축물들을 자

랑스러워하던 당시 죠세프 2세는 마치 황제의 취향과 취미를 비판하는 듯한 이 장식 없고 단순하고 힘찬 건물을 그리도 싫어해서 이쪽 왕궁 문을 사용하지 않았단다)' 앞에서 어정이다가,

- '훈데르바싸 하우징(한 폭의 그림동화 같은 아파트. 자연 친화의 생태건축 개념을 구현하고자 한 건축물인데 관광적인 안목에서는 어떨지 몰라도 그리 감동이 오는 건물은 아니다)'에서 커피 한 잔을 하고,
- 1차 세계대전 후의 '붉은 비엔나(Red Vienna, 공산주의 비엔나)' 시대를 상징하는 '칼 마르크스 호프(Karl-Marx-Hof)' 주택단지(최대 에너지 절약주택으로 완벽히 재생되었다)를 보고,
- '비엔나 숲(Vienna Wald)'의 베토벤 생가(우리가 방문한 집은 베토벤이 유서를 작성했다는 집인데 쓰러져 내릴 듯 소박한 시골집이다. 이 근처 전원 동네에 에로이카를 작곡한 집, 월광소나타를 작곡했다는 집 등 네 집이 있고, 베토벤이 산책했다는 '베토벤의 작은 길'도 있다. 이 집에서 승효상 소장은 베토벤의 유서 복사본을 샀다)까지 가서 산책하고는 다시 지하철로 돌아왔다.

말로는 이렇게 간단하지만 전차, 버스, 지하철을 갈아타고 또 걸으며 비엔나를 동남쪽에서 서북쪽으로 횡단하는 대 섹션 투어(section tour)였다. 모르는 사람이 찾아다닌다면 사흘은 걸릴 명소들을 도시를 잘 아는 사람과 다니니 하루에 주행하면서도 중간 중간 여유롭게

산책도 하고, 길거리 스낵도 즐기고, 가게도 들르고, 비엔나커피와 수프를 마시고, 사이사이 비엔나 이야기, 건축 이야기, 도시 이야기, 서울 이야기를 하면서 다녔으니 교통 표 한 장(버스, 지하철, 전차 어느 것이나 마음껏 탈 수 있어 관광객에겐 그만인 서비스)으로 보내기에 근사하기 짝이 없는 하루였다.

그 도시를 잘 아는 사람과의 동행은 이렇게 시간적으로 효과적일 뿐 아니라 내용적으로도 풍부하다. 그렇지만 누구나 도시에 살아보았다고 해서 그 도시를 잘 아는 것은 아니다. 오히려 쇼핑과 관광 명소를 밝히는 사람의 가이드를 받다보면 서로 난감한 경우도 생긴다. 가이드 받는 데에도 궁합이 필요한 것이다.

홀로 도시를 기웃거리는 즐거움, 그 전략

그러나 역시 도시는 홀로 다니는 것이 제 맛이다. 비엔나처럼 깜깜한 밤에도 안전하게 느껴지는 도시에서라면 혼자 다닐수록 맛은 더하다. 나는 발이 부르트고 종아리가 땡땡해지도록 걸었다. 모든 사람들이 떠난 후 사흘을 나는 나름대로 전략을 세우고 혼자 비엔나를 신나게 누볐다. 나의 전략은 항상 이렇다. "공간과 시간을 잘 배치한다."

하나, 공간에 점찍기. 볼 곳을 지도에 꼭꼭 찍어둔다. '꼭 볼 곳', '가능하면 볼 곳' 둘로 나누어서 주소를 확인하고 지도에 찍어둔다. 내가 꼭 가보는 곳은 정해져 있다. 박물관과 미술관(비엔나의 경우는 구스타프 클림트의 그림들이 목표였다), 흥미로운 건축물(비트겐슈타인 하우스를 꼭 보고 싶었고 그 외에도 오토 바그너의 몇 작품), 도시박물관(비엔나 박물관은 별로였다. 가장 좋은 도시박물관은 런던에 있는 것이다), 산업디자인전시관(비엔나에서는 아르누보와 비엔나 워크숍 운동의 작품들을 보기 위해서 필수적인 방문이었다. 작품들도 좋았지만 뛰어난 전시 기법을 구사하여 더욱 인상적이었다), 이벤트(비엔나의 경우는 오페라), 그리고 가능하면 학교들 등.

둘, 공간에 선 그리기. 꼭 걸어보아야 할 거리를 표시해둔다. 비엔나에서는 링 스트라세(Ring Strasse)였다. 비엔나는 별 모양의 성곽과 해자에 둘러싸인 중세 성곽도시였는데 16세기 터키의 공략을 받기도 했다. 그 방어형 성곽도시가 19세기 중반부터 허물어지고 성곽 자리에 링 스트라세 도시개발이 생겼다. 파리의 샹젤리제 거리와 비슷하지만, 다른 점이라면 도시의 순환도로에 생긴 신개발이다. 당시 유럽을 떠들썩하게 할 만큼 강력한 도시개발이었고 '세계도시 비엔나'의 막강한 경제력을 과시하는 개발이었다. 여기에 거품 경제력을 과시하는 화려한 로코코, 네오 클래식 풍의 건물들이 속속 지어졌는데, 이런 건축물들과 디자인에 대한 비판적 시각에서 19세기 말 20세기 초에 아돌프 로스를 포함한 많은 디자이너들이 새로운 건축디자인 운동을 펼쳤다. 나는 링 스트라세를 꼭 지나가 보고 싶었다. 생각 외로 너무도 쉬웠다. 순환 전차가 있었던 것이다. 나는 순환 전차의 맨 앞에 앉아 양

방향으로 오가며 느긋하게 그 호화로운 개발의 의미를 감상했다.

셋, 공간에 면 표시하기. 산책삼아 걸어 다닐 동네를 표현해놓는다. 대개 도심이다. 어느 도시마다 이런 지역들이 있다. 서울 같으면 인사동, 가회동처럼. 비엔나에서는 성 스테판 성당 주변의 도심, 특히 뒷골목이 이어져서 고딕적인 성격이 그대로 남아 있고 중정식 주택들이 서로 맞닿을 듯 소곤대는 지구를 걸어보는 일이 중요했다.

넷, 시간에 점찍기. 꼭 필요한 시간들이 있다. 모든 시설의 개장 시간들이다. 밝을 때 보아야 하는 곳, 어두울 때 보아도 괜찮은 곳들도 시간의 축 속에 배치한다. 새벽에 보아야 할 곳, 꼭 주말에나 가능한 곳, 예컨대 주말의 벼룩시장 같은 것을 표시해놓는다.

다섯, 시간의 매듭 남겨놓기. 중간 여유 시간을 남겨놓는 일이다. 나름대로 중간 정리, 새 전략 짜기를 위해서도 필요하고 새로 떠오른 곳을 찾아보기, 설렁설렁 다녀보기를 위해서도 꼭 필요하다. 여행은 여유다. 너무 긴박하게 스케줄대로 쫓아다니지 말자.

밥 먹기, 차 마시기, 쇼핑하기로 도시 맛보기

'여행은 여유다'를 다시 한번 강조한다. 여유에서 많은 게 얻어진다. 여유란 역시 밥 먹기, 차 마시기, 쇼핑하기 같은 일상 행위에서 찾아진다. 도시문화를 알기 위해서도 온갖 짓을 다 해볼 필요가 있다. 길거리 포장마차에서 사서 걸으며 먹기, 패스트푸드 먹기, 그런가 하면 제대로 된 식당에서 꼭 한 번 저녁 식사를 먹어보는 것도 필요하다. 나는 혼자 여행을 해도 하룻밤은 제대로 격식을 차리는 식당에 들르곤 한다. 여자 혼자이니 눈총을 받지만 격식 차린 저녁을 먹어보아야 그 도시의 문화를 제대로 맛본다는 것이 내 지론이다.

유럽 어느 도시에서나 차 마시는 일은 기분 좋다. 사방에 노천카페가 있고(추운 지방에서도) 다양한 종류의 차와 술이 있다. 비엔나에는 '카페 문화'에 젖어 있는 도시답게 신문도 보고 작업도 할 수 있는 공간 널찍한 카페가 있는가 하면 서서 급히 마시는 카페도 있어서 즐겁기 짝이 없다. 차 마시는 시간은 중간 휴식시간이다. 다리를 쉬고 머리를 쉬고 눈을 쉬고 주변에 조용히 귀를 기울이는 시간이자, 지도를 확인하고 책을 확인하며 다시 걸을 전략을 짜는 시간이기도 하다.

'쇼핑하기'는 정말 즐겁다. 남자들은 안 좋아한다지만 쇼핑은 도시의 가장 기본적인 문화 중 하나이다. 나는 어느 도시에서나 꼭 가보는 쇼핑 장소들이 있다. 구멍가게, 슈퍼마켓, 시장, 노천에 열리는 벼룩시장 그리고 책가게다. 그 외의 사치스런 백화점이나 리테일 상점들은 중심거리를 다니다보면 보게 마련이니 신경 쓸 필요가 없다.

'구멍가게'는 동네 문화를 아는 데 첩경이다. 얼마나 친절한가, 얼마나 작은가, 어떤 물건들이 있나 등 물 한 병을 사기 위해서라도 들러보라. 나는 비엔나에서 '트라픽(Trafik)'이라는 흥미로운 문화를 발견했다. 신문, 잡지, 담배, 전화카드 등을 파는 일종의 '스탠드' 개념인데 마치 거리의 파출소 격으로 디자인이 탁월하다. '슈퍼마켓'은 어떤 과일, 야채가 나오는지 또 어떤 가사 기구들을 쓰는지 아는 데 적격이다. 어느 도시에서나 나는 도착 첫날 슈퍼마켓에 들러서 과일과 마실 것을 사서 호텔 방에 재어놓고 경비 절약을 하기도 하고 또 신기한 가사용품을 사기도 한다.

'시장'은 꼭 가보아야 한다. 시장만큼 도시를 보여주는 곳이 없다. 대중의 생활문화를 절실하게 느낄 수 있는 곳이다. 상행위 문화는 곧 그 도시 사람의 문화다. '벼룩시장'은 나의 흥미로운 주제다. 주말에 열리므로 미리 알아두어야 가볼 수 있다. 다양한 주민들과 외국인들(비엔나에서는 주로 아랍권)이 먼지 낀 물건들을 가지고 나와 한판 새로운 공간을 만드는 그 임시적 속성이 흥미롭다. 어떠한 질서, 어떠한 먹거리, 어떠한 장치로 공간을 금방 만들었다가 또 금방 치우는지 열심히 본다. 나는 어떤 물건이든 한 가지를 꼭 산다. 그래야 기억에 오래 남기 때문이다.

비엔나에서는 행복하게도 전시회가 개최된 '세제션 관' 바로 앞에 '나슈마켓(Naschmarket)' 시장이 있어 좋았고 또 바로 그 자리에서 토요일 벼룩시장이 열려 더욱 흥미로웠다. 벼룩시장을 훑고 다니다가 나는 오토 바그너가 설계한 두 유명한 건물, 즉 분홍색 꽃 모티브가 있는 건물과 황금 장식 모티브가 있는 건물이 나란히 있는 것을 우연히 발견했다. 그 두 건물이 바로 옆에 붙어 있으리라고 전혀 생각지 않았는데 흥미로운 발견이었다. 마지막으로 '책가게'를 빼놓을 수 없다. 하루 온종일 걷는 도시 탐험 도중 다리를 쉬고 싶으면 책가게에 들어간다. 건축, 예술 코너에 가면 오랜 시간을 편히 보낼 수 있다. 문제는 항상 책을 사게 되어 종종 낑낑 메고 다니는 사태가 발생한다는 것이다. 그래도 책가게는 정말 좋은 휴식처다.

도시 현장과의 접촉 포인트, 사람·신문·방송

그 도시에서 사는 사람과 깊이 이야기해볼 기회가 있으면 금상첨화다. 지나치는 사람들도 좋은 자원이다. 호텔 사람, 상점 사람들에게도 말을 붙여보자. 신문에 어떤 기사가 나는지 보자. 말을 못 알아듣더라도 TV를 켜고 어떤 프로그램들이 있는지 보자. 그 도시가 보인다.

비엔나에서는 '세제션'이라는 접촉선이 있어서 나는 꽤 흥미로운 사람들을 볼 수 있었다. 문제는 내가 그들에게 비엔나 이야기를 물어보기보다 그들이 나에게 더 많이 물어서 힘들었다는 것이다. 그래도 관심은 교류의 시작이다. 전시회 개막식과 세미나 이후 아시아의 건축가들, 유럽 각국의 사람들, 비엔나 사람들과의 야찬과 술자리 애프터는 사실 진짜 교류의 마당인데, 이러한 모임에서도 각기 비용을 지불하는 더치페이가 철저해서 부담이 없다.

이런 애프터 사교 덕분에 내가 그렇게 보고 싶어 하던 루드비히 비트겐슈타인이 설계한 '비트겐슈타인 하우스' 주소를 찾고야 말았다.

한 설치예술가가 불가리아 대사관으로 쓰이고 있다는 정보를 주었던 것이다. 투어 가이드에 나와 있지 않은 이유였다. '논리구조를 그리는 매체로서의 언어'를 사고했던 철학자가 직접 설계해서 호기심을 끄는 '비트겐슈타인 하우스'가 아직도 생활공간으로 쓰이고 있다는 사실이 어찌나 반갑던지. 그 도시에 뿌리를 박고 살고 있는 사람들은 깊은 이야기를 안다. 사소한 정보에서부터 좀더 깊은 문화적 이야기에 이르기까지. 결례가 되지 않을 정도로 구체적으로 호기심을 표현하자. '사람'은 정보의 원천이다.

그리고, 의문을 가지고 돌아와 곱씹는다

현장의 도시 탐사란 결국 짧은 관찰일 뿐이다. 아무리 열심히 다양하게 보더라도 여전히 관찰에 불과하다. 왜 관찰하는가? 자극과 단서를 얻기 위함이다. 관찰자의 눈으로 다른 상황을 봄으로써 자신의 문제를 조감해보고 다른 해법에 대한 가능성을 타진해보는 과정인 것이다. '한 번 보는 것이 백 번 듣는 것보다 낫다'는 말은 확실히 진리다.

비엔나 여행 후 나에게도 새로운 의문들이 생겼다. 첫째는 기후와 도시와의 관계에 대한 의문이다. 나는 비엔나가 그렇게 흐릴 것이라 전혀 예상하지 못했다. 일주일 동안 한 번도 해를 못 봤다. 비엔나가 맑을 것이라 선입견을 가졌던 것은 왈츠의 분위기, 다양한 수공예, 화려한 건축 장식, 하얀 레이스가 풍부하게 달린 화려한 옷, 크림이 듬뿍 올라간 비엔나커피 때문이었나 보다. 혹시 그러한 화려한 분위기는 음울한 기후를 이겨내는 반작용으로 나온 것이 아닐까? 한겨울의 추위에도 옥외활동이 그리 많은 것은 또 무슨 연유일까? 기후와 도시활동의 작용은 확실히 미묘하다.

둘째, 역사에 대한 비엔나의 태도 역시 호기심의 대상이다. 비엔나가 2차 세계대전 때 엄청난 공습으로 파괴되었던 것을 거의 원형 그대로 복원했다는 것은 처음 알았다. 왜 비엔나는 런던과 달리 복원을 선택했을까? 런던 역시 전쟁 중 많이 파괴되었는데 전후에 오히려 새로운 개발 실험을 독려하였고, 전통 환경과 모던한 건물들이 혼재했다. 지금은 이 다양성과 혼재성이 런던의 매력이기도 하다. 비엔나는 딴판이다. 거의 1세기 전의 모습이 그대로 보인다. 정통 복원을 택했던 것은 비엔나의 영광을 되찾으려는 의지였을까? 힘이 약화된 오스트리아의 아이덴티티를 지키려는 동기가 작용했을까?

한 나라 도시의 지정학적 의미에 대한 의문도 다가왔다. 대륙의 한가운데 있지만 동방(19세기까지도 동방이라 하면 이슬람권을 주로 지칭했다)과 서방, 북방, 남방이 교차하는 요충지에 있는 나라가 오스트리아다. 한때 합스부르크 왕조를 중심으로 유럽 패권을 좌지우지하던 도시가 비엔나다. 전후에 오스트리아는 결국 중립국으로 남았고 세계에서 나름 '강소국' 역할을 하고 있다. 하지만, MIT에서 같이 공부했던 오스트리아 친구는 나에게 이런 말을 했었다. "오스트리아는 과거의 영광, 세계도시로서의 적극성에서 후퇴해서 그저 그런 국가(친구는 'mediocre'라는 표현을 썼다)에 불과해졌다"는 자조 섞인 표현이었다. 역사의 영광이란 한 사회의 뿌리도, 또 굴레도 되는 것일까? 과연 우리 한국, 우리 서울, 우리 실무, 우리 문화에 시사하는 점은 무엇일까? 나는 이러한 질문들을 안고 비엔나 도시 여행에서 돌아왔다. 하나의 도시 탐험을 통해서 너무 큰 질문을 많이 안고 돌아온 것일까?

도시의 숲에서 사람을 만나고 세상을 발견한다

도시는 탐험하면 할수록 깨달음을 준다. '도시란 인간이 만든 최고의 문화 형태'라는 말은 정말 맞는 말이다. 그만큼 도시란 복합적이고 매력적이다. 수많은 사람들이 수많은 동기에 의해서 모여서 부비고 또 부대끼며 같이 사는 도시에는 인간의 무한한 지혜와 욕망과 가치가 녹아 있다. 인간의 선함과 유능함이 발현되는가 하면, 인간 사회의 사악함과 무능함이 발현되기도 한다.

내가 쓴 책 중의 하나가 『도시 읽는 CEO: 도시의 숲에서 인간을 발견하다』이다. 도시는 정말 커다란 숲이다. 이 도시의 숲 속에서 우리는 인간을 발견하고 또 인간 사회를 발견할 수 있다. 부디 도시의 숲을 당신의 발로 탐험하면서 인간이 만든 세상의 무한한 매력을 발견해보자.

우리 땅 걷기
Read our land

내 발로 걸어야 생생하다

땅에 대한 우리의 감정은
우리의 땅 만큼이나 굴곡이 많다

우리에게 '땅'이라는 말만큼이나 복잡스런 감정을 유발시키는 말도 없다. 남북이 갈라진 땅에 사는 우리들이라 더할 것이다. '가고 싶은 땅'이 있는 우리다. 나라를 잃었던 뼈아픈 역사도 작용할 것이다. '잃어버린 땅'을 가졌던 경험이 있는 우리다.

'땅'에 대한 애착심이 강한 나라로 아일랜드, 이스라엘, 그리고 우리나라를 대표적으로 꼽는다. 역사에 질곡이 많았고, 주변의 압력 사이에서 강인하게 버텨왔다는 공통점이 있다. 물론 '땅'이란 어느 민족에게나 애착심을 불러일으키는 말일 것이다. '땅'이라는 단순한 단어에 여러 가지가 녹아 있다. 산과 강, 들과 개울, 논과 밭, 흙과 바람, 햇빛과 하늘, 눈과 비, 산맥과 바다 같은 자연의 실체도 있지만, 자연을 일구며 얻은 풍부한 먹거리, 같이 일하고 같이 축복하는 가족과 사회의 끈끈한 정, 역사에 새겨진 온갖 인간사들이 '땅'이라는 말에 면면히 녹아 있는 것이다. 그래서 '땅'이라고 하면, 머리보다 가슴을 친다.

땅은 '여성'으로 표현되곤 한다. 하늘은 남자고 땅은 여자다. 하늘과 땅 사이에 남자와 여자로 구성된 진짜 사람들이 산다. '天·地·人'의 의인화는 참 멋진 개념이다. 영어로도 땅은 'motherland'로 표현된다. 땅의 신은 곧잘 추수의 신과 동일시되고 세계 곳곳에서 여성으로 표현되곤 했다. 풍요의 상징, 생명력의 상징이다. 언제나 돌아가고 픈, 기대고 싶은 대상이다. 그만큼 땅은 영원무구하고 강인하고 항상 그곳에 있을 것 같은 어머니의 속성을 표현한다.

'토착 건축', 땅의 힘

그 어머니 같은 땅에서 건축이 태어난다. 왜 '토착(土着) 건축'이라 부르는가. 땅에 앉혀진 건축, 땅으로부터 나온 건축이기 때문이다. 그래서 특정 문화의 건축을 이해하려면 먼저 땅을 들여다보아야 한다. 재료는 무엇을 썼는지, 왜 그 재료를 썼는지, 왜 지붕 모양은 그렇게 생겼는지, 창문의 크기와 모양은 왜 그런지, 건물을 왜 그렇게 앉혔는지, 공간 구성은 왜 그렇게 생겼는지, 건물들이 모여 있는 모습은 왜 그런지, 마을과 도시는 왜 그 위치, 그 크기, 그 구성인지 등 그 하나하나에 이유가 있다. 어떤 기후, 어떤 풍토, 어떤 재료, 농사의 방식, 유통의 방식, 모여 사는 방식 모두가 땅과 관련이 있다.

그 땅을 보기 전까지는 그 어느 도시, 어느 건축이든 섣부른 판단을 유보하자. 사막을 보지 않고 이슬람 건축의 신성(神性)을 파악하기 어렵다. 신선들이 날아다닐 듯한 중국의 기기묘묘한 산을 모르고 중국 건축의 상징성을 알기도 어렵다. 후지산의 상징성과 지진의 재앙을 모르고 일본 건축을 알 수 없다. 끝없이 펼쳐지는 유럽의 평원을 보지 않고 유럽 농가건축의 속성을 파악하기 어렵다. 지중해와 척박한 고산지형을 모르고 남유럽의 건축을 이해하기 어렵다. 풍성한 물과 식물의 정글을 모르고 열대지방의 건축을 파악할 수 없다. 우리나라의 사계절과 굽이굽이 산하를 느껴봐야 '배산임수(背山臨水)'의 원칙이 왜 나왔는지 비로소 이해가 된다. 건축과 도시가 사회적 측면에 의해 큰 영향을 받는 것도 분명하지만, 그 근본에는 어떠한 땅에 지어지는가가 가장 중요한 변수인 것이다.

우리 도시 예찬 그리고 '4대강 사업'

내가 전문인으로서 집중적으로 우리 땅을 보게 되었던 것은, 우리나라 지방도시를 순례하며 신문 연재를 하고 그 작업을 『우리 도시 예찬』이라는 책으로 묶어내었을 때와 최근 '4대강 사업' 공사현장을 누비고 다녔을 때다. 물론 이전에도 여행과 답사를 수없이 했지만 간간이 하는 것과 집중적으로 하는 것은 분명한 차이가 있다.

'우리 도시 예찬' 순례는 정말 행복했다. 영남권으로, 호남권으로, 전주권으로, 대구권으로, 강원권으로, 중원으로, 제주권으로 계획을 세우고 며칠간 우리 진돗개 '울림'이를 보디가드 겸 태우고 혼자 운전하며 전국을 누볐다. 순례의 구체적 목적지는 도시였지만, 정작 훨씬 더 행복했던 체험은 도시와 도시 사이에 펼쳐지는 땅의 풍경 그리고 도시 속에 있는 자연의 풍경이었다. 산은 산이로되 어찌 그리 다를까, 평야는 평야로되 어찌 그리 규모가 다를까, 산과 강이 만나는 방법은 어찌 그리 다를까, 흙의 색깔은 어찌 그리 다를까, 돌의 종류는 어찌 그리 많을까? 바로 이렇게 다른 땅에서 다른 성격의 건축이 나오는 것이다. 언뜻 보면 이 크지 않은 땅에 비슷비슷한 한옥에 비슷비슷한 마을로 보이지만, 지방마다 독특한 특색이 분명한 것이다. 그 다양성을 확인하며 정말 행복했다.

그러나 '4대강 사업' 순방은 정말 불행했다. 슬펐다. 전국에 걸쳐 무려 170개의 공구에서 펼쳐지는 자연의 파괴 현장을 이렇게 내 눈으로 확인해야 하는 운명이라니, 한탄도 했다. 강을 한가운데 토막 내서 준설하는 현장은 마치 생선을 가시만 발라놓고 회를 뜨는 것 같이 참담해보였다. 솔직히 우리 강변의 은모래 금모래가 그렇게 아름다운지, 또 그렇게나 많은지 그전엔 미처 몰랐다. 너무 당연하게 생각했던 것이다. 특히 상주 지역의 은모래 금모래에 완전히 반했는데, 알고 보니 골재로는 이른바 특등품이라는 것을 처음 알았다. 지금은 다 파헤쳐지고 다 사라졌다.

영주댐이 지어지면 수몰될 금광마을에 갔을 때, 마을 어르신들이 마을회관에 모여 지도를 펼쳐놓고, 여기가 물이 이렇게 지나가며 하회마을보다 더 아름답다, 그동안 수몰될 것을 몇 번이나 막았는데 이젠 늙어서 막을 힘조차 없다고, 어떻게 좀 해달라고 애원하실 때 참 안타까웠다. 아직도 지천의 아름다움을 그대로 간직하고 있는 내성천이 없어지는 것만큼은 꼭 막고 싶다.

나는 한강, 금강, 영산강, 낙동강이 그렇게 다르리라고는 미처 생각지 못했다. 절대로 같은 강이 아니다. 강변의 모습이 다르고, 수심이 다르고, 모래가 다르고, 물의 속도가 다르다. 그에 따라 마을도 도시도 풍경이 달라진다. 4대강 사업이 끝난 지금은? 다 똑같아져 버렸다. 강폭은 넓고 물은 가득차고, 강변의 자연 습지들이 없어진 대신, 고수부지 같은 강변공원이 똑같은 모습으로 들어섰다. 땅을 읽지 못하는 '무차별한 획일성과 폭력적 개조', 4대강 사업의 재앙이다.

우리 땅에 맞는 문화

땅에 관련된 전문인들은 "우리 땅에 맞는 건축문화인가, 우리 땅에 맞는 도시문화인가? 우리 땅에 맞는 조경문화인가?"라는 의문에서 벗어날 수가 없다. 패션, 음식, 음악, 그림, 영화 등 사실 문화적인 모든 작업에서 일하는 사람들이 바로 이 의문, '우리 문화인가?'에 부딪힌다. 그건 곧 "우리 땅에 맞는가?"라는 의문이다. 땅에 발붙여야만 가능한 건축에서 이 의문은 본질적인 의문이자 궁극적인 의문이다.

한국의 문화라는 큰 틀 안에서 각 지역의 문화적 특색이 무엇이어야 하는지, 각 도시의 문화적 특징은 무엇이어야 하는지, 건축은 어떤 역할을 해야 하는지, 바로 이 의문이 '땅'을 어떻게 읽을 것인가 하는 근본적인 의문인 것이다. 기술이 달라지고, 규모가 달라지고, 속도가 달라진 이 시대에서 우리는 '토착 건축'이 표현했던 그 문화적 속성을 영영 잃어버릴 수밖에 없는가? 규모와 속도가 달라지고 세계화되는 시대에 이 땅에 맞는 문화 운운할 필요가 있는가? 그럼에도 이 시대 우리 도시와 우리 건축에 대한 이 아쉬운 감정은 무엇인가? 왜 우리는 '우리 땅에 맞는 건축문화'를 고민해야 하는가? 우리 땅을 읽는다는 것은 바로 이 피할 수 없는 의문에 대하여 다가서는 것이다. 그래서 우리는 우리의 땅에 다가서야 한다.

걷기로 땅을 만나자

땅을 만나는 가장 쉬운 방법은 '걷기'다. '걷기'를 통해 '읽기'가 얻어진다. '걷기'만큼 건강하고 정직하고 겸허하고 치유에 도움이 되는 행위가 있을까? 자신을 비우고 떠나 길을 걸으며 자신의 길을 다시 찾는다. 왜 옛적부터 길을 떠나 수도승과 신자들이 '순례'를 했겠는가? 길을 떠나 그 무엇을 발견하고, 자신의 상처를 치유하고, 새로운 길의 단서를 찾는 것이다.

반갑게도 걷기 열풍이 불고 있다. 도시에서 성곽 걷기와 동네 걷기(북촌, 인사동, 가회동 등)가 유행이라면, '제주올레, 지리산 둘레길, 강화 나들길' 등과 백두대간 걷기 등 다양한 걷기 운동이 퍼진다. 해외여행에서도 트래킹이라는 새로운 유형이 등장했을 뿐 아니라 '산티아고 가는 길', 히말라야, 사막까지 걸으려 든다.

건강한 현상이다. 나 자신도 진즉 우리 땅을 더 많이 걸었더라면 더 많은 것을 깨우쳤을 것 같다는 생각이 종종 든다. 진즉, 오랜 시간을 비워놓고 더 많이 우리 땅을 걸었더라면, 건축에 대한 나의 깨우침도 훨씬 더 커지지 않았을까?

수많은 걷기 운동 중 '제주올레'는 내가 각별히 애정을 느끼고 있는 길이다. 그 창립자인 서명숙 이사장과 친구로서 오랫동안 '걷기 예찬'을 해왔다. 그런데 그 꿈이 이루어지다니. 작명을 고민하던 서명숙에게 '제주올레'라는 이름을 제안한 사람이 실은, 나다. '올레'라는 이름 자체를 대학시절부터 좋아했다. '집으로 들어가는 작은 골목길'이라는 뜻의 제주 특유의 공간이자 제주 특유의 이름인데, 발음도 뜻도 그리 좋아했었. 내 제안이 받아들여져 결국 '제주올레'로 탄생하고 전국적인 걷기 열풍의 상징이 되었으니 참 기분이 좋다.

제주의 돌담길, 초가집들도 정말 아름답지만 제주의 토착건축으로 내가 가장 사랑하는 건축이 '돌집'이다. "제주올레를 걸으며 제주 돌집에서 자보고 싶다"는 소원을 계속 얘기하고 있다. 그 꿈은 분명 이루어질 것이다.

걷자. 땅을 밟자. 땅을 읽자. 예술 속에서 땅은 왜 그리 큰 의미를 갖는가? 화가 임옥상의 그림에서 나타나는 붉은 땅은 왜 원초적 생명이 넘치는 땅이 되기도 하고 이념으로 물든 땅으로도 읽히는가? 영화감독 임권택의 〈서편제〉에 나오는 '밭이랑'과 우리의 '소리'는 무슨 관계가 있는가? 왜 '한 줌의 흙'은 한 줌 이상의 의미를 가지는가? '땅'은 깊다. 한없이 깊다.

내 공간 깨우기
Listen to your space

당신이 있는 그 공간, 당신 거다

우리는 공간을 만들고
공간은 다시 우리를 만든다

내 친구 중 하나는 주택정책에 대한 발군의 연구자다. 지리학을 공부했다는데 공간 감각이 영 없어서 "지리학을 숫자와 모델링만으로 했나?" 하고 나는 핀잔을 주곤 한다. 이 친구의 작업 공간에 들렀다가 공간 구성에 힌트를 몇 번 준 적이 있다. 첫 번째는 무척 작은 공간을 책상 배치로 바꾸는 것이었는데, 이 친구는 완전히 감격했다. "글쎄, 그것 하나 바꾸었는데 완전히 커맨드(command, 장악)가 되더라고." 두 번째는 꽤 큰방이었는데 휴일에 놀러갔다가 말을 잘못 꺼내서 그만 방 배치를 바꾸는 노동력까지 제공해주고 말았다. 정방형의 방과 원형 회의탁자에 착안하여 책상을 사선으로 배치한 것이었다. 나중에 들은 멘트, "젊은 연구원들이 와서 하는 말이, '이 방은 완전히 X세대네' 하더라고. 기분 좋던데."

이 친구는 이제 상당한 공간 감각이 생겨서 내 멘트에도 자신의 소리를 정확히 낸다. 중요한 점은, 이 친구가 이제 공간이 자신의 몸과 마음에 주는 영향에 대해 확실하게 깨닫고 있다는 사실이다. '공간에 대한 거듭남'이라고 할까?

의외로 많은 사람들이 자기가 쓰는 공간에 대해 둔감하다. 대충 주어진 대로 적응한다. '집'에 대해서는 그나마 관심이 높지만, '아파트'가 되면 또 대충 주어진 대로 사는 편이다. 그런데 우리가 사는 곳은 집 외에도 수없이 많다. 학교, 직장, 작업 공간, 가게, 식당, 술집, 카페, 쇼핑센터, 집회시설, 종교시설, 놀이 공간, 공원, 강변 등. 이 공간들에 귀를 기울여보자. 나의 삶과 무슨 상관이 있는지, 나의 삶의 질에 어떤 영향을 주는지.

불편은 참지 말아야

내가 건축인으로서 얻은 가장 좋은 습관이라면, 내가 쓰는 공간에 대해서 무척 예민해졌다는 것이다. 확실히 나는 불편함을 금방 알아챈다. "이렇게 쓰다보면 목 디스크 걸리거나 손목 병나요!" 컴퓨터 모니터가 삐딱하게 놓여 있거나 높이가 맞지 않으면 나는 한마디 한다. "이렇게 낮게 앉으면 말이 잘 안 나와서 토론이 잘 안 된다니까요!"

회의에서 의자 높이가 너무 높거나 너무 낮으면 또 한마디 하게 된다. 책상 주변의 조명이 어두우면 "스탠드부터 빨리 장만하세요!" 한마디 한다. 아마 내 주위 사람 치고 내 잔소리 한 번 안 들은 사람이 없을 것이다. 불편하면 잘 못 참을 뿐더러 어떻게든 고칠 방법을 궁리한다. 식당에서 의자가 너무 딱딱하면 꼭 방석을 요청하고, 모양만 그럴듯한 벤치로 바꾸어버린 공원에는 다시는 안 가고, 복도에서 화장실 안이 엿보이거나 하면 질색을 하고 한마디 해놓는다.

내가 까탈을 부린다는 사실을 기꺼이 인정한다. 그런데 우리 모두 불편을 참지 말아야 한다. 까탈을 부려야 한다. "좋은 고객이 있어야 좋은 상품이 나온다, 불편이 있어야 수요가 생긴다, 불만은 새로운 상품의 자극제다"라는 말은 모두 사실이다. 왜 우리는 핸드폰이나 전자기기나 자동차의 불편에는 그리 민감하면서 우리의 공간에는 너그러워야만 하는가? 왜 집에서는 불편을 못 참으면서 같이 쓰는 공동의 공간에 대해서는 적당히 참아야 하는가? 우리가 사는 모든 공간에서 왜 불편하게 느껴지는지, 어디가 불편한지 민감하게 관찰해보자. 사실 자신의 기분에 대해서 조금만 관심을 기울여본다면 금방 알 수 있다.

무엇보다 '일하는 공간(학생은 공부하는 공간)'에 대해서 까탈을 부려보자. 우리의 일상에서 가장 스트레스를 많이 받는 공간이기 때문이다. 일하는 공간은 시간으로 따진다면 집보다 더 많은 시간을 보내는 곳이다. 집은 자고 쉬는 데 주로 쓰는 반면, 업무 공간은 대부분 긴장 상태에서 임하는 공간이니만큼 더욱 영향을 끼친다. 다른 공간들은 못마땅하면 안 가면 그뿐이지만, 업무 공간에 대해서만큼은 그러한 선택권도 없다. 게다가 업무 공간이란 '컨트롤을 당하는 공간'이기 십상이다. 내가 어쩌지 못하는 공간으로 받아들이게 되는 것이다. 대부분이 "뭐 바뀌겠나? 그냥 참고 말지" 하고 지레 포기해버리곤 한다.

이런 태도 자체를 바꾸자. 컨트롤 당하는 느낌에서 벗어나려면 자신이 컨트롤하는 느낌을 가질 수 있어야 한다. 그 첫 시작은 '관찰'이다. 다음 단계는 '불만을 토로하는 것'이다. 그다음 단계는 '개인적으로 개선해보는 것'이다. 그다음 단계가 '공동의 힘으로 개선을 모색하는 것'이다. 내가 특히 '일하는 공간 깨우기'를 강조하는 이유를 독자들도 잘 이해할 것이다. 현대 사회에서 우리에게 가장 영향을 주면서도 우리를 가장 무기력하게 만드는 공간이기 때문이다. 개인과 조직이 가장 첨예하게 대립하는 공간이자 또 가장 행복하게 만날 수 있는 공간이기 때문이다.

우리는 공간을 만들고 공간은 우리를 만든다

우리는 공간을 만들고, 그 공간은 다시 우리를 만든다. 이건 분명한 사실이다. 우리의 삶을 담는 공간은 우리의 행복감에 절대적인 영향을 미친다. '뿌듯함'과 '보람'과 '인간답게 대접받고 있다는 느낌'에 절대적인 영향을 미치는 것이다. 속절없이 컨트롤 당하지 않고 내가 컨트롤한다는 느낌을 갖기 위한 모든 노력을 해보자. 설령 우리가 원하는 대로 모두 바꾸지는 못한다 하더라도, 무언가 변화를 모색하는 과정 중에서 행복감이 우러날 수 있다.

우리의 일상 공간 중에서 '일하는 공간 깨우기'가 개인적으로 최우선 과제라면, '공공 공간 깨우기'는 공공 영역에서의 최우선 과제다. '공공 공간'이라면 우리의 세금으로 만들어지고 관리되는 모든 공간이자, 사람들에게 공개된 모든 시설들이다. 우리 모두 권리를 주장할 수 있는 공간이다. 이 공공 공간을 조금이라도 더 행복하게 만들 수만 있다면 아무리 우리 개인의 공간이 부족하고 힘들더라도 우리의 삶의 질은 훨씬 더 나아질 것이다.

많은 사람들이 동의하겠지만, '공공 화장실'이 얼마나 좋아졌는지 느낄 것이다. 고속도로는 물론 벽지 시골에서도 공공 화장실 사용하기가 편해졌다. 도심에서는 민간 건물의 1층 화장실을 개방하도록 제도가 바뀌었고, 공원이나 광장에 설치된 화장실의 질이 놀랍도록 좋다. 가끔은 지나치게 화려한 공공 화장실들이 들어서서 눈살을 찌푸리게도 하지만, 분명 반가운 변화이다. 그런데 이 화장실 개선 운동에 거의 20여 년이 걸렸다. 그 변화를 만드는 데에는 관광에 대한 관심과 지자체 장의 과시도 영향을 발휘했지만, 시민들의 꾸준한 지적과 언론의 꾸준한 지적이 적잖은 영향을 끼친 것이다. 이런 공공 공간 깨우기 운동이 수없이 벌어져야 한다.

우리가 일상적으로 쓰는 공공 공간은 수도 없이 많다. 도로, 길, 골목, 광장, 공원, 역, 버스정류장, 시장, 백화점, 로비공간, 우체국, 파출소, 자치센터, 관청 등 눈으로 보기에 화려한 공공 공간이 아니라 정말 우리를 행복하게 해주는 공간인가, 관찰하고 지적하고 액션을 취하자.

공간의 인격을 깨우자

자신의 공간을 자신이 원하는 방식으로 만들고자 하는 것은 모든 사람의 욕구다. 다만 전문인들은 그 머리와 손발을 제공하는 '더 훈련된 대리인'의 자격을 가진다. 가장 바람직한 상태는 공간을 쓰는 사람들이 의식적으로 불만을 토하고 요구를 하고, 전문인들이 그 불만과 요구에 잘 귀를 기울여 나름대로 묘안을 만들고 실현하는 것이다.

그런데, 이 과정에 절대적으로 중요한 고리가 있다. 일하는 공간이나 공공 공간의 주문자들은 대개 직접 사용자들이 아니라는 사실이다. 사실 직접 사용자가 주문자가 되는 경우는 '집' 외에는 없다. 요즘 시대엔 직접 사용자가 집을 주문할 확률조차 무척 낮다. 대개는 중간자(개발업자), 민간 조직(기업, 학교), 또는 공공조직(관청, 공사 등)이 직접 주문자가 되는 경우가 대부분이다. 이런 과정에서 실제 사용자의 바람이 설계에 잘 반영되기란 무척 어렵다.

그래서 실제 사용자, 직접 소비자들이 이 과정에 개입할 수 있는 연결고리가 무척 중요해지는 것이다. 그 고리는 깨어 있는 소비자, 사용자로부터 나온다. 이들이 깨어있는 관찰자, 깨어있는 행동가가 될 때 행복하게 일하는 공간, 행복한 공공 공간이 만들어질 가능성이 높아진다.

하나의 공간을 만들어가는 과정은 '공간의 인격화(人格化, personification)' 과정이다. 자신이 하나의 사람으로서 성격을 만들어가듯이 공간도 쓰는 사람과 같은 성격을 만들어가는 것이다. 어떤 공간이 우리가 원하는 공간인가, 편한 공간인가, 행복감을 느끼는 공간인가? 부디 깨어나자. 우리 공간을 깨우자!

동네에 개입하기
Involve with your community matters

진화하는 동네에 우리 삶이 있다

동네가 살아나면 도시도 살아난다
동네가 살아나면 도시도 행복하다

십여 년 전 전통문화의 거리 인사동에 '스타벅스' 커피숍이 들어왔을 때다. 외국 교수에게 인사동을 안내하다가 그에 얽힌 사연을 얘기해줬다. 인사동 상인들이 몇 년 동안 스타벅스의 입점을 반대했는데, 결국 'Starbucks'를 한글 '스-타-벅-스'로 간판을 바꿔 붙이고 전통 인테리어를 곁들이는 조건으로 찬성해줬다는 사연이다. 그 교수는 너털웃음으로 자기 동네 스토리를 들려줬다. "보스턴 근처의 조용한 전원 동네 렉스턴에 '스타벅스'가 들어오려 할 때도, 주민들이 특색 있는 동네 커피숍을 살리려고 몇 년 동안 반대를 했지만 결국 아무것도 막지 못했다. 이래 보니 한국이 훨씬 더 낫네. 주민들이 조건까지 붙였으니."

'카페' 하나 들어오는 것에 주민들이 머리를 맞댄다면 행복한 광경이 아닐 수 없다. 동네는 끊임없이 변한다. 새 집이 들어서고, 새 가게가 들어서고, 새 간판이 들어오고. 나무가 심어지고. 놀이터가 생기고, 이웃이 떠나고 새로 들어온다. 삶이 변하듯 동네도 변하는 것이다. 그 변화의 모습에 예전 모습의 흔적이 남아 있고 또 연상될 수 있다면, '진화가 일어나는 동네'인 것이다.

『이 집은 누구인가』라는 책을 쓰고 난 후 예전에 살던 동네들, 부모님이 젊었을 적 살던 동네들을 찾아다녀봤다. 내가 살던 집은 단 한 곳도 남아 있는 동네가 없었는데, 유일하게 부모님이 내가 태어나기도 전에 사셨다던 인천의 옛 한옥은 남아 있었다. 동네도 옛 모습 거의 그대로. 신기해서 리서치를 해보니, 그 동네는 인천의 몇 안 되는 '한옥보전지구'였다. 부모님은 자신의 힘으로 장만했던 첫 집이 그대로 남아 있다는 사실에 한없이 행복해하셨다. 비록 집 자체는 작은 한옥에 불과하나, 그 한옥들이 모여 있는 동네의 가치가 보전되고 있다는 사실에 나도 뿌듯해졌다. 독자들도 한번 돌아보라. 자신이 살던 동네가 지금도 그대로 남아 있는지, 자신이 살던 집은 남아 있는지, 동네가 어떻게 변했는지. 자신이 살아온 시간의 흔적을 찾아보라.

뉴타운·재개발·재건축의 싹쓸이 변화

우리의 불행은 작은 변화들이 모여 동네가 서서히 진화하는 것이 아니라 갑자기 싹쓸이하듯 동네가 없어지고 우후죽순처럼 아파트와 주상복합 건물들이 올라서며 돌연변이하듯 바뀌어버리는 것이다. 이 천지개벽하는 돌연변이의 와중에 우리는 속수무책으로 당한다.

내가 가끔 꾸는 악몽 중 하나가 갑자기 우리 동네를 아파트로 재건축하겠다며 지구 지정이 되는 상황이다. "이웃들은 많이 찬성하는데, 내가 반대하면 뭐라고들 하실까? 아니 어떻게 나도 모르게 이런 일이 벌어지나?" 하면서 꿈에서 깨곤 한다. 다행히도 우리 동네에는 아직껏 그런 불상사는 일어나지 않았다. 하지만 직업상 이런 비극이 벌어지는 사안들을 워낙 많이 접하게 되다보니, 악몽은 수시로 찾아온다.

이명박 전 서울시장이 여기저기 '뉴타운' 지정을 남발하며 벌일 때부터 자주 악몽이 나타났다. 최근 뉴타운, 재개발 추진이 부진해지고 사방에서 해제 요구가 빗발치면서 잦아졌고, 국회에서 '도시주택정비법(도정법)'의 구역 해제에 대한 제도를 도입하는 과정에선 훨씬 더 자주 나타났다. 황당한 상황에 처한 주민들의 하소연을 들은 날 밤, 특히 '주민비상대책위원회'에 모여 어떻게든 탈출구를 만들어보려는 주민들과 만나는 밤이 되면 어김없이 이 악몽이 찾아온다.

이 책을 쓰고 있는 지금도 뉴타운·재개발·재건축 구역을 해제할 것인가, 그대로 추진할 것인가 하는 문제는 뜨거운 현재진행형 과제이다. 만약 해제된다면 그것만으로 끝나는 것이 아니라 대안을 모색해야 할 것이고, 추진이 계속된다면 주민들이 납득할 만한 안을 만들어야 할 것이다. 어떤 경우든 주민들 앞에는 힘들고 긴 여정이 기다리고 있다. 부동산 거품이 꺼진 후 이제 더 이상 신속한 대형개발, 큰 이문 남는 아파트 단지 개발을 기대하기 어렵고 설사 추진된다 해도 살고 있던 주민들의 대부분은 비용을 감당할 수 없어서 동네를 떠날 수밖에 없다는 현실을 깨닫고 있다. 이러지도 저러지도 못하는 사이에 집도 못 고치고 동네 가게들의 장사도 안 되면서 동네는 점점 퇴락하는 현실을 이제야 제대로 알게 된 것이다.

바로 이 지점에서 동네에 대한 주민들과 시민들의 구체적 관심이 작동될 가능성이 태동하고 있다. 우리 사회도 거품 개발에 대한 환상을 거두고 동네의 진화 방식에 대해 미시적인 관심을 가지고 구체적인 액션을 고민하는 시대로 넘어가는 것이다. 전문가들 못지않게 일반 시민들의 관심과 활동 영역이 넓어지는 기회가 아닐 수 없다.

진화하는 우리 동네, 동네건축가

최근 젊은 건축가들을 만나면 스스럼없이 '동네건축가가 되고 싶다'는 말을 해서 참 흐뭇하다. 지방 도시에서 활동하는 건축가들은 물론, 서울의 '북촌(창덕궁과 경복궁 사이와 북쪽 성곽까지 이어져 있는 동네)'에서 주로 활동하는 젊은 건축가들이 하는 말이다. 작은 주택들을 개조하거나 한옥을 복원하거나 작은 필지의 재건축을 하는 건축가들이다. 대형개발은 불가능하고 동네의 경제 규모가 작기 때문에

선유도 공원, 서울 ⓒ조성룡

진화하는 프로그램, 그것을 담는 건축의 진화를 고민하게 만드는 상황에서, 작은 변화들이 모인 큰 변화를 만드는 동력을 모색하는 것이다.

최근에는 '마을 만들기'가 역동적으로 진행되는 동네들도 많다. 큰 재개발이나 재건축을 기대하지 못하는 작은 동네들이다. 여기에서는 작은 액션을 고민하는 시민단체와 동네운동가들이 활동한다. 이들이 고민하는 의제는 작지만 아주 의미 있는 것들이다. "우리 동네에서 마음 붙일 곳은 어디인가? 우리 동네 주민들이 이용할 수 있는 생활협동조합을 만들 방법은 없는가? 우리 동네 주민들이 직접 참여해서 일자리도 만들 수 있는 사회적 기업을 만들 방법은 없는가? 우리 동네 청년들이 참여할 수 있는 프로그램을 어떻게 만들 것인가? 우리 동네 어르신들이 무릎 펴고 쉴 수 있는 공간을 어떻게 만들 것인가? 일하는 엄마들, 우리 아이들을 마음 편하게 맡길 수 있는 곳을 어떻게 만들까? 우리 주민들이 서로서로 시간을 맞출 방법은 없을까? 우리 동네 길을 어떻게 안전하게 만들까? 나무 한 그루라도 심을 여유를 어떻게 만들까? 땅 한 조각이라도 동네 텃밭을 어떻게든 만들어보면 어떨까? 잘 안 쓰는 학교를 활용해볼 수 없을까? 우리 동네 시장을 좀더 활성화할 방법은 없을까?" 정말 동네 과제들은 끝도 없이 많다.

이런 동네, 이런 마을 만들기가 모든 시민들이 마음속으로 갈망하는 과제가 된다면 얼마나 좋겠는가? 사실 우리가 부러워하고, 관광을 가서 감탄하는 선진국들의 동네에서는 바로 이런 과제를 자신의 방법으로 실천해왔기 때문이라는 것을, 드디어 우리도 알게 되는 단계가 된 것이다. 동네의 소중함에 대한 이런 깨달음에 기꺼이 동참해보자.

제1동네, 제2동네, 제3동네

우리에게는 세 가지 종류의 동네가 있다. 제1동네는 우리가 사는 집이 있는 동네다. 제2동네는 우리가 일하고 공부하는 동네다. 제3동네는 자주 방문하지 않더라도 마음에 어떤 의미가 뚜렷한 동네들이다. 우리는 살아가면서 많은 동네들을 만나게 된다. 요즘처럼 이사도 잦고 이직도 잦은 시대에는 제1동네, 제2동네의 숫자들도 적지 않다. 요즘처럼 외식 많고 놀러 다니기 좋아하는 시대에는 이른바 명소가 된 제3동네들을 자주 찾아다닌다. 토박이 붙박이처럼 한 동네에만 머무르는 시대가 아니라 뜨내기 유목민처럼 수많은 동네들을 전전하고 사는 게 자연스러운, 이른바 도시 유목의 시대인 것이다.

중요한 것은, 언제나 자기가 머무르는 곳을 자신의 온전한 공간으로 만들듯이, 자기가 잠깐이나마 사는 동네를 자신의 동네로 만드는 것이다. 그것은 사람들의 관심과 개입에서부터 나타난다. 동네를 둘러보자. 동네가 살아나면 도시도 살아난다. 동네를 살리는 주체는 주민들이다. 도시를 살리는 주체는 시민들이다. 동네가 살아나면 엄청난 일자리들이 생긴다. 동네가 살아나면 도시가 행복하다. 우리 동네의 과제에 눈을 떠보자. 그리고 적극적으로 개입해보자.

2부

'통하는' 건축

○

혼자 사는 게 아닌 이 세상에서
'소통'은 가장 중요한 덕목이다.
남을 위해서 뿐 아니라
바로 자신을 위해서.
나를 표현하고
나의 이야기를 담고
나의 역사를 기록해나가는 것.
소통은 '나'를 통해서, '남'들과 함께 일어난다.
더 좋은 일을 하기 위해서,
더 근사한 나를 위해서,
소통의 기술을 익히자!
우리는 소통을 통해 크게 자란다.

말하기
Enjoy verbalizing

입을 열수록 겁이 줄어든다

입에 자기 소리를 담으면
생각이 트인다. 생각이 자란다

자신의 생각을 입 밖에 내는 것처럼 어려운 것이 있을까? 왜 어려울까? 입 밖에 내는 만큼 자신이 드러나기 때문이다. 내 생각, 내 수준, 내 취향, 내 지식이 고스란히 드러나며 남들 앞에서 벌거숭이가 되는 느낌 때문이다. 아무래도 자신이 없다. 그래서 입을 열기가 싫다.

건축인처럼 주로 시각적 매체를 통해 소통하는 사람들은 입에 말을 담기를 더욱 힘들어한다. 미술인, 사진가, 디자이너, 영화인 등 이미지를 다루는 사람들이 대체로 이런 성향을 가지고 있다. 유일하게 만화가는 좀 다르다. 만화가는 말과 그림을 자유자재로 표현해야 하기 때문인지 그리기, 말하기라는 두 매체에 공히 능하다. 과학인이나 공학인들도 마찬가지로 말하기에 약한 편이다. 자기들의 업무 수단이

'말' 외에도 있다는 사실 때문에 훈련을 등한시하는 이유도 작용한다. 그러나 어느 시점이 되면 누구나 깨닫는다. '말'이 얼마나 중요한지.

입에 담기 무섬증은 극복해야 한다. 말을 잘하기 위해서가 아니라 일을 더 잘하기 위해서, 살아있다는 느낌을 만끽하기 위해서, 또한 사람들과 통하는 기쁨을 누리기 위해서. 나 역시 무섬증이 많았고 지금까지도 무섬증이 완전히 사라진 것은 아니다. 여러 훈련을 통해 극복했고 또 지금도 극복해가고 있다. 어떤 훈련이 좋을까?

첫째 단계: 우선 입을 열자

어찌 되었든 우선 말은 하고 볼일이다. 얼굴 빨개질 각오하고 입을 열자. 말하겠다고 손을 들자. 공연히 친구 붙잡고 이것저것 말하기를 실험해보자. 말하기의 가장 쉬운 방식, 그러나 알고 보면 가장 잘하기 어려운 방식인 '서술형 말하기'부터 시작해보라. 상황, 상태, 형상 등을 묘사하는 방식이다. 주변 상황, 대상의 모습, 자신의 느낌, 받은 인상 같은 것들이다. 극적인 표현도 서슴지 말고, 치졸한 말도 서슴지 마라. 정확한 사실을 곧이곧대로 알리는 방식도 실험해보고. 자신의 인상을 다양하게 표현하는 방식도 실험해보자.

여기에서 중요한 것은, '일상의 언어'로 표현하는 노력이다. 학교에서 배운 추상적 언어나 전문용어로 폼 잡으려 들지 말라는 뜻이다. 전문 용어를 써야 멋있게 보인다는 고정관념에서 탈피하자. 전문 용어를 남발하면 오히려 상투적으로 보이고 지루하다. 상상의 여지를 없애 버리고, 자신만의 느낌이 담기지 않게 된다. 생생한 일상의 언어를 쓰는 데 주저하지 말자. 예컨대, 나는 지금도 건물을 표현할 때 '시각적인 일상 언어'를 잘 쓴다. 개념적 언어들이 아니라 길거리에 돌아다닐 만한 말이다. '빵빵이 건물, 물개 건물, 굴뚝 건물, 무표정 건물, 뺀뺀이 건물, 이마빡 건물, 모자 쓴 건물, 눈깔사탕 건물, 전화통 건물, 캔디케인 건물, 못난이 삼형제 건물' 하는 식이다. 이 어휘는 모두 실제 있는 어떤 특정 건물을 지칭한다. '짓궂은' 애칭이라고나 할까? 그러나 일상적인 언어로 담으면 더욱 생생한 이미지로 뇌리에 박힌다.

한번 입 밖에 내고 나면 겁이 줄어든다. 땀이 뻘뻘 나고 얼굴이 빨개지는 상황은 부지기수다. 그 당장은 물론이고 잠자리에 들면 이불 속에서 다시 떠오르면서 얼굴이 확확 달아오른다. 그러나 이런 경험을 많이 하면 할수록 말하기는 는다. 적어도 겁은 줄어든다. 뭔가 잘못 말하지나 않을까 하는 걱정 때문에 입을 닫아버리는 불상사는 줄어든다.

- **대학생들의 말하기에 대한 반응들**

끊임없이 말을 시키는 내 학습 방법에 학생들은 무척이나 곤혹스러웠던 모양이다. 한 학기가 끝나고 쓴 자평서에서 그 어려움과 또 깨달음을 표현한 학생들의 글이 인상적이다.

- "…… '왜 그렇게 했는데? 왜? 왜?'라고 자꾸 물어보시면 결

국 내가 도대체 이렇게 한 이유가 뭘까 나 스스로도 잘 모르겠는, 그런 미궁 속으로 빠져들곤 했다. 이런 작업들을 통해서…… 새김질을 하게 되고…… 나의 것, 나의 설계에 대해서 말을 할 줄 아는 것이 중요한 것 또한 새삼 깨달으며…… '이런 걸 해도 되나' 하는 고민, 내 머릿속 생각을 입 밖에 내는 것에 대한 두려움이 많아 괴로워하기도 한 것이 사실이긴 하지만 말이다."(이화여대 건축과 학생)

- "나른함이 없어서 좋았다…… 이야기를 들어줄 준비가 되어 있는 듯한…… 이런 느낌들이 나를 끊임없이 긴장하게 하고 끊임없이 생각하게 만들어주었다."(이화여대 건축과 학생)

- "가장 충격적이었던 사실…… '왜 안 돼? 하면 되지. 한번 해 봐!'…… "(이화여대 건축과 학생)

- "'하고 싶은데 안 풀린다…… 그럼 딴 걸 하지'가 아닌, '하고 싶은데 안 풀린다…… 한번 풀어보지 뭐.' 나 자신에게 있어 좀더 적극적인 설계였다……."(이화여대 건축과 학생)

둘째 단계: 말을 다듬자

자신의 말을 다듬자. 아무 말이나 입에 담을 수는 없다. 격과 품을 갖추어야 한다. 특히 남들 앞에서 짧은 말을 할 때 신경 써야 할 부분이다. 예컨대, 질문을 하거나 자기 생각을 요약해서 말해야 할 때 필요하다. 내가 정한 요령은 다음과 같다.

하나, '대명사'를 쓰지 마라. '여기, 저기, 그게, 저것, 그것이, 거기' 등의 말이다. 이런 대명사를 많이 쓰는 사람은 어딘지 믿기 어렵게 만든다. 말하는 사람도 자신이 말하는 말에 불명확해진다. 되도록 확실하게 대상을 지칭하는 명사를 쓰자.

둘, '모호한 어투'를 쓰지 마라. "…… 같아요." "○○하다고 할 수 있을지도 모르겠어요." "하지 않을 수 없습니다." 이 같은 말이다. 특히 "그냥……" "그렇지 뭐……" 같은 말은 통째로 빼라. 이도 저도 아닌 말은 나를 깎고 상대를 깎는다.

셋, 말 중간에 머릿속 어휘들을 넣지 마라. "뭐지?" "어떻게 했더라?" "저기……" "저……" "뭐야……" "있잖아……" 같은 말들이다. 예의에서 벗어날 뿐 아니라 상대편을 지루하게 만들고 말하는 사람도 자신을 잃어가며 결국 할 말의 줄기를 잃게 된다.

넷, 되도록 짧게 말하라. 말은 아낄수록 좋다. 프레젠테이션은 길어야 20분, 적당하게 12분, 발표는 5분, 의견 말하기는 3분, 답변은 1분, 확인은 10초 등 데드라인을 정하고 말하는 훈련을 해보라. 길게 말하는 사람은 상대방을 질리게 하고 신뢰감을 못 준다. 길게 말하는 사람은 무엇보다 자신의 생각에 충실하지 못하게 되기 쉽다. 만연체에서 벗어나라.

다섯, 질문이나 코멘트가 안 나오면 잘못 말했다고 생각하라. 말은 독백이 아니라 커뮤니케이션이 핵심이다. 상대가 그저 고개나 끄덕이고 또는 열심히 수긍하기만 하면 자신을 의심하라. 상대편의 호기심을 발동시키지 못한 잘못은 자신에게 있다(강연 후 질문이 많이 안 나오면 '내가 강연을 잘 못한 것이다'라고 생각하고 나는 반성한다).

여섯, 지식의 양을 과시하지 마라! 내가 아는 것은 대개 남들도 이미 안다고 가정하는 것이 옳다. 물론 지식에 있어서다. 생각에 있어서는 다르다. 자기가 상대방보다 더 많은 지식이 있다고 전제하지 말라는 뜻이다. 지식의 양으로 승부하기에 요즘 세상엔 지식의 양이 너무 풍부하다. 다만 아는 것도 새로운 시각으로 해석하면 완전히 다르다. 바로 '지혜'다. 남이 한 말을 되풀이하지 마라. 원론에서 맴돌지 마라. 상투적인 이론이나 개념적인 단어를 쓰지 마라. 지루하고 짜증난다.

일곱, 자기 소리를 담아라. 말할 때 자기 목소리가 입술이나 목에서 나오는 것이 아니라 가슴과 뱃속에서 또 머리에서 울리는 듯 느껴지면 곧 자기 소리를 담은 것이라 보면 정확하다. 자기 소리로 말하면 상대의 가슴과 배와 머리를 같이 울리게 만든다. 바로 '교감'이다.

이런 기준들을 말하기의 격과 품이라고 보면, 요새 세상의 말하기란 정말 격과 품이 없다. '말하기'가 아니라 '시시덕대기'에 가깝다. 그 많은 토크쇼들, 그 많은 프로들에서 나오는 시시덕대기의 영향이 크다. '대화방'이나 '트위터' '페이스북'도 '시시덕 말'을 '시시덕 글'로 바꾼 기묘한 형태로 부채질한다. 물론 시시덕대기 자체가 나쁜 것은 아니며 그것에도 분명 필요한 용도가 있다. 다만 '때와 장소'는 가려야 한다. 사적 공간에서는 어떠한 말하기도 허용되지만 공공의 공간으로 나오면 진정한 말하기가 돼야 한다. 진정한 말하기를 하면서도 얼마든지 즐겁고, 유쾌하고, 웃음보 터지고, 사는 맛과 멋을 부릴 수 있다.

- 자신의 말 들어보기

말하기 솜씨를 다듬기 위해서 오디오와 비디오 녹음기를 사용해보라. 녹음된 자기 말을 듣는 것처럼 곤혹스러운 것도 없다. 자신의 모습까지 보는 것은 더 곤혹스럽다. 일상의 즐거운 대화의 경우에야 가볍게 넘어갈 수 있지만 공식적인 발표나 토론의 녹음을 보고 듣자면, 내 목소리도 이상하고 그렇게 말을 못할 수가 없다. 그러나 하자. 사전 리허설하고 몇 번씩 들어보고, 자신의 습관, 나쁜 습관을 파악하라. 고칠 것은 고치자. 훈련으로 고치지 못하는 버릇이란 없다. 남들에게도 물어보라. 자기의 나쁜 습관이 어떤 것인지, 자신의 말하기가 어떻게 들리는지. 서로서로 고쳐주자.

- 말을 빠르게 할 것인가, 느리게 할 것인가?

나는 말이 빠르다. 한때는 이것이 큰 콤플렉스 중의 하나였다. 예전보다 훨씬 속도가 느려졌음에도 불구하고, 지금까지도 "사회적으로 성공하려면 말을 천천히 하라"는 말을 자주 듣는다. 그러나 나는 이견이 있다. 말의 속도 자체는 문제가 아니다. 전달력이 있다면 말은 빠를수록 좋다. 담는 메시지와 정보의 압축은 높을수록 좋다. 뉴스와 우리 일상의 말을 비교하면 확실하다. 뉴스는 말이 빠르고 또 메시지가 압축되어 있다. 그런데도 전달력은 무척 높다. 또 우리말 뉴스와 CNN 뉴스를 비교해보라. CNN 뉴스와 우리 뉴스의 농축도와 전달 속도를 비교하면 우리가 무척 떨어진다. 물론 말을 항상 빨리 하라는 것은 아니다. 그 시사점을 찾아보라는 것뿐이다.

- **발성법에 대하여**

발성법은 중요하다. 말을 입 밖에 내는 것에는 발성법이 크게 작용한다. 입안의 말하는 근육이 발달된 사람과 그렇지 않은 사람이 갖는 말하기에 대한 편안감은 무척 다르다. 한 가지 좋은 뉴스라면, '발성법'이야 말로 훈련에 의해서 크게 자란다. 마치 노래 부르기처럼. 지금의 나는 목청이 큰 편에 속하지만 이전의 나는 목청이 작은 편에 속했다. 목청은 타고나기보다는 훈련에 의해서 필요한 만큼 자라는 것이다. 모든 사람이 웅변가나 오페라 가수가 될 필요가 없고 또 될 수도 없다. 다만 필요한 만큼 자랄 수 있음을 믿자. 훈련에 의해서.

셋째 단계: 진짜 말하기

진짜 말하기 단계란, 남이 귀 기울일 만한 말하기를 하는 것, 즉 내용과 질과 그 내적인 파워로 승부하는 것이다. 이러한 수준을 이루는

데 요령만이 작용하는 것은 아니다. 그만큼 어렵다. 다만 다음 몇 가지를 항상 염두에 두자.

하나, 객관적 사실에 근거하되 자신의 해석을 하라. 지식의 함정에서 벗어나라. 지식은 넓되 또 깊어야 한다. 소위 과학적 사고, 합리적 사고, 객관적 사고의 함정에서 벗어나라. 도시건축 분야(뿐 아니라 온갖 인간사)에 정답이란 없다. '객관적 설득력을 가진 주관적 해석'이 있을 뿐이다. 특히 횡행하는 설문조사, 자료조사의 함정에서 벗어나라. 조사란 주관적 해석을 하기 위한 객관적 바탕일 뿐이다. 그렇다고 객관적 설득력이 없는 주관적 해석만 늘어놓는 것은 신뢰도를 떨어뜨리는 일이다. '객관과 주관, 사실과 해석의 사이'에서 적절한 줄타기를 해보자.

둘, 정답의 틀에서 벗어나라. 말하기 방식에 정답은 없다. 또한 말하기 내용에 정답은 없다. 정답에 자신을 맞추지 않으려는 노력이 필요하다. '정답적 사고에서 벗어나기'에는 엄청난 노력이 든다. 나이 든 세대는 경직된 사회풍토 때문에, 젊은 세대들은 입시 경쟁 때문에 정답에 맞추려는 사고에 물들어 있기 쉽다. 자신의 말하기를 들여다보라. 기본을 흐트러뜨리지 않으면서 정답을 맞추려 드는 틀을 깨라.

셋, 멋있게 보이려 들지 말라. 상대를 사로잡으려는 의도, 자신을 멋있게 꾸미려는 의도는 언제나 드러나기 마련이다. 한마디 한마디에 드러난다. 이른바 '진정성'은 통하기 마련이며, 꾸미기는 알게 모르게 거부감을 주는 것이다. 자기가 한 말의 반응에 집착하지 말고 하는 말

자체에 정직하라. 자신의 말에 대한 반응은 자신을 돌아보는데 유효하다는 생각을 가지고 말하기에 임하라. 화려하게 보이려고 하지 말고 그저 할 말을 하자.

넷, 개념적 어휘와 사고를 '생생하게' 구사하라. 개념적 어휘를 건성으로 쓰지 말고 살아있는 개념으로 생생하게 구사하라. 말하는 사람 자신도 잘 모르는 듯한 개념적 어휘(습관적으로 쓰는 추상적인 어휘)를 남발하면 생각이 살아나지 않는다. 자신이 담긴 말을 하라. 살아있는 개념을 가지라. 생동감 있는 개념을 말하라. 사실 개념적, 관념적, 추상적 개념에 익숙해질수록 구사할 수 있는 개념의 폭과 깊이는 더욱 크고 깊어진다. 바로 '이지화(理智化, intellectualizing)'하는 능력인 것이다. 이러한 능력을 갖추기는 참 어렵다. 그러나 익숙해질수록 더 재미있어진다.

넷째 단계: 말의 수준 감별하기

서구 사람들이 말을 잘하는 것은 어릴 때부터 말하기 훈련이 일상화되어 있기 때문이다. 유학 시절에 학생들이 몇 안 되는 그림, 선 몇 개 그려놓고 자신의 생각을 자유자재로 풀어놓는 것을 봤을 때 한편 얄밉기도 하고 혀를 내두르기도 했다. 별로 영어에 능숙하지 않은 유럽 학생들조차 어떻게나 생각을 잘 표현하던지, 부럽기도 했고 주눅이

들기도 했다. 토론에 들어가면 그 말하기 역량은 더욱 빛났다. 동네의 작은 공청회에 가더라도 주민들조차 어찌나 말을 잘하던지 입이 벌어질 정도다. 이 의견도 옳고 저 의견도 옳게 들리도록 말하는 저 재주는 도대체 어떻게 나올까 궁금하기도 했다. 나의 말하기 역량이 그러한 풍토에서 살아남기 위해 닦여진 것도 사실이다.

처음에는 그 능숙한 말하기가 인상적이었지만 나중에는 그 허구를 보는 눈도 생겼다. 말은 할수록 늘 뿐 아니라 말의 옥석을 감별하는 수준도 따라서 높아진다. 말 속에는 진실, 진정성, 논리, 설득력, 감동의 덕목이 들어 있을 뿐 아니라 거짓, 입바름, 억지, 비상식, 강요 등 악덕 또한 들어 있는 것이다. 우리 모두 그런 분별 능력을 갖춘다면 얼마나 정직하고 솔직한 세상이 될까? 얼마나 수준 높은 사회가 될까? 말하기로 바꿔보자!

이야기하기
Be a storyteller

우리 모두 이야기꾼이 될 수 있다

이야기란 풀어내는 것,
삶의 이야기, 사는 이야기, 사람 이야기
그 모두가 창조의 대상이다

'말하기'와 '이야기하기'의 차이는 무엇일까? 왜 이 두 행위를 구분해서 생각해볼 필요가 있을까? 입 밖에 소리를 낸다는 점에서 같고, 입 밖에 내므로 시간성을 갖는다는 점에서 두 행위는 동일하다. 메시지를 전한다는 점에서 같은 성격이며, 청각적인 언어 행위뿐 아니라 시각적인 언어 행위에도 적용할 수 있다는 점에서도 유사한 성격을 갖는다. 그런데 굳이 다른 점을 지적한다면?

나의 개념은 이렇다. 말하기는 '반사적'이고 또 '단속적'이기 쉽다. 말과 말 사이에는 끊어짐이 있고 또한 다른 말의 자극에 대하여 반응하는 반사의 속성을 가진다. 반면 이야기하기란 연속적이다. 즉, 이야기란 하나의 맥을 갖고 그 맥락 속에서 완결성을 갖는다는 점에서 말하기와 지극히 다르다. 더욱 중요한 특성은, '이야기란 만들어내는 대상'이라는 점이다. 어떤 줄거리에 따라 완결성이 있는 이야기로서 이어지고 꾸며져야 하는 것이다. 이야기란 문맥이 있어야 하고, 주제가 있어야 하며, 결말도 필요하고, 감각적인 흥미에서부터 지적인 흥미에 이르기까지 '흥미'를 끌 수 있어야 한다. 무엇보다도 이야기란 펼쳐져야 하며 그 전개 과정이 흥미로워야 한다. 이야기는 말보다 더 구성적이고 또한 감성적이다.

'이야기하기'라는 과제는 이른바 '작가'라는 이름을 붙이는 사람들, '소설, 시, 영화, 드라마, 시나리오, 퍼포먼스, 그림, 조각, 연극, 사진, 만화, 광고, 마케팅, 디자인, 건축, 조경, 도시' 등의 분야에서 작업하는 사람들의 영원한 과제가 아닐 수 없다. 하지만 이야기하기가 작가들만의 것일까? 사실 이 시대는 '이야기 시대'라고 칭해도 무리가 없을 만큼 모든 사람들이 이야기에 열광한다. 스타도 정치인도 기업인도 연예인도 가게주인도 포장마차 주인도 '이야기의 주인공'이자 '이야기하기의 주인공'이라야 한다. 그뿐이랴. 학생도 직장인도 친구도 가족도 그러하다. 하기는, 사람들은 언제나 이야기에 끌린다. 모든 사람들이 근사한 이야기꾼이 되면 세상은 훨씬 더 맛나게 될 것이다. 어떻게 이야기꾼이 되어볼까? 어떻게 자신의 이야기를 만들어갈까? 어떻게 자신의 이야기를 풀어낼까?

알랭 드 보통의 건축 이야기처럼

『왜 나는 너를 사랑하는가』라는 소설과 여러 에세이집을 통해 우리나라 독자들에게 각별히 사랑받는 알랭 드 보통이라는 작가가 있다. '사랑, 연애, 여행, 일' 등 일상적 주제에 대해 독특한 철학을 깨우치는 글을 쓰는 그가 『행복의 건축』이라는 책을 쓴 적이 있다. 이 책을 읽다보면 건축학자나 건축가가 쓴 건축 책보다 왜 소설가나 인문학자가 쓰는 건축 책이 훨씬 더 쉽고 가깝게 다가오는지 금방 알 수 있다.

그것은 '이야기'이기 때문이다. 특히 건축을 쓰고 보고 좋아하고 느끼는 사람의 입장에서의 이야기이다. 독자와 같은 입장인 것이다. 건축을 만드는 입장에서의 고민이나 제약이나 가치관에 구애받지 않고 이야기를 펼치기 때문에 더 잘 다가온다. 여하튼 이 세상에는 건축을 쓰는 사람들이 훨씬 더 많으니 말이다. 게다가 일방적인 '발언'이 아니라 쌍방적인 '이야기'로 풀어내니 더 가깝게 다가온다.

솔직히 내 생각에 건축가들은 이야기하기보다는 발언하기를 더 즐겨하는 성향이 있다. 또 건축물들 역시 '이야기하는 건축(narrative architecture)'보다는 '발언하는 건축(statement architecture)'이 훨씬 더 많은 것 같다. 지나친 단순화겠지만, 나는 가끔 '건축 역사'는 '발언적 건축'에 의해 주도되고, 건축가나 평론가와 건축학자들도 '발언적 건축'에 주목하는 성향이 있는 것이 아닐까 의심한다. 사실 이것은 건축문화계의 해묵은 논쟁거리 중 하나다. '건축 보기' 부분에서

'건축가들이 선호하는 건축'이 있다고 지적했듯이, 이른바 '엘리티즘(elitism)'과 '포퓰리즘(populism)'의 관계에 대한 논란은 엄연하다. 다른 전문 분야도 그렇듯이 건축 분야 역시 전문 분야 자체에 내재되어 있는 엘리티즘에서 완전히 벗어나기란 어렵다. 어디든 전문 분야와 대중 사이의 간극은 존재하는 것이다. 이에 대한 판단은 각자에게 맡긴다. 다만, 건축의 근본 가치를 지키면서도 대중에게 좀더 가깝게 가야 한다는 필요성은 다들 느낄 것이다.

그 중요한 수단이 '이야기'이다. 발언하기가 '전파'에 대한 비중이 더 크다면 이야기하기는 '교감'의 비중이 더 크다. 발언을 할 때는 자신이 전하고픈 메시지에 집중하게 되는 반면, 이야기를 할 때는 남의 입장에 서보게 되는 성향이 강해진다. 즉 쓰고 듣고 보는 남의 입장에서 어떻게 느낄 것인가를 생각하고, 전개에 대한 감성이입이라는 측면에서 어떻게 풀어가야 흥미로운가를 끊임없이 의문하게 되는 것이다.

더욱이, 건축이란 근본적으로 사람들 사이에 펼쳐지는 이야기를 담는 공간이다. 좋은 건축일수록 사람 이야기들을 잘 담을 뿐 아니라 새로운 사람 이야기들이 만들어질 단서를 많이 주는 것이다. 소설, 시, 시각예술, 영화에서 만든 사람의 마음이 보이는 것처럼, 도시를 보면 그 도시를 만든 사람의 마음이 보이고, 건축을 보면 그 건물을 만든 사람의 마음이 보인다면 정말 좋은 도시, 좋은 건축이 될 것이다. 건축인이라면 보일 마음, 나눌 마음이 있어야 한다.

이야기로 풀어보는 훈련을 하자

건축인이라면 '기능, 프로그램, 공간, 건축요소, 물리적 형태, 기술'로써만 도시와 건축을 보지 말고 그 안에 담겨 있는 삶의 이야기로 풀어보는 습관을 가지자. 전문인으로 숙련되고 그 문화에 능통해지다보면 전문 용어와 시각에 익숙해지게 되고, 그러다보면 보통 사람의 마음으로 삶의 이야기를 보는 눈을 잃기 쉽다. 이런 위험을 견제하는 방법이란 건축을 건축물로만 보지 말고 이야기로 보는 습관이 아닐까 싶다. 실제로 남에게 자꾸 이야기해 버릇하는 훈련이 필요하다.

종이 위에만 그리지 말고 입으로 하는 이야기로 그림을 그려보라. 건축인들끼리 대화하다보면 저도 모르는 사이에 종이와 펜을 꺼내서 손으로 그리면서 설명하고 있는 자신의 모습에 놀라곤 한다. 물론 '그림 문답'이란 아주 흥미롭고 풍부한 대화이다. 그러나 그것은 그림을 이해할 수 있는 사람들 사이에서다. 보통 사람들은 그림을 잘 이해하지 못한다. 대신 '이야기'란 어떤 사람도 잘 이해할 수 있는 언어이다. 우선 같은 분야 사람들끼리 그렇게 해보라. 그리고 보통 사람들에게 자신의 머릿속에 있는 그림을 이야기로 풀어보라. 아마도 자신이 얼마나 그림을 묘사하는 어휘가 부족한지 금빙 일게 될 것이다. 그렇시만 자꾸 이야기하다보면 어휘뿐 아니라 이야기 솜씨도 늘게 된다.

프로젝트를 다룰 때에도 이야기로 충분히 풀어본 후에 그림으로 해석하는 습관을 갖는 것이 좋다. 전문인들의 머리 한구석에서는 이런 해석 작업들이 당연히 일어나게 마련이다. 그 머릿속 생각을 숨겨두거나 또는 불필요하다고 잠재우지 말고, 일하는 과정에서 적극적으로 이야기로 노출시키고 테스트하는 습관이 필요하다. 먼저 머릿속으로 디자인하라. 다음은 말로 디자인하고 이야기로 표현하라. 그리고 구체적인 디자인 행동으로 옮기라. 의식하지 못하지만 우리는 대체로 이런 과정을 밟게 된다. 다만, 그 과정을 더욱 적극적으로 해보라. 머릿속에 있는 아이디어를 바로 디자인 행위로 옮기기는 너무 어렵다. 그 사이 과정에서 우리는 우리가 가장 편해하는 '언어'를 통해 이리저리 구상해보고 이야기로 옮기면서 테스트해보게 된다. 그 테스트 과정을 이야기로 풀어보면서 충분히 즐겨보자. 아주 흥겹다.

물론, 건축인들이 소설가나 시인이 글로 이미지를 묘사하는 수준까지 이르기란 어려울 것이다. 공간 상상력을 자극하는 가장 빼어난 책으로 내가 꼽는 『보이지 않는 도시(Invisible Cities)』(이탈리아 작가 이탈로 칼비노의 작품) 정도의 수준에 어떻게 이르겠는가. 그러나 적어도 옆에 있는 사람에게 내가 머릿속에 그리는 이미지의 일부만이라도 이야기할 수 있다면, 그것만으로도 훌륭하다.

건축이라는 언어에 풍부한 이야기의 단서들을 구축한다면 건축은 풍부한 이야기가 될 수 있을 것이다. 건축가가 소설가, 기자, 시인, 영화감독과 다를 이유가 없다. 그들이 자신의 이야기를 만들어가듯이 건축가도 자신의 일상, 자신이 속해 있는 사회를 읽고 느낄 수 있을 때 자신의 이야기를 만들 수 있다. 자신의 이야기가 없는 건축은 얼마나 무미건조할 것인가? 물론, 참 어려운 과제다. 일상생활을 살펴보고, 사회를 보며, 거기에 자신의 이야기를 만들고, 그 이야기를 다시 공간으로 해석한다는 것이 얼마나 어려운가? 그러나 바로 이 어려움에 공간 만드는 즐거움이 숨어 있는 것이 아닐까.

인사동 '쌈지길' 이야기

  '이야기로 풀어간 건축'으로 하나의 건축물을 꼽아보자. 서울 인사동의 '쌈지길'이다. 독자들도 한 번쯤은 가본 곳일 거다. 인사동에 가면서 '쌈지길'은 안 들려봤을 리 없을 테고, 서울을 방문해서 인사동 한 번 안 가는 사람도 없을 것이다. 인사동은 우리들에게나 외국인들에게나 대표적인 전통문화 동네로 자리매김한 공간이기 때문이다.

  완성된 건물에 대해서 흔쾌하게 성공작이라고 평가하기는 쉽지 않다. 특히 훈련된 눈에는 이모저모 모자란 부분과 아쉬운 부분들이 보이기 마련이다. 그런데, 인사동 '쌈지길'에 대해서만큼은 내가 기대한 이상의 성공이라 평가한다.

  인사동 '쌈지길'은 '길이라는 모티브로 풀어낸 건축 이야기'다. 인사동길 북인사마당(안국동로터리에 있는 마당)에서 100여 미터 남쪽으로 걷자면 왼쪽으로 버드나무 늘어진 아래에 가게들이 연이어 있다. '쌈지길'은 원래 있던 인사동길가의 열두 가게를 살려 길가에는

인사동 '쌈지길', 서울 ⓒ최문규

'열두 가게 길'을 냈다. 들어가면 건물로 들어가는 게 아니라 '마당'으로 들어간다. 바로 '쌈지마당'이다. 그리고 이 마당에서 쌈지길이 시작된다. 2층, 3층, 4층으로 마당을 내려다보며 둥글둥글 올라가는 경사진 길이다. 사람들은 '뭔가 재미있겠구나!' 호기심 어린 눈빛으로 이 경사 길을 따라 올망졸망한 가게들의 쇼윈도를 들여다본다. 아기자기한 소품들, 공들여 만든 장식품, 우리 전통의 오방색과 자연색과 자연 소재들이 어울린 세련된 전통공예품들이 눈길을 끈다.

'쌈지길'에서는 이 경사 길을 '오름길'이라 부른다. 제주도의 '오름'이 생각나는 정겨운 이름이다. 쌈지길이라는 이름도 정겹지만 한 오름, 두 오름, 세 오름, 네 오름 하는 이름도 정겹다. 네 오름을 오르다 보면 여기저기 작은 공간들이 다가온다. 이리로 빠지면 작은 정원이고 저리로 빠지면 계단길이고, 조금 더 오르면 바닥이 나무길이 되다가 다시 또 흙길로 바뀐다. 조금 더 오르면 '하늘정원'에 닿는데 손바닥 크기만 한 작은 정원이지만 인사동의 하늘을 안는다. 어스름한 석양에 이 하늘정원에 앉아 차를 마시며 어둑어둑해지는 인사동 저녁을 느끼고 두런두런 속닥이는 느낌이 참 좋다. 도심 한가운데에서 이런 한가로움이 가능하다는 것이 쌈지길의 매력이다.

쌈지길은 인사동과 참 많이 닮았다. '쌈지길'이 '길로 만든 건축'이라면, 인사동은 '길로 만들어진 동네'다. '인사동길'이라 불리는 큰 길보다 작은 골목길들 속에 인사동의 더 큰 세계가 숨어 있다. 인사동의 큰길을 따라 열두 개의 큰 골목과 열두 개의 작은 골목들이 마치 가지처럼 자란다. 꼬불꼬불 꺾이고 굽은 골목, 막다른 듯하면 또 연결되는 골목, 폭이 좁은 골목, 얽히고설켜 있는 미로 같은 골목이 인사동의 매력이다. 그 작은 골목들을 따라 옹기종기 늘어서 있는 작은 가게들, 갤러리들, 색깔 있는 식당과 곳곳에 앉아서 쉴 수 있는 곳, 담장 옆 작은 화단과 텃밭들이 인사동 골목 세계의 특색이다.

　인사동의 이 특색이 고스란히 쌈지길의 공간에 담겼다. 인사동길과 쌈지길이 만난 것은 행운이다. 쌈지길은 인사동에 있기에 탄생하고 성공하고 자랄 수 있었고, 인사동은 쌈지길을 만나서 더 인사동다워질 수 있었다.

　내가 쌈지길에 각별한 애착을 느끼는 것은 나의 이야기도 녹아 있기 때문이다. 2000년 내가 인사동길을 설계하고 있을 적에 '쌈지길 프로젝트'가 막 태동되었는데, 나는 혹시나 크기만 크고 맛없는 건물이 들어올까 봐 공연스레 심란해했다. 인사동길의 분위기를 살리고 있는 열두 가게가 새 프로젝트에 포함되었음을 알고 더욱이나 전전긍긍했다. 그러다가 땅 구입자가 이 열두 가게를 살리겠다는 약속을 해서 안도의 한숨을 내쉬었고, 어떤 설계가 나올까 내심 궁금하기도 했다.

　결과는 앞에서 말한 대로다. 안도뿐 아니라 기쁨까지도 맛봤다. 거의 내가 상상했던 공간이었다. 쌈지길의 건축가 최문규와는 꽤 나중에야 만나봤다. 그에게 감사했던 건 물론이고, 그 역시 나의 인사동길 설계에서 단서를 얻었다고 하니, 우리는 통했던 것이다. 사실, 우리를 이렇게 통하게 만든 것은 바로 '인사동의 힘'이자 '인사동 이야기의 힘'

이다.

기실 인사동은 이미 너무나도 풍부하게 그 속에 이야기를 담고 있는 것이다. 건물이 아니라 길이 만들어내는 이야기이고, 시간이 만들어내는 이야기이고, 전통의 향기가 만들어내는 이야기이고, 이를 찾는 사람들이 만들어내는 이야기이다. 이 이야기에 귀를 기울이고 그것을 담는 그릇을 생각하고, 그것을 더 풍부하게 담는 공간을 만들어내는 건축이 가능한 것이다.

스토리텔링의 훈련

삶의 이야기, 사람 사는 이야기에 귀 기울이고 해석하는 훈련법은 분명 있을 법하다. 자신의 훈련법을 찾아내보자.

책을 읽고 그 속에서 나타나는 공간을 상상하는 훈련은 아주 유효하다. MIT 유학 중 가장 흥미로웠고 또 난감했던 숙제가 '책을 읽고 그림으로 그려 와라!'였다. 내가 고를 수 있는 책이 아니라 두꺼운 수필 책이 숙제로 주어져서 더 난감했음은 물론이다. 한 권은 마치 영화 〈갱스 오브 뉴욕〉 시대의 뉴욕을 그린 것처럼 참담한 도시 빈민과 열악한 주거, 범죄와 질병에 찌든 뒷골목 이야기를 담은 책이었다. 또 하나의 책은 산업혁명의 물결이 영국의 도시 풍경을 완전히 바꾸고 있을 때 런던의 뒷골목 풍경을 그린 책이다. 마치 디킨스의 『두 도시 이야기』 같은 분위기인데 르포 형식이다. 마구간을 개조해서 쪽방처럼 다닥다닥 붙은 집들이 만든 '뮤스(mews)'라는 이름의 길디 긴 뒷골목이 생기던 시절에 위생은커녕 사람 목숨이 파리 목숨만도 못하던 시절의 잔인한 도시 풍경을 그린 다큐식 에세이다. 아프기까지 한 이런 다큐를 읽으면 머리에 그림이 떠오른다. 그 떠오른 그림을 실제 그림으로 그려보는 것은 아주 좋은 스토리텔링 훈련이다.

거꾸로의 방식도 가능하다. 이미지를 보고 이야기를 해보는 훈련이다. 실제 공간도 대상이 되지만 '영화'만큼 좋은 대상도 없다. 뒤에 나올 '예술 속의 건축성 느끼기' 부분에서 다시 이야기하겠지만 영화는 정말 다양한 상상을 가능하게 해준다. 무엇보다도 이야기와 자연스럽게 연결시키게 된다는 것이 큰 강점이다. 영화를 보고 이야기를 풀어보는 훈련도 좋다. 한번 영화감독이 되는 마음으로 어떤 이야기를 위해서 어떤 장소를 선택할 것인가, '장소 헌팅'과 '공간 디자인'을 해보는 것도 흥미로운 방식이다.

아예 영화 〈인셉션〉처럼 완전히 허구의 공간을 디자인하는 작업을 머릿속으로, 이야기로 왜 못 하겠는가? 그것을 컴퓨터 시뮬레이션을 이용해 시각적으로 완전히 표현해내기까지 했는데 말이다. 사실 〈아바타〉나 〈해리 포터〉〈반지의 제왕〉과 같은 판타지 영화를 보면, 스토리 이상으로 그들이 녹여내는 공간의 특성에 깜짝깜짝 놀라곤 한다. 어떻게 그렇게 이야기에 공간이 녹아 있을까?

이야기에 녹여서 자연스럽게 도시와 건축을 사랑하게 만드는 영화로 나는 〈러브 액츄얼리〉와 〈아멜리에〉를 꼽곤 한다. 대개 특정한 도시를 배경으로 한 영화들은 도시를 홍보하는 장면이 의도적으로 들어 있어서 오히려 흥미를 떨어뜨리는데, 이 두 영화에는 각기 런던과 파리의 수많은 공간들이 나오지만 그것이 영화 속 이야기가 일어남직한 공간으로 표현될 뿐이다. 바로 그런 것이다. 우리는 도시에서 건축에서, 도시와 건축을 의도적으로 의식하지 않으면서 자연스럽게 우리의 이야기를 풀어내면서 사는 것이다. 〈러브 액츄얼리〉를 만든 사람은 엄청나게 런던을 사랑하는 사람일 것이다. 〈아멜리에〉를 만든 사람은 분명 파리를 엄청나게 사랑하는 사람일 것이다. 사랑이 없이는 그 도시에 사는 사람 이야기를 그렇게 잘 풀어낼 수 없다.

우리도 정말 근사한 이야기꾼이 되어보자! 도대체 어떤 공간에서 어떤 사람의 이야기들이 만들어지고 있는 것일까? 어떤 공간에서 어떤 사람들이 어떤 이야기를 펼치고 있는 것일까? 이야기로 풀어보자.

글쓰기
Dare writing

글을 써야 자란다, 글을 써야 남는다

쓰는 것은 어렵다
또 두렵다
그러나 감히 써야 한다

'말하기' '이야기하기'의 단계를 거쳐 이제 드디어 '쓰기'다. 쓰기란 말하기, 이야기하기보다 훨씬 더 어렵다. 어려울 뿐 아니라 두렵기조차 하다.

그 이유들은 정말 많다. 첫째는 심리적 공포다. 글쓰기 자체가 일단 부담스러운 것이다. 말처럼 시간에 묻혀 지나가는 것이 아니라(말조차 그냥 묻히는 것은 결코 아니지만) '남는 그 무엇이 된다는 것'이 영 부담스럽다. 둘째, 글이란 '최종 결단'이라는 부담이다. 한번 쓴 글은 가감이 있을 수 없다. 최종 결단을 해야 하므로 어렵고 두렵고 자꾸 미루고만 싶다. 셋째, 글 잘 쓰기에 대한 두려움이다. 잘 못 쓴 자기 글을 보는 것은 참 싫다. 잘 쓰기는 어려워도 못 쓴 글은 금방 티가 난다. 글을 많이 쓰는 사람 중에서도 잘 못 쓰는 사람이 많고, 또 많이 쓴다고 잘 쓰는 것으로 착각하는 사람들도 많지만, 대개의 사람들은 좋은 글과 나쁜 글을 금방 구별한다. 넷째, 글쓰기는 피해도 된다. 학교나 직장에서 할 수 없이 써야 할 때 빼고는 글을 안 써도 사는 데 큰 지장이 없는 것이다.

글쓰기 어렵게 만드는 한글문화 특유의 이유도 작용한다. "말하듯이 쓰라!"고 하지만 우리말이 그리 말하듯이 쓸 수 있는 구조인지 나는 다소 회의적이다. 언어구조에 대한 의문은 차치하더라도 언어구사 문화 측면에서 언문(言文)일치를 이루기 그리 쉽지 않다. 때와 자리에 맞는 격식 갖추기에 대한 부담도 있고, 요점으로 돌입하려면 어딘지 불손한 것 같은 강박관념에 얽매이기 십상이며, 말이란 형용사와 부사를 풍부하게 사용해서 친밀하게 느껴지는 반면 글은 훨씬 더 딱딱하게 느껴진다. 게다가 '모범 답안 마인드', 말하자면 논술시험처럼 정답을 구하려는 강박관념은 더욱 글쓰기를 어렵게 만든다.

그러나 글쓰기가 얼마나 어렵든, 글은 써야 한다. 다음과 같은 이유 때문에! 글은 가장 보편적이고 일상적인 소통 매체라서. 글쓰기는 책임감을 키워주어서. 글쓰기는 지적 호기심을 키워주어서. 글쓰기는 입체적 상상력을 키워주어서. 그러니 글을 쓰자. 이왕이면 잘 쓰자. 기왕이면 어렵다는 생각에서 벗어나보자. 이것이 최소한의 목표다. 글쓰기 어려움 증세에 주눅 들지 않는 것이다. 여기에서는 간단한 요령만을 제시해보려고 한다. 나는 글쓰기에 대해서 별도의 책을 쓰고 싶을 정도로 궁금증이 많다. 글쓰기란 자기 찾기, 자기 키우기의 여정이며 그 여정에 어떤 역학이 작용하는지, '이미지 언어'와 '글·말 언어'와의 상관관계를 탐구하고 싶다.

쉬운 글부터 시작해서 어려운 글로 넘어가라

너무도 간단해서 오히려 잊기 쉬운 요령은 '쉬운 것'부터 마스터해서 '어려운 것'으로 넘어가는 것이다. '일상'에서 시작해서 '비일상'으로 넘어가는 게 핵심이다. 만인이 공유하는 일상의 글쓰기에 익숙해지면서 차례로 다음 단계로 도약하는 것이다(그런데 글쓰기 훈련이 꼭 이렇게 전개되는 것만은 아니다. 일례로, 무척 어렵게 느껴지는 철학 글도 그 문화에 젖은 사람에게는 일상적인 글쓰기다. 오히려 그들은 메모나 보고서 같은 일상의 글쓰기를 더 어려워하기도 한다. 사람은 자기가 속한 문화에 부합되는 글쓰기에 익숙해지는 것이다).

내가 설정하는 글쓰기 단계는 '메모 글쓰기→ 패키징 글쓰기 → 자기소리 글쓰기→ 수사적 글쓰기'이다. 누구나 첫 번째는 아무렇지 않게 잘해야 한다. 프로 역할을 제대로 하려면 두 번째도 요령 있게 잘해야 한다. 자신을 세우려면 세 번째를 잘하려 노력해야 한다. 네 번째는 노력으로만 되는 것은 아닌 듯하다. 속이 차고 진정 퍼뜨릴 그 무엇이 있을 때 비로소 씨앗이 잉태될 것이다.

첫 번째, 메모 글쓰기(memo-writing). 정확한 정보의 전달이 생명이다. 육하원칙, 즉 '누가, 언제, 어디서, 무엇을, 어떻게, 왜'에 대한 것을 확실히 하는 것이다. 일상의 메모, 공문, 회람, 시방서, 매뉴얼 등이다(놀랍게도 우리는 이것을 그리 잘 못 하고 있음을 인식하자. '사실 확인과 사실 전달'에 대한 훈련이 부족한 것이다).

두 번째, 패키징 글쓰기(package-writing). 여러 내용을 엮어서 하나의 뭉치를 만드는 일이다. 계획서, 설명서, 보고서, 제안서, 리포트, 학교논문, 연구논문, 실용서 등. 정보 관계의 맥을 짚어야 하고, 결론과 논거가 분명해야 하며, 남이 정확히 이해하도록 쓰는 게 생명이다(우리는 이런 일을 많이 하지만 그리 잘하고 있지 못함을 의식하자).

세 번째, 자기소리 글쓰기(voice-writing). 길든 짧든 자신의 주장을 확실하게 나타내는 글쓰기다. 칼럼, 평론, 설계요지, 논술 등의 형태다. 논거는 풍부하고 논지는 명쾌한 것이 핵심이다. 설득력이 이 글의 생명이다(무척 어려운 이런 글쓰기를 우리는 피하거나 또는 오버하며 쓰는 경향이 있음을 의식하자).

네 번째, 수사적 글쓰기(rhetoric-writing). 철학이 있고 개념이 있고 본질에 다가서고 감동이 전달되는 글이다. 글의 형식은 다양하다. 칼럼, 메모, 평론, 논술, 책 등이다. 공명은 핵심이고 교감은 생명이다. 내공에서부터 글이 우러나온다(우리는 이런 글을 쓰고 싶지만, 이런 글의 행간을 읽을 수 있는 것만도 큰 깨달음임을 알자).

'자유쓰기'로부터 시작하라

둘째 요령은 글 쓸 때 종이 위에 또는 모니터 위에 빨리 생각을 털어놓으라는 것이다. 이른바 '자유쓰기(free-writing)'다. 구조, 문맥, 요점, 표현, 스타일 등에 구애받지 말고 일단 써내려가는 것이다. 이 훈련은 무척 유용하다. 짧게는 10분, 길게는 30분 정도 생각나는 대로 종이 또는 모니터 위에 쏟아붓는 것이다. 한 가지 유념할 것이 있다면 '문장의 완성'이다. 단어만 나열하지 말고 문장으로 만들어야 효과적이다.

나는 이 자유쓰기를 나이 서른이 되어서야 배웠다. 박사과정에서 꼭 거쳐야 하는 글쓰기 워크숍에서였다. 무척 열정적인 글쓰기 교수가 『Writing with Power』라는 고전을 통해서 '자유쓰기'를 강조했다. 그 짧은 6주 동안 수많은 것을 배웠지만 그중에서도 '자유쓰기'는 정말 나를 자유스럽게 한 배움이었다. 쓸 내용을 갖출 때까지 미루고 미루던 습관, 그래서 최종 마감일이 가까워야 할 수 없이 써내던 악습에서 벗어날 수 있었다. 더구나 이 자유쓰기는 상상력을 북돋아준다. 지금도 나는 가끔 혼자서 이 짓을 한다. 즐겁기 짝이 없다. 종이 한 장에, 수첩에, 요새는 주로 모니터 위에서 이 자유쓰기를 한다. 마치 머릿속 프로젝트를 그려내는 것과 흡사한 기쁨이다.

자유쓰기는 자신이 하고 싶은 이야기가 무엇인지, 자신이 겪는 혼란의 정체가 무엇인지 파악하는 데 무척 도움이 된다. 특히 쓸 것을 갖춰놓지 못하면 시작조차 못 하는 완벽주의 성향을 가진 사람일수록 자유쓰기를 통해 자신을 해방시킬 수 있다. 이것은 디자인에도 마찬가지다. 아직 답을 모르는 채, 무엇을 설계해야 할지 모르는 채 자유스케치를 해보는 것과 유사하다. 자유스케치를 하더라도 장난만 치지 말고 하나의 안을 도면으로 완성시키는 훈련이 바로 '문장의 완성'이다.

자유쓰기를 포함하여 글쓰기에는 여러 가지 방식들이 있다. 자유쓰기 방식(자유롭게 풀어놓는 방식), 키워드 방식(주요 키워드에서부터 글을 풀어가는 방식), 얼개 방식(전체 구조적 얼개를 먼저 그려놓고 채워가는 방식), 모자이크 방식(부분을 먼저 쓰고 짜 맞춰 들어가는 방식). 이런 방식들은 글의 내용, 형식에 따라 유연하게 쓸 수 있는 기법들이다. 요즈음의 나는 자유쓰기는 수시로 하고, 일상적 메모 글쓰기나 수사적 글쓰기에는 키워드 방식을 주로 쓰고, 긴 글이나 리포트 성격의 글은 얼개 방식과 모자이크 방식을 병행해서 쓴다. 어떠한 경우에나 '자유쓰기'는 유용한 출발점이자 주요한 체크 방식이 된다. 나의 생각을 자유롭게 해주며 나의 혼돈을 정리해주고 나의 논지를 다듬어주기 때문이다.

'나'를 실어라

글에 자신의 목소리를 담기는 참 어렵다. 되도록 객관적 사실이나 보편적 진리를 써서 누구에게도 비판받지 않고 누가 되지 않는 글을 쓰려는 것이 대부분 사람들의 안전지향 심리다. 우리 사회에서 공연히 자기 소리 담았다가 손해 보는 경우도 적지 않으니 말이다. 그러나 그런 안전주의는 비겁할 뿐 아니라 그 자체로 세상에 대한 해악이라고 나는 생각한다. 글쓰기에 따라오는 책임을 피하면서 글쓰기의 권리를 주장하는 것은 당당하지 못하다. 더욱이 안전한 글만 계속 쓰다가는 생각 자체가 경직되고 자기 목소리는 점점 없어져버린다.

부디 글에 자신을 싣자. 하다못해 일상적인 메모에도 자신의 목소리가 들리도록 써라. 물론 선언이나 일방적 주장이 아니라 사실과 논리에 바탕을 두는 것은 기본이다. 어떻게 자신을 실을까? 여기에 언문일치가 필요하다. 글을 쓰면서 자신이 그 글을 말로 이야기한다고 상상해보면 단서가 생길 것이다.

가장 좋은 훈련은 '주어로서의 나'를 넣어서 글을 써보는 것이다. 고백하자면, 나 역시 그렇게 하기 쉽지 않았다. 내 글에서 '나'라는 말을 처음 쓰게 된 것은 사십대에 들어설 무렵이다. 그전에는 '필자'라는 말을 쓰기는 했다. 영어 글에서는 에세이나 칼럼 뿐 아니라 학술저술에서조차 수많은 'I(나)'가 나오는 게 이상해 보일 정도였다. 그만큼 '나'를 드러내는 것이 두려웠다고 할까, 또는 거부감이 있었다고 할까. 그런데 한번은 지상 인터뷰에 응하면서 쓸까 말까 망설이다가 컴퓨터 앞에서 단번에 내려썼다. '나'라는 주어 없이는 답변이 될 수 없는 내용이 담겨 있었다. 쓰고 나서 그대로 보내버렸다. 이 사건은 나에게 새로운 계기였다. 글에 '나'라는 단어를 쓰게 됨으로써 나를 찾는 또 다른 방식을 터득한 셈이다. 그래서 나는 권한다. '나'라는 주어가 들어간 글을 꼭 한번 써보라고.

트위터와 페이스북: '나'의 말하기+글쓰기

한 가지 요령을 덧붙이자. 트위터와 페이스북을 활용하는 것이다. '소통의 대세'가 된 이 두 SNS 매체는 사적 기능, 공적 기능을 동시에 갖추고 있다. 게다가 말하기와 글쓰기 역할이 묘하게도 겹친다. 트위터에 글을 올리려면 내가 말을 하고 있는지, 글을 쓰고 있는지 구분이 잘 안 되는 것이다. 사적, 사교적 '멘션'도 올리지만 시사 발언을 올릴 때도 많고 전문 분야에 대한 이야기도 올리게 되는데, 무척 깊이 생각하며 다듬고 글을 올리게 된다. 더욱이 트위터는 140자라는 한계가 있으므로 간단 명료하게 쓰고자(말하고자) 노력한다. 마치 말하듯 글을 쓰게 되는 것이다.

어떤 경우에나 트위터 타임라인 상의 멘션에는 '나'의 존재가 엄연하다. 굳이 '나'라는 주어를 쓰지 않더라도 '내가 누구'인지 알려진 상태에서 내 생각을 드러내는 것이기 때문이다. 단순히 댓글을 다는 것과는 엄연히 다르다. 나에 대한 책임감을 갖게 되는 것이다.

게다가 트위터와 페이스북이 좋은 것은 '독자 반응'을 알 수 있다는 것이다. 나의 논점, 관찰, 의견에 대한 반응이 리트윗과 댓글로 바로 돌아온다. 잘 썼나, 못 썼나 이상으로 중요한 것은 '메시지가 담겼나, 교감이 되는 메시지인가, 이슈가 될 만한 메시지인가' 같은 핵심 사안이다. 독자 반응을 통해 자신의 소통 능력을 가늠해볼 수 있는 것이다.

트위터와 페이스북을 나름 말하기-글쓰기의 훈련 도구로 삼아 적극적으로 써보자. 가볍고 유쾌한 이야기부터 진지하고 논쟁적인 생각도 올려보자. 사건을 알리는 것도 좋고, 특정한 사회 현상에 대한 비판도 좋고, 자신이 어떤 것을 좋아하는지에 대한 사유를 알리는 것도 좋다. 자신의 의견이 담긴 글을 올리고 그에 대한 반응을 확인하다보면, 어느 덧 나의 목소리가 실린 말하기-글쓰기 단계에 이르렀음을 깨닫게 되는 때가 온다.

감히 수사적 글을 쓰겠다는 포부를 가져보자

기왕 글을 쓰는 양이면 '글 중의 글'이라 할 만한 '수사적 글쓰기'를 하겠다는 포부를 가져보자. 공명을 이루고 교감을 이루는, 즉 '레토릭(rhetoric)'이 살아있는 글을 써보겠다는 포부 말이다.

사실 어떤 분야에서 일을 하든 일정한 수준의 역량을 익히고 자신이 하는 일에 깊은 열정을 키운 전문인들은 자신의 생각을 더 많은 사람들과 공감하고픈 욕구를 갖게 된다. 정치, 경제, 산업, 예술, 기술, 공학, 농업, 의학, 과학, 문화, 사회 등 어떤 분야에서 일하든 성과로서의 '실무 작품', 과정으로서의 '실무 작업', 또한 내적인 '지적 작업'을 표현하고 싶어지고, 자신의 생각으로 좀더 좋은 세상을 만들어보겠다는 꿈을 꾸는 것이다. '글쓰기'는 그런 욕구를 표현할 수 있는 쉽고도 가장 강력한 수단이다. '공명이 핵심이고 교감이 생명인 글, 바로 공감이 높은 글'의 필요성은 작금의 커뮤니케이션 시대에 더욱 커지고 있다.

건축 분야에서 역시 뛰어난 건축가들이 또한 탁월한 글을 남겼다는 것은 흥미로운 사실이다. 르 코르뷔지에(Le Corbusier), 프랭크 로이드 라이트(Frank Llyod Wright), 알도 로시(Aldo Rossi)처럼 고인도 있고, 렘 콜하스(Rem Koolhaas)처럼 현존 인물도 있다. 우리 건축가로는 고 김수근, 정기용, 현존 인물로 김원, 김인철, 승효상, 조성룡, 서현 등을 들 수 있다. 나 역시 글을 많이 쓰는 편에 속한다.

외국 건축가들의 책이 작품집 정도가 아니라 도시건축의 본질을 탐구하는 철학서로서의 영향력을 가지는 것에 비하면 우리는 아직 빈곤하다. 반 농담, 반 진담으로 그 이유를 나는 이렇게 든다. 실무 건축인들은 자기성찰을 하기에 너무 바쁘고 배부르거나(프로젝트가 너무 많아서) 또는 너무 배고프다(프로젝트가 너무 없어서 일 따느라 힘들다). 구조적인 이유도 있다. 글을 자기성찰의 수단이 아니라 세일즈로 요구하는 사회풍토도 작용한다. '발언'은 있되 '담론'은 없다. 전파

매체는 많지만 정작 내용에 대해서 별 관심이 없다. 건축실무 현장과 건축탐구 현장이 유리되고, 건축생산 작업과 지적탐구 작업을 분리하는 밥그릇 나누기 풍토도 작용한다. 선진국에서 건축가로서의 등장에 지적 바탕을 요구하는 것과는 대조적이다.

그러니, 뛰어난 도시건축인들은 뛰어난 글을 쓴 작가이기도 했다는 사실에서 격려를 받자. 자신을 담는, 인간세계의 핵심을 짚는, 도시건축의 본질을 탐구하는 글쓰기를 감히 꿈꾸자. 자신의 생각, 자신의 철학, 자신의 폭과 깊이를 확인하고 넓히는 작업 방식의 하나로서 시도할 가치가 있다.

우리의 한계를 넘어보자. 감히 글을 통해 도시건축을 뛰어넘는 '위대한 시도'를 해보겠다는 용기를 부려보자. 그러한 지적 작업을 해보겠다는 포부를 가져보자.

토론하기
Debate matters

묻고 듣고 논쟁하면서 부쩍 큰다

많이 묻자, 어리석어 보일 정도로 묻자
성실히 답하자, 피하고 싶은 질문에도 답하자
토론은 소통의 꽃이다

'토론하기란 말하기와 글쓰기의 조합'이라고 정의하면 어떨까? 당연히 말로 전개되지만, 토론하기 위해 필요한 엄청난 준비에는 글쓰기가 절대적으로 수반된다. 하지만 토론에는 확실히 '플러스 알파'가 필요하다. 토론하면서 준비된 글만 읽을 수는 없고, 자신의 목소리로 다시 변환시키는 바로 그 순간, 순발력과 이슈 파악 능력과 설득 역량이 동시에 발동되는 것이다.

'토의'와 '토론'은 다른가? 굳이 나누자면 논의 구조는 다소 다르지만, 토론에 능해지면 토의를 잘할 가능성이 높은 반면, 토의를 잘한다고 토론을 잘하게 되는 건 아니라는 건 확실하다. '논거를 확실하게 할 뿐 아니라 포지셔닝을 확실하게 하는 것', 이것이 토론의 핵심이다. 선진사회의 교육 프로그램에서 토론을 강조하는 것은 바로 이 때문이다. 세상은 복잡다단하며 정답이 하나만 있는 것이 아니기에 논거와 포지셔닝이 중요한 것이다. 나 역시 유학 과정을 돌아보면 가장 생생했던 체험이 바로 토론이다. 토론은 어디에서도 일어났다. 강의에서, 설계 스튜디오에서, 현장 필드트립에서, 동네 공청회에서, 전문가 토론회에서, 의회에서, 하물며 길거리와 광장에서도.

　토론 훈련을 하다보면 부수적인 효과가 자연스럽게 따라온다. 일단 온갖 종류의 말하기 자체에 겁이 줄어든다. 인터뷰, 프레젠테이션에 대한 걱정도 줄어든다. 질문 받는 것에 대한 겁도 줄어든다. 삼단논법이든, 연역법이든, 귀납법이든 논리 전개 방식에 대해서 자신감도 붙는다. 사안과 쟁점을 분별할 수 있게 되는 느낌도 좋다. 무엇보다도 좋은 것은, 자신이 어떠한 지점에 포지셔닝하고 있는지 이윽고 깨닫게 된다는 것이다. 그렇다면 어떻게 토론 훈련을 할까? 이제 별도의 토론 학습에 대해서는 차치하고, 일상에서 습득해야 할 몇 가지 학습 습관을 강조해보련다.

잘 묻고 잘 듣자

　가장 좋은 습관은 많이 묻는 것이다. '왜? 어떻게? 무엇이? 어디에?

언제? 누가?' 같은 '5W1H 육하원칙' 기본 질문을 통해 사실을 확인하고 정보를 확인하는 습관이다. '당연한 것 아니냐'라 생각한다면 자신을 한번 돌아보라. 의외로 우리는 잘 안 묻고 또 잘 듣지 않는다. 뭉뚱그려 묻거나 또는 추상적으로 물어서 구체적인 답을 못 얻는 경우도 많다. 서로 당연히 안다고 가정하는 경우도 많다. 물으면 무례하다고 생각하기도 한다. 적당히 넘어가는 것을 예의라 생각하기도 한다. 사실 이런 가정이 훨씬 더 무례한 것임에도 불구하고 말이다.

요즘은 사람에게 안 묻고 웹과 스마트 폰에 묻는다. 단어 하나로만 검색해도 길, 전화번호, 지도, 단어, 이슈까지 자세히 가르쳐주니 편하고 유용하다. 정보가 엄청나 검색만 잘하면 크로스체크까지 된다. 하지만 웹은 '행간'이 없다는 게 취약점이고 '일방향'이라는 데에 함정이 있다. 사람 사이의 '토론'이란 행간이 많고 쌍방향이라는 특징이 있다.

묻기 좋아하는 나는 많은 경우 단도직입적으로 묻는다. 상대편이 '심문'을 당하는 느낌을 가질까 봐 조심스러울 정도로 세밀하게 묻는 편이다. 특히 '법관'처럼 다루어야 할 '사실'과 '과정'에 대한 것, 공정이나 제작기술과 같은 '실무'에 대한 것, 특히 '숫자'와 '돈 관련' 사항들에 대한 것은 꼬치꼬치 묻는다. 호기심 때문이 아니라 '사실 확인'이 필요하기 때문이다. 법관이 '사실 확인'을 명확히 하는 것이 주 업무라면, 우리 건축인들을 포함해 대부분의 사람들은 '사실 확인'뿐 아니라 '눈에 안 보이는 사실'을 탐구해야 한다. '명확한 답변' 외에 '좋은 답변'을 얻고 싶고 그러려면 '명쾌한 묻기'뿐 아니라 '좋은 묻기'를 할 수 있어야 하는 것이다. 그래서 많은 경우 나는 간접적, 우회적으로 묻는다. 대화 가운데 질문을 물어서 상대편이 스스로 얘기하도록 단서를 제공한다. 말하자면 '변죽'을 울리는 것이다. 알고 싶은 것이 확실해지고 상대와의 관계에 신뢰가 높아지면 다시 직접 질문으로 바꿀 수도 있다. 우회적으로 물어야 할 것들은 참 많다. 좋아하는 취향, 부부 생활에 대한 태도, 애정표현에 대한 태도, 조직에 대한 태도, 사람에 대한 태도, 아이들에 대한 생각, 교육에 대한 생각, 경제 원칙에 대한 생각, 돈에 대한 고민, 무서워하는 것, 피하고 싶은 것, 지지하는 것, 혐오하는 것, 욕망하는 것, 오래된 숙원 등.

좋은 묻기는 좋은 듣기를 전제로 한다. 사람의 말에는 이른바 '숫자로 된 팩트' 외에 수많은 '끈'이 달려 있다. 하나하나의 끈이 좋은 단서가 된다. 말을 있는 그대로 곧이곧대로 들어주는 진정성과 함께 말의 행간을 읽는 해석 능력이 공히 필요하다. '말' 때문에 생기는 그 수많은 오해를 생각하면, 좋은 듣기가 얼마나 힘든가? 노력해보자.

Q&A를 만들어보기

토론 훈련의 좋은 방식은 직접 질문을 만들고 직접 답을 작성해보는 것이다. 마치 '매뉴얼' 같은 Q&A 작성 훈련이 그 하나다. 자주 묻는 20문, 자주 묻는 50문과 같이 만들어보는 것이다. '팩트'에 관련된 것, '절차'에 관련된 것, '행동요령'에 관련된 것에 대한 설명을 차근차근 풀어보면 생기는 깨달음이 있다. 첫째, '상대' 입장에서 무엇이 궁금한지 알게 된다. 둘째, '상대의 수준'에서 어떻게 말해야 이해되는지 알게 된다. 셋째, 질문을 추리고 추리는 과정 중에서 핵심사항이 무엇인지 알게 된다.

더 좋은 훈련은 답하기 까다로운 사안에 대한 Q&A를 만들어보는 것이다. 입장, 논점, 선택, 선택의 기준, 선호, 취향, 해석 등 자신의 시각이 개입된 사안들에 대한 것이다. 토론회에 나갈 때, 인터뷰에 응할 때뿐 아니라 자신의 홈피나 블로그에 자신을 소개할 때나 특정 사안에 대한 생각을 밝히고 싶을 때 이런 방식을 쓰면 무척 효과적이다.

이런 훈련을 하면 이른바 예상 질문에 대한 머리가 정리될 뿐 아니라 그 답변을 할 때 어떻게 전개해야 할지, 무엇을 강조하고 무엇을 약화시켜야 할지, 정확한 '워딩(wording)'을 어떻게 선택해야 할지, 전체가 보인다. 물론 실제 상황이 되고 나면, 이렇게 열심히 만든 Q&A가 하나도 생각이 안 나고 머릿속이 하얘질지도 모른다. 당연하다. 하지만 준비하지 않은 것보다 열배 백배 잘하게 될 것은 분명하다.

사회자 되어보기

마지막으로 권하고 싶은 것은, '사회자 입장'이 되어보라는 것이다.

자신의 세계, 이슈에서 벗어나 더 큰 세계와 다른 이슈들이 보이기 시작한다. 무미건조한 사회자가 아니라, 쟁점을 분명히 하고 서로 입장의 차이와 공통점을 비교해가며 결론을 도출해가는 역할을 해보자.

'토론의 달인'이라 불리던 노무현 전 대통령이 직접 주재하던 보고회의를 몇 번 참석한 적이 있다. '대통령자문 건설기술 건축문화 선진화위원회'라는 무척 긴 이름의 위원장을 하고 있을 때다. 보고가 끝나면 자유토론을 하는데, 흥미로웠던 것은 장·차관들의 발언뿐 아니라 외부에서 참여한 전문가들이 꼭 한마디 하게 되는 분위기였다. 종종 예정된 시간을 넘길 정도로 자유발언이 이어져서 청와대 참모진들은 아슬아슬 했을 것이다. 그 이전의 정부에서도 여러 번 청와대 회의에 참여해본 적이 있지만 발언자와 발언 내용을 미리 조율해놓는 경우가 많았는데, 확실히 달랐다. 노무현 대통령 자신이 토론과 자유발언을 선호하기에 참여 분위기가 자연스럽게 형성되었을 것이다.

내게 인상적이었던 것은, 참여자 대부분의 자유토론을 이끌어내는 전개뿐 아니라 노무현 대통령이 정리하는 마지막 발언의 구성이었다. 필요한 결론을 내리는 것은 물론, 자유토론의 내용에 대해서 일일이 언급하며 결론을 선택하는 기준에 대해서 분명하게 정리하는 기술이었다. 바로 이것이다. 대통령은 전체를 주관해야 하는 자리다. 결론을 내는 것은 물론, 그 결론에 찬성하는 사람, 승복하는 사람, 찬동하지 못하는 사람, 다른 의견을 가진 사람을 다 껴안아야 한다.

노무현 전 대통령이 이런 모습을 국민들에게 직접 보여주는 기회가 훨씬 더 많았더라면 하는 생각도 든다. 비록 우리가 대통령 자리에 앉지는 못하더라도 그렇게 전체를 보는 입장에 자신을 두어보는 훈련은 우리 자신을 크게 키울 것임에 분명하다.

많이 묻자. 사실을 파악하기 위하여. 어리석어 보일 정도로 묻자. 현명하기 위해서. 잘 묻자. 좋은 답을 듣기 위해서. 이 모든 행위는 우리가 잘 답하기 위한 것이다. 성실하게 답하자. 질문의 핵심에 맞게 답하자. 피하고 싶은 질문도 분명 있다. 왜 피하고 싶은지 의식하면서 지혜롭게 답하는 훈련을 하자. 토론은 소통의 꽃이다.

사람 만나기
Meet people, make friends

언제 어디서나 사람들은 나를 보고 있다

'사람'은 언제 어디서나 가장 중요하다
사람을 만나고
또 나의 사람으로 만들자

'사람'은 가장 중요하다. 언제 어디에서나 중요하다. 일도 사람이 하고, 좋은 일도 사람이 만들고, 쓸데없는 일도 사람이 만들고, 기를 모으고 불러일으키는 것도 사람이 하고, 기를 꺾는 것도 사람이 한다. 사람은 가장 중요한 핵심 자원이다. 다른 자원들, 예컨대 자본, 시설, 기술, 정보들은 필요할 때 상대적으로 쉽게 구할 수 있는 반면, 사람만큼은 그리 쉽게 구해지지 않는다. 또한 다른 자원들을 구하는 과정에서도 사람이 연결고리가 되는 경우가 적지 않다.

물론 '사람'도 하나의 자원인 이상 결국은 구할 수 있다. 시스템이 갖춰진 사회일수록 전문인, 경영인, 과학기술인, 문화예술인 등 인적 자원에 대한 공적 정보네트워크가 잘 발달되어 있다. 그런데 아무리 인적 정보네트워크가 잘 되어 있다 하더라도 여전히 사람관계란 공적 네트워크만으로는 한계가 있다. 사람간의 관계란 그만큼 눈에 안 보이는, 입에 내기 어려운 수많은 역학에 의하여 이루어진다. 일을 할 때에도 공적, 표면적 관계로만 이루어지는 것은 아니다. 사람 사이의 역학이 중요한 변수가 된다. 사람관계가 끈끈하다는 동양사회에서는 말할 것도 없고, 비교적 공적인 관계로 운영되는 서구사회에서도 사람관계는 여전히 중요하다. 교감의 역학, 교류의 역학, 이해(理解)의 역학, 이해(利害)관계의 역학이 중요한 변수가 되는 것이다.

이렇게도 중요한 사람관계를 어떻게 할 것인가에 대한 정답은 없을 것이다. 사람의 성향마다 다르고, 직업마다 다르고, 인간에 대한 철학에 따라 또 다르다. 인생이 끝날 때까지 끝없는 탐구가 필요하고 아마 죽을 때에도 여전히 많은 의문을 가지고 갈 것이다. 사실 이것이 사람의 묘미이고 사람 사는 묘미다. 그렇지만 아무리 정답이 없는 의문이라 할지라도 자신의 태도에 대한 생각은 필요할 것이다. 사람 관계에 대해서 어떤 태도가 필요할까? 나는 다음 세 가지를 꼽아본다.

'사람'을 좋아하자

사람을 알려면 우선 사람을 좋아해야 한다. 그만큼 우리의 도시와 건축은 '사람'에 대한 분야다. 사람이 사는 공간을 만드는 지혜가 건축이고 사람들이 모여 사는 공간을 만드는 지혜가 도시이기 때문이다. 건축주든, 사용자든, 소비자든, 시민이든 사람들이 의식적·무의식적으로 원하는 것을 읽어서 그것을 기술이라는 매체를 통해 실현하는 것이 건축의 기본 역할이다. 또한 많은 사람들이 서로 협력, 경쟁하며 기량을 쏟아부어야 좋은 도시와 좋은 건축이 만들어진다.

나는 사람 만나기 싫어하는 사람은 건축 일을 할 자질이 부족하다고 곧잘 말하는데, 될수록 즐겁게 사람을 만나라는 것이 그 속뜻이다. '사람을 즐겁게 해주는 것은 모든 사람의 의무'라고 나는 말하고 싶다. 또한 본질적으로 사람을 싫어하는 사람은 없다는 것이 나의 전제다. 사람 만나기 싫어지는 것은 대개 쌍방 책임이다. 예의를 안 지키고, 시간을 낭비하게 만들고, 믿음이 없고, 성의가 안 보이고 또 만나는 보람이 없으면 서로 피곤해지고 그러다보면 점점 더 만나기 싫어진다. 서로의 입장, 스타일, 생각의 차이를 열어놓고, 알아가고 가까워지는 것이 사람 만나는 묘미인데, 자신의 관점, 이익, 입장만을 주장하는 일방적인 사람을 만나는 것은 참 싫은 일이다.

'사람을 좋아한다'는 뜻은 결국 '우리가 되기를 좋아한다'는 뜻일 것이다. '통하는 우리'다. 동료로서, 먼저 배운 선생(先生)과 배워가는 후학(後學)으로서, 고객과 서비스 제공자로, 대화의 파트너로 만나며 공통점과 차이점을 확인하는 과정에서 통하는 즐거움을 찾는 것이 '사람을 좋아한다'는 뜻 아닐까. 이런 시각으로 보면 만남의 즐거움에 차이는 있더라도 사람 자체에 대한 흥미는 결코 잃지 않게 될 것이다.

늘 누군가는 나를 보고 있다

사람은 언제 어디서나 만나게 된다. 일을 통해 몇 달, 몇 년 동안 계속 만나는 사람, 학교생활을 같이 하는 사람, 직장 생활에서 동고동락하는 사람뿐 아니라 우리는 매일 수많은 사람들과 부딪치게 된다. 잠깐 스치는 사람, 악수 한 번으로 끝나는 사람, 전화 한 통화로 만나는 사람, 회의석상에서 만나는 사람, 먼발치에서 보는 사람, 우연히 라디오나 TV, 팟캐스트, 잡지, 신문에서 듣고 보는 사람, 책을 통해 만나는 사람, 물건을 사며 만나는 사람, 서비스를 받으며 만나는 사람, 인터넷을 통해 만나는 사람 등 새로운 사람을 만나게 되는 기회는 무척 많다.

이 모든 만남에서 우리는 '하나의 사람'으로 비친다는 사실을 의식하자. 다른 사람들이 우리에게 하나의 사람일 뿐 아니라 우리 역시 항상 하나의 사람으로 비치며, 언제 어디서 그 사람을 더 깊은 계제로 만나게 될지 모른다는 것을 알고 행동하자. 이런 자세를 가지면 자신의 행동에 대해서, 즉 자신의 말, 글, 작업, 예의 등에 더욱 책임을 느끼게 된다.

정말 사람이란 무섭다. 언제 어디서나 나를 보고 있다. 특히 사회

활동이 많아질수록 노출은 더욱 심해진다. 10대에야 기껏 주변의 친족, 친구, 친교, 학교 활동이 전부다. 20대에는 학교, 동료, 선후배들이 아는 사람의 세계를 이룬다. 본격 활동을 하는 30대부터는 편한 관계에 있는 사람들보다 잠깐 스치는 사람들이 더욱 나를 주목하고, 그것이 오히려 네트워크에 큰 영향을 미친다. 나를 언뜻 안 사람이 나에 대해 말하는 경우가 더 많아지고 그만큼 나라는 존재가 넓게 희석되는 것이다. 40대 이후에 '희석 현상'은 더욱 두드러진다. 그만큼 사회 교류의 폭이 넓어지는 것이다. 50대 이후에 다른 사람들의 새로운 관심을 끌기란 무척 어려운 듯하다. 잠재력을 가진 사람으로서의 가치보다 완성도를 가진 사람으로서의 가치가 더 중요해지고, 그만큼 절대적인 평가를 받게 되기 때문일 것이다.

이런 역학을 의식하자. 언제 어디서나 그 누군가 나를 보고 있음을 의식하자. 깜짝 놀랄 때가 그 언젠가 내가 쓴 글을 읽은 사람들, 방송을 듣거나 본 사람들이 나를 평가할 때다. 그런데 가만 보아하니, 나도 똑같이 하고 있다. 잡지에서 본 글이나 작업이 스쳐가는 게 아니라 그 사람에 대한 인상과 역량에 대한 평가로 이어진다. 잠깐 만난 사람, 회의석상에서 한마디 한 것, 또는 묵묵부답 침묵을 지키고 있는 것 등 모두가 그 사람에 대한 인상을 결정한다. 이것은 때로 당황스럽기도 하지만 또 좋기도 하다. 좋은 인상을 주었을 때 엄청난 네트워크 파워가 생김을 알 수 있다. 그래서 '매일매일의 행동이 가장 좋은 홍보'라는 말이 성립되는 것이다.

'사람'과의 '연(緣)'을 맺는 일

사람간의 관계란 결국 '연(緣)'이다. 담담히 받아들이자. 우리 사회에서 지나치게 연줄을 강조하는 것이 못마땅하지만, 모여 사는 사회에서 연이란 중요한 변수다. 업무, 공적 관계라 할지라도 결국은 사람과 사람 사이의 기의 흐름에 따라 관계가 성립되기 때문이다.

사람에 대한 우리 사회의 심리는 독특하다. 사람과의 정(情)과 연(緣)을 무척 중요시한다. 그냥 중요한 것 이상이다. 인연에 의해 일이 이루어지는 경우가 많고 업무의 기회가 좌우되기도 한다. 물론 외국에서도 사람과의 관계란 무척 중요하다. 개인 연, 가족 연, 학연은 그들 사회에도 있다. 다만 선진 사회에서는 그나마 '기준선'이라고 할까, 나름대로 공정한 운영기준이 작용하고 또 상호견제가 있어 기본이 약한 사람에게 계속 기회가 제공되는 경우란 거의 없다.

우리 사회의 사람 관계란 '우리'와 '남'을 뚜렷이 가르는 성향이 강하다. '우리 편'이 되면 한없이 봐주고, 아니다 싶으면 아예 관계가 맺어지지 않기도 한다. 우리 편이 된다는 뜻은 여러 가지다. 가족 연, 학연, 고향 연과 같이 뿌리를 공유하는 경우도 있고, 서로 배포가 맞는다는(좋은 뜻, 나쁜 뜻 모두) 경우도 있고, 서로 이해득실이 맞는(좋은 뜻, 나쁜 뜻 모두) 경우도 있다. 분명한 변화라 한다면 이제는 과거의 뿌리뿐 아니라 '이해관계'와 '공감관계'에 의해서도 이합집산이 일어난다는 점인데, 우리사회가 합리적 인간관계로 넘어가는 현상으로 받아들여진다. '우리'라는 개념이 더 합리적인 개념, 본질적인 '인간 대 인간' 개념으로 넘어가는 단계에 있는 것으로 믿고 싶다.

　사회생활을 잘 하려면 사람을 넓게 또 깊게 알아야 한다는 말은 누누이 듣는 말이다. 결코 가볍게 흘릴 말이 아니다. 그것이 곧 연이다. 사람과의 연을 더 의미 있게 하는 관점에서 두 가지 요령을 더 지적할 수 있겠다.

　첫째, "크기 전에 알아두는 사람이 좋다." 즉, 사회적으로 위치를 확고히 하기 전에 알아두는 사람이 오히려 좋은 연이 되는 것이다. 어렸을 적 동네친구, 학교친구, 모임친구들은 언제 어디서 다시 만나도 금방 다시 시작할 수 있다. 30대 정도까지 다양하게 사람을 만나두면 큰 자산이 된다. 또 되도록 당장의 업무와 관련되어 만나는 사람보다 업무 외로 만나는 사람과의 연을 만들어두는 것이 오히려 좋다. 비즈니스가 얽히면 담담해지기가 상대적으로 어렵기 때문이다. 자유로운 인간관계에서 만나는 사람들 사이에 더욱 신뢰가 쌓이는 것은 동서고금의 진리다.

　둘째, "만나는 사람과 개인적 교감을 형성하는 것이다." 모든 업무에 '애프터(after)'가 꼭 필요한 것도 이 때문이다. 서로의 생각, 생활, 취미, 사회관 등에 대해서 교감하면 향후의 관계 맺기에 아주 좋다. 건축인들이 고객들과 나이 차를 떠나 종종 친구 관계로 발전하는 것도 이 때문이다. 더구나 도시건축의 업무 속성상 때로는 사생활이나 재정적 상태 등 민감한 부분까지도 의견 교환을 하게 되므로 일단 신뢰가 쌓이면 서로 친해질 가능성이 많다. 이런 일을 '도가 넘치지 않게' 부지런히 하는 것, 사람과의 연을 만들기 위해서 꼭 필요한 일이다.

그만큼 사람간의 관계에서 연이란 중요하다. 때로는 '현실의 연' 때로는 '전생의 연'일수도 있다. 사람 간에는 확실히 '궁합'이 있어서 잘 맞는 사람 또 잘 안 맞는 사람이 있게 마련이다. 잘 맞는 사람과는 더욱 흥미롭고 풍부하게, 잘 안 맞는 사람과는 더욱 예의 바르게 기본을 지키면서 연을 맺어보자.

서랍 만들기
File your own drawers

머릿속 서랍과 진짜 서랍은 통한다

서랍은
분류할 수 있다
닫으면 잊을 수 있다
언제나 열면 거기에 있다

나는 여러 일들을 동시에 진행하는 스타일이다. 전형적인 '멀티 태스커(multi-tasker)'라서 손에 붙들고 있는 일이 수십 가지가 되는 경우도 있다. 물론 나 혼자 하는 게 아니라 여러 스태프들과 함께 진행하기 때문에 가능한 일이다. 그러나 여전히 코디, 프레젠테이션, 프로젝트 초기의 맥 잡기와 방향 설정하기에 들여야 하는 시간이 만만치 않다. 문제가 생기면 그 해결의 최종 책임은 나에게 있는 만큼 진행 경과를 파악하고 체크하는 일도 상당한 시간을 요한다.

혼자 하는 일도 많다. 글쓰기, 책 만들기는 대표적이다. 글은 혼자

쓰기도 하지만 여러 저자들과 공동회의를 통해 진행하는 경우도 많아서 공을 들여야 한다. 공공위원회 활동 역시 회의 시간에만 참석하는 것이 아니라 사전 준비, 사후처리 업무가 만만치 않다. 경력이 쌓이면서 인터뷰나 각종 미디어 출연도 많아졌는데, 하나하나 꽤 많은 준비를 요한다.

내가 많이 듣는 소리 중 하나가 그 많은 일들을 해내는 비결이 뭐냐는 것이다. '징그럽다'라는 소리도 듣는다. 집중력, 의지, 관심, 시간 투자 같은 요인들이 당연히 있겠지만, 나는 많은 일들을 동시에 해내는 비결로 간단히 이렇게 대답한다. "서랍이 많지요!"

'머릿속 생각의 서랍'이 우리에겐 필요하다

'서랍'이란 참 요긴한 물건이다. "분류를 할 수 있다. 닫으면 잊어버릴 수 있다. 언제나 열면 거기에 있다."

머릿속에 이렇게 요긴한 서랍을 만드는 훈련을 하자. 어차피 우리의 뇌는 나름대로 분류해서 저장하고 있다. 다만, 사람의 뇌란 서랍과 달리 분류 저장만 하는 게 아니라는 데에 매력이 있다. 사람의 뇌에 저장된 정보들은 외부의 자극에 의해 서로 상호작용을 하며 파장과 간섭을 일으키면서 새로운 반응과 생각을 만든다. 마치 '파도'나 '바람'처럼 말이다. 사람이 무한하게 창의적일 수 있는 이유도 여기에 있을 것이다. 이러한 매력을 잊지 않되, 서랍을 여럿 만들고, 서랍을 닫으면 확실히 잊어버리고, 서랍을 열면 그 안에 저장된 것을 꺼내는 훈련을 하자.

이 훈련은 기본적으로 '분류의 훈련'이다. '알되 잠시 잊어버릴 줄 아는 훈련'이다. 일종의 '임시적 기억상실증'이라고나 할까? 마치 스위치를 끄듯이 잠재우는 훈련이다. 또한 이 훈련은 '잊어버리지 않는 훈련'이기도 하다. 재우되 잠 속에서도 생각을 발전시키는 훈련이다. "꿈에서 생각해!" 또는 "Sleep on it!"이라는 영어는 모두 맞는 이야기다. 낮에 공부한 것이 수면 중 뇌에 차곡차곡 기록 저장된다는 과정은 이미 과학적으로 입증되었다.

어떤 서랍을 만들어볼까? 가구에 비유해보자. 사실 가구 디자인은 역사적으로 분류·정리 문화에서 비롯됐다. 우리 전통가구를 보면 서랍장보다는 문갑장, 선반장, 박스장이 많다. 한통속으로 넣거나 쌓아올리는 식이다. 그런데 선비들이 쓰는 가구를 보면 서안, 고비 등 칸이 많아지고, 한방 가구에 이르면 온통 서랍장이다. 서구의 가구는 서랍장이 많다. 근대의 중국, 일본, 한국의 가구 디자인에서 서랍이 잔뜩 등장했던 것은 흥미로운 현상이다. 최근 가구들은 서랍이 더 많아졌다. 아예 드레스 룸에 와이셔츠 장, 넥타이 장, 구두 장뿐 아니라 부엌 가구의 서랍도 가지가지로 많아졌고, 하물며 냉장고도 서랍이 많아지며 그야말로 가구화되고 있는 중이다. 일상생활에 필요한 서랍들이 이렇게 많을진대, 머릿속 생각의 서랍들은 오죽 많이 필요할 것인가?

물리적인 서랍, 파일 정리의 원칙

그런데 사람이란 머릿속 서랍으로만 모든 것을 정리할 수는 없다. 진짜 서랍도 필요하다. '서랍이 많다'는 것은 곧 '정리파일이 많다'는 뜻이다. 경력이 많아진다는 것은 머릿속 노하우가 쌓인다는 뜻이고 또 실제적인 자료 축적이 많아진다는 뜻이다. 자료의 종류도 가지가지다. 건축인이라면 행정서류(제안서, 기획서, 중간 메모, 계약서, 정산서류, 세무보고 등), 책, 보고서, 중간 보고서, 도면, 시방서, 기술 리포트, 온갖 종류의 스크랩, 미디어에 발표한 글, 편지, 팩스, 명함, 전화번호, 주소록, 중간 스케치, 사진, 슬라이드, 오디오 파일, 비디오 파일, 스터디 모형, 최종 모형, 자재 브로슈어, 자재 샘플, 문구, 공구 등 이루 헤아릴 수 없을 정도다. 게다가 관심 사안들이 다양할수록 가짓수는 더욱더 늘어난다. '열려라, 참깨!' 하면 어떤 자료라도 재깍 나오게 할 수 있다면 오죽 좋을까?

사람의 취향마다 파일을 사용하는 방법은 다르다. 세련된 오피스 가구와 문방구를 사용하여 기막히게 위생적인 방식으로 파일을 정리하는 사람도 있고, 적당히 쌓아놓고 사는 사람들도 있다. 나는 다음 몇 가지를 원칙으로 삼고 있다.

하나, 필요할 때 찾을 수 있어야 한다. 자료란 쓰기 위해서 모으는 것이니, 쓰지 못할 자료는 소용없다. 찾기 쉽게 분류하고 정리한다.

둘, 눈에 보여야 한다. 자료가 많더라도 어떤 자료가 있는지 잊으면 아무 소용이 없다. 이를 방지하려면 눈에 잘 띄어야 한다.

셋, 되도록 공간을 덜 차지해야 한다. 공간싸움은 치열하다. 되도록 공간을 덜 차지하는 시스템은 무엇일까 고민한다.

넷, '봉투 시스템'을 활용한다. 문구점에서 파는 각종 파일(얇은 종이, 두꺼운 종이, 투명비닐, 두터운 비닐, 클리어 파일 등)들은 각기 용도가 있다. 나는 시중에서 파는 파일은 '진행용' '대외용' '장기 보관용'으로만 쓴다. 당장 진행되는 프로젝트는 펼치기 좋은 파일이 좋다. 대외용으로 펼쳐 보이고 장정도 좋으니 보기가 좋다. 클리어 파일은 미디어 발표 작업 모으기 같은 보관 용도에도 좋다. 그러나 여기에 그친다. 대신 나는 '봉투' 시스템을 더욱 즐긴다. 지나간 자료는 봉투에 담아 봉투 뚜껑에 제목을 달아 꽂아둔다. 부피 작고 값싸고 끊임없이 날아드는 온갖 우편물 봉투를 재활용하기도 좋다. 파일보다 훨씬 더 찾기 좋다. 공연히 비싸고 부피 많이 차지하는 파일보다 시간이나 비용 면에서 훨씬 더 경제적이다.

다섯, '이동 가능한 박스'를 이용한다. 나는 박스를 좋아한다. 들고 다니기 편해서다. 책장에 꽂아두면 자꾸 하나씩 빼가니 잘 없어져서 여러 사람이 쓰자면 혼선이 생긴다. 박스에 담아두면 박스째 오갈 수 있다. 당장 진행되는 프로젝트도 지나 프로젝트도 박스째 담아둔다. 봉투와 박스는 같이 잘 어울린다. 박스에 나란히 꼽기도 좋고 제목도 잘 보인다. 영화에서 보면 이 박스 시스템이 자주 나온다. 직장에서 해고되어 박스 속에 개인 물품을 담아 퇴장하는 장면이다. 미드 〈콜드케이스〉에서는 미제 사건 자료를 박스에 담아 창고에 보관하는 장면이 아주 인상적이다. 자료가 많건 적건 사건 하나당 동일한 한 박스를 쓴다. 동료도 후임도 같은 박스로 자료를 공유한다.

여섯, '칸 많은 책장'을 쓴다. 책장은 자료를 눈에 보이게 하는데 그만이다. 도서관처럼 자료번호로 분류하는 것은 개인으로서나 회사 규모로나 불가능하다. 엄청난 관리가 필요하기 때문이다. 그래서 내가 쓰는 방법은 책장 칸별로 주제를 '중분류' 해두는 일이다. 가령 '문화, 건축사, 도시론, 주거론, 4대강, 뉴타운, 디자인, 매뉴얼, 연락처, 정치, 경제, 소설, 미술, 전통, 여행' 하는 식이다. 가장 유용한 것은 진행 프로젝트에 대해서 칸 만들어놓기다. 개수가 많을수록 정신이 없어지는데 그때마다 책장에 관련 서류와 자료를 끼워놓고 일상의 머리로는 잊어버리려 노력한다. 필요해지면 다시 책장 앞에 선다. 이런 분류를 하기에는 칸 폭이 좁은, 예컨대 1자 반 폭의 책장이 적당하다. 폭이 너무 넓으면 분류하다가 사이에 다른 그 무엇을 끼워놓아야 하니 귀찮아지기 때문이다.

일곱, '제목'을 '꼭' '잘' 단다. 제목은 기억을 자극하는 데 가장 효과적이다. 여러 사람이 쓰는 파일이라면 '중성적'인 제목이 무난하다. 자기 혼자만의 파일이라면 개성이 뚜렷한 제목도 괜찮다. 부디 무엇이든 파일을 만들자마자 제목을 달자. 나중에 더 좋은 제목으로 바꾸더라도 말이다. 주변을 보면 자료를 쌓아만 두고 아직도 제목을 달지 않는 사람들이 많다. 정말 소용없는 짓이다. 제목을 달지 않은 자료란 아무 쓸모가 없다.

여덟, '시간 연도'를 꼭 단다. 제목 옆 또는 제목 앞에 연도를 꼭 달자. 자료란 시간의 기록이기 때문이다. 기억을 환기시키는 데 시간만큼 좋은 것도 없다. 그 자료 하나만이 아니라 그 시간의 언저리를 이루었던 모든 사건들이 함께 되살아난다. 그만큼 기록의 역사란 시간의 역사다. 내가 책을 살 때 구입 연도를 꼭 쓰는 것도 이런 이유 때문이다. 그 책을 왜 샀고 어떻게 읽었는지 당시와 함께 떠오른다.

아홉, '마스터 파일'을 '꼭' 만든다. 하나의 프로젝트에 대해서 '마스터 파일'을 만들자. 팀 작업을 하는 경우가 많아질수록 꼭 필요하다. 하나의 파일을 모든 팀원들이 공유하기 위함이다. 종이 복사, 사이버 파일 복사가 쉬워진 요즈음에는 각 팀원 별로 각자 파일을 가지려는 성향이 많다. 이렇게 되면 업무 중복뿐 아니라 개인별로 놓치는 자료가 생겨서 커뮤니케이션에 차질이 생기는 경우가 왕왕 발생한다. 어쩌다 중간 회의를 놓치거나 자리를 비울 때에도 팀 전원이 작업 전개에 동참할 수 있도록 하는 자료가 바로 마스터 파일이다.

'사이버 파일링'의 행복과 딜레마

모든 일이 컴퓨터로 진행되면서 정말 편해졌다. 파일 서랍 만들기는 간편하고 공간은 절약되고 사이버 공간은 무한하다. USB, CD, 서

버와 웹하드와 외장하드 등 문서뿐 아니라 대용량 그림 파일까지 보관하기에 그만이다. 게다가 DB네트워크가 점점 발달하니 어느 시점이 되면 모든 오프라인 자료는 필요 없어지고, 접속만 하면 어떤 자료에도 접속 가능한 유비쿼터스(Ubiquitous) 시대가 기어코 열리리라. 이제는 에러 걱정도 안 하고 하드디스크 복구 걱정도 안 한다. 일부 파일을 잃어버린 적이 있지만, 그런 우려 때문에 크게 신경 쓰지 않을 정도가 되었다. 기술 시스템을 신뢰할 수 있다는 것이 참 좋다.

그런데 역시 문제는 있다. 세 가지를 꼽아보자. 첫째 문제는, '정크 파일'이 너무 많아진다는 것이다. 자료 쌓아놓을 공간 걱정이 없어지니 무엇이나 쓸어 담아놓는 것이다. 거의 다시 열어보지 않는 정크 파일들이 쌓아만 간다. 둘째 문제는 첫째 문제의 연속선상에 있는 것인데, '검색' 시간이 오래 걸린다는 것이다. 제대로 제목도 달아놓지 않은 온갖 그림파일과 동영상 파일을 열고 닫고 하다가 몇 시간이 훌쩍 가버리는 경험은 독자들도 많이 해봤을 것이다.

셋째 문제는 미묘하다. 내 자신이 모니터에 뜨는 자료만 보려드는 성향이 되어버리는 것이다. 글 자료는 모니터에서 보는 게 훨씬 더 빠르고 인식도 잘 된다. 하지만 알다시피 모니터란 아무리 멀티 윈도우를 사용하더라도 전체를 한꺼번에 볼 수 없다는 단점을 안고 있다. 책이나 종이 자료를 후르르 한번 훑어보며 얻는 총괄적인 시각을 모니터에서 얻기란 무척 어려운 것이다. 그림 자료의 경우는 문제가 더욱 미묘하다. 아무리 모니터가 크더라도 도면 자료는 여전히 프린트 자료로 보는 것이 훨씬 더 잘 파악된다. 그런데 문제는, 모니터에서 보기 쉬운, 상대적으로 단순하게 완성된 그림만 보려 드는 성향이 되어가는 것이다. 현실 속의 실체를 만들기 위해 필요한 복잡한 과정을 생략하고 싶어지게 만드는, 위험한 성향이다.

이런 문제들을 느낄 때마다 내가 그야말로 '모니터 인간'이 되어버리는 게 아닌가 하는 걱정이 든다. TV 모니터, 컴퓨터 모니터, 스마트폰의 액정모니터까지 우리를 사로잡는 모니터들의 파워가 자꾸 커지면서 딜레마도 따라서 커진다. 가장 큰 딜레마는, 모니터가 켜져 있지 않으면 아예 사안 자체를 망각하게 되어버린다는 것이다. 이건 잠시 서랍을 닫아두는 게 아니라 서랍장이 너무 많아서 서랍을 열어볼 의사조차 상실해버리는 게 아닌가 싶을 정도가 되는 것이다.

이런 문제점들을 완벽히 치유할 수 있는 만병통치약은 없다. 다만 확실하게 자신이 어떤 상황에 있는지를 파악하자. 나는 다음 방식을 쓴다.

하나, '코드'를 단다. 특히 '시간 코드'를! 컴퓨터 파일링에 '코드' 달기는 필수다. 자신의 주제에 대한 코드를 만들어놓는 것이 절대적으로 필요하다. 약자로 표기되는 코드들을 고안하고 꾸준히 쓴다. 일례로, JK(김진애), proj(프로젝트), bk(책), ppt(파워포인트 프레젠테이션 자료), img(그림파일), fam(가족), misc(기타 등등) 등. 새 주제, 새 프로젝트가 생길 때마다 코드부터 만들어둔다. 그런데 오랜 세월동안 파일을 분류하다보니, 역시 '시간코드'가 가장 주효하다는 것을 알

게 되었다. '그때 무슨 일이 있었지?'가 가장 기억을 새롭게 하는 것이다. 그래서 나는 시간코드 기입을 꼭 해두고, 연도별로 파일을 묶어놓는다. 대분류에는 2012(연), 중분류에는 1210(연월), 상세 분류에는 121005(연월일)하는 식으로.

둘, '선택 파일'을 따로 만든다. 일종의 '귀중품 서랍'인 셈이다. 요새는 자료가 없어서가 아니라 자료가 너무 많아서 문제다. 그 자료를 하나의 파일 속에 다 넣어두었다가 찾는 데 한량없이 시간을 보내는 경우가 많아져서 골치다. 그래서 나는 중요 자료들만 뽑아놓은 '선택 파일'을 별도로 만들어놓는다. 이 선택 파일에 들어있는 자료는 향후 3년 내 다시 쓰게 될 가능성이 크다. 그만큼 귀중품이다.

셋, 일 년에 한 번은 파일 정리를! 나는 대개 설날 연휴 무렵에, 지난 한 해의 파일정리를 한다. 아직 지난해와의 업무 연결이 있는 시점이라 정리 관점이 명확할 때다. 이 정리 작업을 안 하다보면 분명 어느 시점에 자료 찾다가 시간 낭비하는 일이 꼭 벌어진다.

휴지통에 과감히 버리고 잘 잊어버리자

파일 정리를 잘 한다는 것은 또 한편 취사선택을 잘 한다는 말과도 통한다. 쌓아놓을 뿐 아니라 과감히 버릴 줄도 알아야 하는 것이다. 이것은 개인 성향과도 관련이 있다. 무턱대고 쌓아만 놓는 사람도 있고 폐기처분에 능한 사람도 있다.

이 두 가지를 적절히 잘 하는 것이 필요하다. 컴퓨터에서 필요 없는 파일을 과감하게 휴지통에 몰아놓고 삭제하듯이 버릴 줄도 알아야 하는 것이다. 버려야 또 채울 것이 생긴다. 나 역시 마음 같아서야 기록 문화가 빈곤한 우리 사회에서 나중에 '기록관'에 넣을 정도로 모든 기록을 보관하고 싶지만 공간 제약으로 그렇게 하지 못한다. 그래서 나는 정기적으로 버린다. 적어도 1년에 한 번은 솎아서 버린다. 3년에 한 번은 과감하게 버린다. 10년에 한 번은 대청소를 해서 한꺼번에 버린다.

다만 이것 한 가지는 유념하자. 우리들은 지나치게 잘 버린다. 쌓아 올리기를 하는 데 취약하다. 버릴 때 다시 한 번 생각하고 버리자. 우리 자신을 위해서나 또 사회를 위해서.

포스트잇 하기
Post-it

눈에 보이면 생각이 난다

붙여라, 뭐든 이루고 싶다면
붙여라, 계획을 행하려면
붙여라, 아이디어를 모으려면

20세기 10대 발명품 중 하나로 꼽히는 포스트잇, 이게 없었을 땐 어떻게 살았나 싶을 정도다. 붙였다 떼었다 하는 풀을 발명하고도 쓸모를 못 찾다가 그 회사의 한 젊은 친구가 고안했다는데, 정말 신기하고 편하다. '포스트잇'은 모두의 필수품이 되었다. 이름이 참 좋다. "붙여라!"라는 "Post it!"을 아예 제품명 '포스트잇(정확히 발음하면 포스팃)'으로 만들었으니 말이다.

이 포스트잇을 쓰는 방법이 참으로 다양하다. 책에, 수첩에, 모니터 위에, 스탠드 위에, 벽에 붙이는 것은 물론, 요즘에는 아예 '포스트잇 아트'라는 것도 생겼다. 몇 가지 색깔의 '포스트잇'을 여러 형태로 붙여 만드는 예술품이다. 요즘 각종 행사에 가면 한 쪽에 꼭 '포스트잇' 벽이 있다. 응원 메시지, 소원 메시지 등을 써서 붙이는 것이다. 여러 사람들의 메시지들을 모아서 하나의 '소원 벽'을 만드는 셈이다. 박원순 서울시장이 그의 집무실에 아예 '포스트잇 벽'을 만든 것은 '포스트잇에 담긴 희망들을 모아서 실현하겠다'는 자세를 보여주는 상징이다.

여하튼 붙여라, 뭐든 이루고 싶다면! 붙여라, 계획을 행하려면! 붙여라, 아이디어를 모으려면! 붙여라, 추진하려면! 붙이면 눈에 띈다. 눈에 띄면 무언가 하게 된다. 벽에 붙이고 오가며 보면, 보는 만큼 잊지 않고 보는 만큼 새로운 생각이 난다. 눈에 띄면 자극을 받는다.

'핀업' 게시판의 현장성과 절박성

건축사무소, 디자인사무소, 도시설계사무소에는 어김없이 큼직한 게시판들이 있다. 벽에도, 또 독립 칸막이에도 부지런히 무언가를 붙여놓는다. 회의실 벽에도 게시판이 필수다. 요즘은 PPT가 워낙 일반화돼서 프레젠테이션에 영상물을 주로 쓰고 회의장에는 각 자리마다 컴퓨터가 있기 때문에 예전보다 그림 붙이기를 덜 쓰는 편이기는 하나, '작업 회의'에서 게시 작업은 필수적이기 때문이다. 여러 사람들이 한꺼번에 여러 안들을 보고 토의하는 데 절대적인 도구가 게시판이다.

통상 벽에다 무엇을 붙이는 행위를 '전시'로 생각하는 경향이 있다. 물론 전시효과도 있으나, 생각을 자극하고 여러 안들을 비교하고 정보를 분석하고 토의하기 위한 '포스트잇 효과'가 훨씬 더 크다. 흥미로운 관찰 한 가지를 소개하자면, 재개발 조합이나 추진위 사무실에 가면 벽에 붙은 것들이 아주 소량인데다 공식적인 자료들뿐이고 액자까지 만들어져 있다. 그런데 주민 비상대책위원회 사무실에 가면 도면, 민원서류, 기사, 게시문 등 온갖 자료들이 벽 한가득 잔뜩 붙어 있다. 그만큼 절박한 현장을 보여주는 것일 뿐더러 모든 사람에게 정보를 공개하는 참여적인 분위기인 것이다.

게시판의 '현장성과 절박성'은 각종 수사 영화 장면에서도 두드러진다. 인상적인 수사 영화를 떠올려보라. 〈양들의 침묵〉에서 FBI 프로파일러의 벽에 붙어 있던 잔인한 사진들이 기억나는가. 반전의 묘미가 최고였던 영화 〈유주얼 서스펙트〉에서 형사부장의 뒷벽에 붙어 있던 온갖 잡다한 기사, 사진, 메모들은 범인에게 '이야기 조작'의 온갖 단서를 제공했다. 마지막에 커피잔을 떨어뜨리던 그 반전의 장면은 정말 인상적이었다. 베스트셀러를 영화화한 〈밀레니엄〉의 그 오래된 헛간 같은 집에서도 기자는 가계도와 사진들을 벽에 잔뜩 붙여둔다.

우리의 생각은 돌풍과 같다. 천둥 번개와도 같다. 어떤 단서가 어떤 생각을 불러일으킬지 예측하기 참 어려운 것이다. 게시판은 돌풍, 천둥, 번개를 일으킬 수 있는 자극제라고 할까? 봤던 기억은 '기시감(데자뷰)'으로 남는 것인지도 모른다. 어디선가 봤던 이미지가 불꽃을 일으키는 것이다. 붙여놓고 보자. 어디에선가 단서가 출몰한다.

학교, 오피스, 아이들 방에 무한 게시판을

'포스트잇'이 일상생활에서 수없이 쓰임에도 아직 우리의 게시판 문화는 갈 길이 멀다. 일반 오피스와 학교와 아이들의 방에 게시판 문화가 스며들면 좋겠다. 우리 오피스들은 지나치게 정형화되었다. 이른바 '큐비클(cubicle)'에 갇힌 작업문화다. 정형화된 오피스는 숨 막힌다. 도대체 그들의 정체가 안 보이기 때문이다. 무슨 작업을 하는지, 무슨 생각을 하는지 안 보인다. 기업 로고가 그럴듯하게 박힌 벽 외에는 큐비클의 바다만 보여서, 솔직히 대형 사무실을 갈 때는 참 안쓰럽다는 생각이 든다. 물론, 일부러 그렇게 만든다는 것을 모르지 않는다. 이른바 '강력한 위계 체제'다. 그런데, 그런 공간에서 어찌 상상력과 창의력이 나오겠는가? 혁신적인 '구글' 사무실을 거론치 않더라도, 그런 공간에서 창의력 운운할 자격이 없다. 부디 게시판이라도 만들자.

학교 공간과 교실의 모든 벽은 전시 벽이 아니라 학생들 스스로 붙이고 뗄 수 있는 게시 벽이 되는 게 옳다. 학교를 바꿀 수 없다면 우리 아이들의 방이라도 바꿔보자. 아이들의 방은 예쁜 벽지를 고르는 게 주안점이 아니라, 아이들이 어떻게 쉽게 붙였다 떼었다 할 수 있는 벽을 만들 것인가가 주안점이 되어야 할 것이다. '테이프'로 붙이면 재미

없다. 덕지덕지해지니까. 가장 좋은 방식은 '핀업'이다. 핀으로 찔렀다 떼었다 할 수 있으면 속도감이 붙는다. 경험에 의하면 이런 핀업 게시판이 아이들, 학생들, 어른들의 작업 습성을 바꿔놓는다. 처음에는 어색해하다가도, 조금만 있으면 자연스럽게 기꺼이 자신을 보여주고, 남들의 코멘트에 귀를 열 줄도 알게 된다. 더 익숙해지면, 남들이 오며가며 해주는 한마디가 얼마나 고마운지 깨닫는 수준이 된다.

포스트잇과 핀업은 '소프트 아키텍처'

모든 종이들이 '포스트잇'처럼 쉽게 뗐다 붙였다하면 좋겠으나 그렇지는 못하고, 또 벽에 붙이는 대상이 종이만은 아니니, 최고의 게시판은 '핀업 벽'이다. '핀업(pin-up)'은 광고나 모델계에서도 자주 쓰이는 말이다. 핀업 시간이 되면 모두가 긴장한다. 드디어 각자의 생각을 벽에 붙여놓고 평가를 주고받아야 하는 것이니 말이다. 일상적으로 '핀업' 시간을 가져보는 것, 그것이 게시판이다.

포스트잇과 '핀업'은 하나의 아트이자 그 자체로 소프트 아키텍처(soft architecture)이다. 꼭 딱딱하고 영구적인 것만이 건축이 아니라 가볍고 시간에 따라 자주 변화하는 것도 유연한 건축인 것이다. 포스트잇과 핀업으로 자기만의 소프트 건축을 즐겨보고, 자신의 아이디어를 스스로 드러내고 세상과 적극적으로 소통해보자.

나를 기록하기
Document your own history

자신의 기록은 자신의 책임이다

자신의 성장을
가장 성의 있게 지켜보는 사람은
바로 자신이어야 한다
나의 역사가 곧 나이다

"말이죠. 내가 이렇게 유명해질 줄 모르고 학생 시절 작업했던 것들을 잘 안 모아놓아서 얼마나 후회하는지 아세요?" 학생들이 와르르 웃는다. 설계 스튜디오의 중간 과정에 진행된 쪽지 문제, 자료수집, 중간 스케치들이 스튜디오 바닥에 뒹굴고 있는데도 누구도 신경 쓰지 않아 보이기에 내가 한 말이다. 그런데도 여전히 뒹굴기에 다시 또 경고했다. "학기말 과제 낼 때 중간 기록들을 내지 않으면 평점에 문제가 있을지도 모르지요?" 그랬더니 잘들 모아서 학기말에 제출을 했다.

이건 문제다. 남에게 보이기 위해서, 특히 점수에 관련되기 때문에 자신이 한 일을 정리하는 것은 확실히 문제다. 하기는 특정 과목의 발전을 독려하는 가장 좋은 방법은 대학입시 과목에 넣어야 한다는 말이 있을 정도이니 우리 사회의 '점수 따기 편집증'은 심하다.

그런데 사회에서는 학교 시험보다 훨씬 더 어려운 시험이 기다리고 있다. 점수만 잘 따면 되는 게 아니라 온 역량을 동원해도 겨우 살아남을까 말까 하는 시험이 매일매일 일어난다. 이 시험에는 문제도 확실치 않고 평가기준도 확실치 않기 십상이다. 따지자면, 평가기준은 무척 확실하다. '어떤 수준의 생산성이 있느냐'라는 냉엄한 원칙이다. 시험이나 과제물 제출처럼 한 큐로 끝나는 것이 아니라 매일매일의 작업성과가 쌓여서 평가되는 기준이다. 그래서 학생시절부터 사회의 평가를 유념하며 몸에 익혀야 하는 것이다. 물론 시험도 잘 보고 점수를 잘 따는 요령도 필요하다. 다만 학교의 시험 요령이 사회 실무에 그대로 적용되지는 않는다는 것을 의식하자.

'자신의 역사가 자신'이라는 말은 진리다. 미래에 대한 가능성, 잠재력, 성장력 역시 과거의 경험과 준비에서부터 출발한다. '새 출발'이란 말을 사람들이 즐겨하지만 그 새 출발 역시 과거의 역량에 뿌리를 둘 때 가능하다. 기록이란 그래서 자신의 역사에 대한 기록이다. 자신이 어디에 서 있는지, 자기가 한 일이 무엇인지를 기록하는 것이다.

무엇을 어떻게 기록할 것인가? 그렇다고 일기를 쓸 수도 없는 일이다. 나의 일기 쓰기 경험을 보거나 다른 사람들이 남긴 일기에 비추어 보더라도 일기는 '사실의 기록'보다도 '생각과 감정의 전개'에 더

방점이 찍히는 것 같다. 물론 세세한 하루 일과를 정확히 일기에 옮기는 사람도 있다. 나는 그럴 정도의 정확성을 가진 사람은 못 되는데 아마 대부분의 사람들이 그렇지 않을까. 일상의 기록 방식에서 내가 괜찮다고 생각하는 요령은 다음 몇 가지다.

'사건일지' 쓰기

'사건'이라니까 무슨 큰 일 같지만 일상에서 일어나는 모든 일들이 사건이다. 당신의 일상을 비하하지 말라. 하나하나가 다 중요하다. 정기적인 사건, 가령 수강시간이라든지 정기모임에서부터, 비정기적인 것까지 쓰는 것이다. 쓴 시간, 만난 사람, 주요 내용 등을 써놓는 것이 좋다. 이것은 마치 스냅 사진처럼 나중에 기억하는 데 도움을 얻기 위해 필요한 것인 만큼 간략할수록 좋다. 개인의 '사건일지'라면 읽은 책, 본 영화 같은 것도 기록할 수 있을 것이다. 이 모든 것들이 모여서 우리 자신이 되는 체험의 기록이니 말이다.

개인의 '사건일지'가 공식화된 게 직장의 '업무일지'이고, 직장의 업무일지가 개인화된 게 '개인의 업무일지'라 보는 것이 바람직하다. 그만큼 일지란 시간 생산성과 작업의 흐름을 알기 위해 필요하다. 업무일지를 귀찮다고 생각하고 형식적으로 쓰는 태도는 지양해야 한다. '시간 생산성'을 따져야 살아남는 시대이니, 각 개인의 시간 생산성과 조직 전체의 시간 생산성을 따져보기 위해 업무일지는 꼭 필요하다.

자신만의 일지 비법을 만들자. 나의 비법은 비법이라 부르기에는 너무 끄러운 작은 수첩이다. 전자수첩이나 스마트 폰의 스케줄링 어플보다 '종이수첩'은 훨씬 더 소용이 닿는다. '문서'로 남고 또 항상 '전체'를 볼 수 있기 때문이다. 세상에 좋다고 하는 여러 종류의 수첩들을 테스트 한 후에 결국 지금 수첩으로 낙착을 보고 몇 십 년째 쓰고 있다. 이 수첩 브랜드가 없어지지 않아서 고맙다. 그만큼 인기가 높은 모양이다. 크지 않으면서 1년, 열두 달, 일주일이 다 보여서 좋다. 일주일 단위로 넘길 수 있는 이 수첩에 나의 프로젝트, 글쓰기, 모임, 만난 사람들이 그대로 수록되어, 연말 연초가 되면 지난해를 정리하고 새해를 계획하기에 그만이다.

이 작은 수첩에는 '나의 암호'도 많이 등장한다. '나의 심경'도 '나의 암호'로 기록하곤 한다. 나의 온갖 '계획'도 들어 있다. 여행길이나 시간 여유가 있을 때 이 수첩에 나의 계획을 메모해두면 어쩐지 큰 일을 한 것 같은 뿌듯함이 있다. 추진 과정을 체크하는 용도로도 쓴다. 일례로, 이 책을 집필하는 과정에서도 30개의 꼭지 리스트를 메모해두고 진도를 체크하는 용도로 썼다. 자신의 비밀일 수도 있는 수첩은 참 귀중하다.

쌓여야 기록이다. 쌓여야 자료로서의 가치가 발휘된다. 수첩, 메모장, 스케치북, 작업노트, 업무일지, 강의노트, 참고자료, 공문서, 프로젝트 진행 공정, 현장 감독일지, 주문서, 회의록 등 일정 기간 쌓아올리고 일정 시기에 다시 들여다보자. 다시 들여다보는 시기는 목적에 따라 다르다. 하루, 일주일, 한 달, 일 년 주기가 될 수도 있고 학기, 학년, 프로젝트 마무리 같은 '일' 관련 주기도 있고 또는 첫 직장, 전직, 창업, 결혼, 아기 탄생 같은 개인사적으로 중요한 주기가 될 수 있다. 필요할 때 자신을 돌아볼 수 있는 자료, 그것이 기록이다.

남이 봐서 알 수 있는 기록이 진짜 기록이다

개인의 기록이란 궁극적으로 자신을 위한 것이다. 그렇지만 진정 자신을 위한 기록이 되려면 역설적으로 남이 봐도 도움이 되는 기록이어야 한다. 바로 '자신의 객관화'다. 일기나 편지 같은 개인적인 기록이 주로 감성과 의식의 흐름을 표현하는 것과는 달리, 일에 관한 기록이란 '객관적 사실'을 담는 것이 요체다.

객관적 사실을 남이 보아도 알 수 있게 만드는 기록을 해보자. 언제, 어디서, 누구와, 무엇을, 왜, 어떤 목적으로 등 '육하원칙'에 의거하여 평이한 용어로 쓴 기록은 기록적 효용성이 높다. 사실 육하원칙 중에서 '왜'와 '어떤 목적'에 대해서 순수하게 기록하는 것은 무척 힘든 일이다. 바탕에 있는 함의까지도 다 쓰려면 기록 자체를 하기 어려울 수도 있다. 나의 요령은 이렇다. '언제, 어디서, 누구와, 무엇을'을 구체적으로 쓰고, '제목'을 구체적으로 달아서 '왜와 목적'에 대한 단서를 담는다. 물론 가끔은 나의 사적 언어로 암호처럼 '감상'도 써넣는다. 나중에 기억을 회복할 때 좋은 단서가 되기 때문이다.

특히 전문인으로서 '작업의 기록'이란 무척 중요하다. 자신의 발전을 알기 위해서 필요하고, 자신의 변화를 알기 위해서 필요하며, 또 남에게 자신의 작업을 설득하기 위해서도 필요하다. 이것은 다음에 나올 '포트폴리오 만들기'에서 더 상세히 설명하자. 다만 언제 어느 때나 누구에게도 자신을 보여줄 수 있는 자료가 준비되어 있어야 함을 여기서 강조해본다.

더욱 명심할 것이라면, 일부러 자료를 준비해서가 아니라 자신의 작업과정 그대로를 언제나 보여줄 수 있는 작업 태도이다. 바로 '기록이 축적된 작업 태도'이다. 남에게 무엇을 보려주려 하면 '아직 준비가 안 되었는데요'라고 하거나 그때부터 준비하려 들 것이 아니라, 작업의 단계별 진행 상황 그대로 들고 가서 작업 내용과 고민과 과제를 그대로 표현할 수 있는 수준이 되는 작업 기록 태도가 중요하다. 바로 그 순간, 바로 그 당시의 자기를 안다는 것이 '자라기'의 핵심이기 때문이다. 물론 기록을 전제로 일하는 방식을 일부러 하려고 하면 무척 귀찮은 일이다. 그러나 몸에 배는 습관을 만들고 나면 매일매일 작업이 그내로 쌓여 자신의 노하우가 된다. 엄청난 파워를 키우는 버릇이다. 기록은 역사이고, 기록은 힘이다.

포트폴리오 만들기
Keep track of your own portfolio

언제나 '준비된 나'를 보여주다

하루하루 자신의 성과를 쌓아올리는 일
결과가 아니라 과정을,
과정 속의 모색을 보여주는 것,
그것이 포트폴리오다

'포트폴리오(portfolio)'라는 말을 내가 처음 들어본 것은 한 선배한테서 '포트폴리오 들고 다음날 만나러 오라'는 전화를 받고서였다. 일종의 '스카우트'였던 셈인데 당하는 나로서는 완전히 당황스러웠다. 오랜 외국생활을 했던 그 선배는 포트폴리오쯤은 항상 준비되어 있으려니 했을 게다. 그런데 나는 준비는커녕, '포트폴리오'라는 말조차 그때 처음 들어봤다.

나는 당시 사무실에서 작업하던 프로젝트들, 학교에서 작업했던 논문과 설계 프로젝트 들을 대충 꾸려서 갔는데, 다행히 인터뷰에 통과해서 그 일자리를 얻었다. 박정희 대통령 임기 말에 추진했던 신행정수도 마스터플랜 작업을 하기 위해서 '한국과학기술원' 내에 꾸렸던 '지역개발연구소(RDRI, 나중에 국토연구원으로 진화)'였다. 그 일자리는 당시 건축사무실에서 일하면서 앞으로도 대개 그럴 것이라 막연히 여겼던 나의 생각을 전폭적으로 바꾸어주었고, '도시'에 눈 뜨게 해주었다. '인생'이란 항상 예측 못할 '경로'를 준비하고 있다. 그때가 되어서야 유학을 본격적으로 고민하게 되었고, 입학지원의 필수품인 '포트폴리오' 만들기 고민이 시작되었다. 요즘 기술로 보면 후지기 짝이 없지만 갖은 노력을 들이고 당시에 내가 들일 수 있는 최고의 경비로 인쇄까지 해서 만들었다. 여하튼 입학허가를 받는 데 성공했으니 잘 만든 포트폴리오였는지도 모르겠다. 기록 삼아 지금도 갖고 있다.

요새는 포트폴리오라는 말이 지극히 일상화되어 있다. 딱히 해외유학 준비가 아니더라도 대학원 응시, 일자리 지원 시 포트폴리오는 기본이다. 나는 포트폴리오를 많이 봤다. 초보자 또는 경력자의 유학용, 취업용 포트폴리오, 업체들이 PQ심사(Pre-Qualification, 실적 심사)나 턴키 심사를 위해서 만드는 포트폴리오들이다.

뽑히기 위해서도 많이 만들어보았다. 진학을 위해서, 취업을 위해서, 심사를 받기 위해서, 국제행사에 초빙받기 위해서 등 세상은 끝없이 우리를 시험에 들게 한다. 그 시험에 들기 위해서 또 새로운 활동을 개척하기 위해서 필요한 것이 포트폴리오다. 그냥 만든다고 해서만 되는 것도 아니고 상대편의 관심을 끌 수 있는 그 무엇이 있어야 한다. 우리는 포트폴리오를 잘 만들고 있는 것일까?

포트폴리오는 객관적인 자료여야 한다

　디자인 관련 작업을 하는 사람들은 포트폴리오를 '작품집'이라 생각하지만 작품집이란 말에는 너무 거품이 섞여 있다. 오히려 '작업 목록'이자 '작업 기록'으로서 자신의 작업을 객관적으로 보여주는 자료가 포트폴리오다. 포트폴리오라는 어휘를 가장 많이 쓰는 곳이 기업들인데 그들은 '사업목록, 재산목록, 상품목록' 등의 의미로 사용한다. 부동산업에서도 '포트폴리오'라는 말을 많이 쓰는데 객관적인 평가를 하기 위한 기본 자료를 의미한다.

　포트폴리오란 대외적으로 보이기 위한 것이다. 밖에 보여준다는 것은 객관적인 자료가 되어야 한다는 뜻과 통한다. 거품 빼고 사실을 그대로 전달하는 것이 포트폴리오의 핵심이다. 포트폴리오라면 통상 다음의 세 가지로 구성된다.

- 경력서: '이력서'라 통용되는 것, 영어로 'resume' 또는 'curriculum vitae(CV)'라 불린다. 학력이나 직장 경력뿐 아니라 아르바이트, 공공봉사 활동, 사회활동 등 자신의 모든 공공적 활동을 포괄한다.

- 자기소개서: 개인의 자기소개서, 회사의 경우에는 지명원의 표지문으로 영어로는 'statement of purpose' 또는 유학 지원 시 '학업계획서(study plan)' 같은 것으로 '왜 이 일을 해야 하나?'에 대한 목적과 동기를 표현하는 내용이다.
- 작업 내용: 작업의 목록과 그 내용으로서 작업의 종류와 목적, 성과물의 내용을 포함한다. 프린트물뿐 아니라 PPT, CD, 동영상, 홈피, 블로그 등 다양한 매체로 만들 수 있다.

이 세 가지는 서로 보완관계에 있다. 그 사람, 그 조직의 일관성이 보이면 최고다. 어떤 경우에 포트폴리오가 필요한가를 생각하면 이것은 확연하다. '더 높은 진학을 위해서, 첫 일자리를 구하기 위해서, 더 높은 경력의 일자리를 얻기 위해서, 그리고 더 좋은 일감을 따기 위해서'라는 네 가지 경우다. 이 모든 경우의 핵심은 '그 자리에 합당한가, 의지와 잠재력이 있나, 준비가 되어 있나' 세 가지다. 즉 능력, 의지와 잠재력, 준비 태세를 확실하게 보여주는 것이 포트폴리오의 핵심이다.

그런데 불행히도 많은 포트폴리오들이 정직하지 않거나 목적에 충실하지 않다. 양으로나 질로서나 거품이 끼어 있는 경우가 너무 많고, 목적에 맞게 평가할 자료의 형태로 제시되지 못하고 대충 뭉뚱그려놓은 경우가 많다. 이런 성향은 성과적 능력 평가가 아직 우리 사회에 자리 잡지 못하고 외형적인 학력, 경력이나 양적 실적에 치우친 평가가 되고 있다는 뜻이다. 만약 그 자리, 그 일에 정확히 필요한 사람이나 조직을 원한다면 외형적인 자료보다는 오히려 내용을 평가할 수 있는 정성적인 자료가 필요하다. 예컨대, 해외유학의 입학승인 절차에서 한국의 어느 대학 출신인지는 전혀 고려 대상이 되지 않는다. 하지만 응모자의 학업 계획과 수강 학과목 및 성적과의 관계는 무척 중요하게 고려된다. 무엇보다 특정한 학업 동기를 가질 만한 구체적 체험이나 경력이 있는지의 여부는 가장 중요한 고려 변수가 된다. 구체적인 학업 동기가 가장 중요한 성취 동기이기 때문이다.

또 예를 들어보자. 선진사회에서 통용되는 개인 이력서는 우리의 형식적 이력서와 상당히 다르다. 시계열 경력의 나열만이 아니라 부문별로 정확하게 나누어져 있고 항상 최근 것이 위에 쓰인다. 어떠한 부문의 경력이 있고 가장 최신의 경력이 무엇인가가 더욱 중요한 것이다. 또 눈에 보이는 경력뿐 아니라 과외 활동, 예컨대 학생 활동이나 공공봉사 활동, 실무인이라면 회의 조직 활동, 국제 활동, 미디어 활동, 연구 활동들도 중요한 평가대상이 된다. 한 사람의 능력이란 전문지식만으로 이루어지지 않음을 터득하고 그 일에 맞는 인재를 뽑으려는 사회인 것이다.

또 다른 예로 PQ심사를 들어보자. 선진사회에서는 우리처럼 무분별하게 설계경기를 통해 설계자를 뽑으려 들지 않는다. PQ심사를 통해서 설계자를 선정하거나 또는 3~5개 업체를 선별하여 제한 설계경기를 한다. 참여자에게 설계안 제출경비를 지급하므로 경쟁에 제한을 두는 것이다. 이렇게 중요한 사전심사이니 단순히 서면심사만이 아닌 경우가 많다. 제출 자료에도 수행할 프로젝트에 대한 작업계획서를 꼭 넣고 이를 공개적으로 프레젠테이션하게 한다.

심사 내용은 결코 외형만의 실적이 아니라 직접 관련되는 업무 실적과 보유기술을 위주로 당면 프로젝트에 대해 어떤 접근을 할 것인지를 명확히 밝히게 한다. 수행할 일을 가장 효과적이고 가장 근사하게 수행할 조직을 선택하고자 하는 분위기인 것이다. 그래서 이들이 작업 내용을 프레젠테이션 하는 것을 보면 무척 구체적이다. 설계개념이나 디자인 이상으로 공법, 재료, 디테일, 설비에 대한 자신의 보유역량을 과시하는 작전이 우세하다. 그만큼 능력 위주 사회에서 포트폴리오를 통한 승부란 무척 중요하다. 우리 사회도 이런 방향으로 가고 있다. '역량 승부'가 완전히 뿌리 내리려면 시간이 걸리겠지만 이미 일자리 헌팅에서는 학벌보다 역량 위주, 준비된 젊은이를 뽑고자 하는 분위기가 강세다. 그렇다면 어떻게 준비된 사람으로 보일 것인가?

평소에 포트폴리오를 쌓아 올리자

포트폴리오란 매일 쌓아 올려야 한다. 물론 명쾌하고 멋있는 최종 효과를 내기 위해서 마지막 과정에 상당한 시간을 투자하는 것은 당연하다. 프로들도 대외적으로 발표하는 자료에 대해서 엄청난 시간을 들인다. 그러나 효과적인 프레젠테이션을 위해 들이는 시간보다 효과적인 내용의 '거리'를 만들어내는 시간이 훨씬 더 엄청나게 걸린다는 사실을 언제나 잊지 말자. 그러려면 매일매일 자신을 쌓아 올리는 일이 필요하다. 적어도 몇 개월이나 1년 단위로 자신의 작업을 회고하고 정리해두는 것이 좋다. 이런 쌓아 올리기를 위해서 몇 가지 요령을 생각해보자.

하나, 이력서는 항상 써두자. 이력서는 항상 있는 것이 정상이다. 졸업생이라면 당연하고 적어도 대학 3년 정도부터는 이력서를 정리해둘 필요가 있다. 행복한 직장인도 이력서를 상비해두는 것이 좋다. 더 나은 일자리를 찾아서 혹은 언제 잘릴지 걱정이 되어서가 아니라 자신을 정리하기 위한 이력서다. 요즈음처럼 각종 시민활동, 사회활동, 언론활동, 회의활동이 활발한 사회에서 이력서를 보낼 일이 전혀 없는 사람은 자신의 활동 반경에 의심을 가져보아도 좋다.

컴퓨터가 일상화된 요즈음 이력서 정리는 무척 편하다. 아직도 자필 이력서를 쓰는 것은 시대에 뒤떨어진다. 파일을 만들어두고 계속 업데이트하는 노력이 필요하다. 개인 홈페이지나 블로그를 가지고 있다면 더욱 좋다. 언제나 자신을 마케팅할 수 있는 태세가 갖춰진 셈이다.

이력서의 항목을 잘 만드는 것도 중요하다. 생각할 수 있는 항목은 다음과 같다. 자신의 기본 상황을 나타내는 것으로는 이름·주소·연락전화·팩스·전자메일·현재 위치가 기본이다. 다음은 자신의 배경을 소개하는 것으로, 주 관심분야·학력·고용경력·회원활동(모든 전문협회 등)·공공 봉사활동(위원회, 시민단체 등)이 기본이다. 그다음은 자신의 전문능력을 보여주는 내용으로, 수행업무(업무 성격별), 교육활동(교수·강사·조교 등), 기고활동(전문기고·미디어 별), 출판활동(논문·단독저서·공저 등), 대외 전문 활동(발표·토론·자문·심의 등), 조직 활동(회의·봉사·이벤트 등), 주요여행(국내외 포함), 수상(작품·공모·장학금 등), 해외경력(업무 및 기타 활동별) 등이다. 학생이라면 여기에 자신의 학과목, 아르바이트 경력을 넣으면 금상첨화다.

자질구레한 목록은 구차해 보일지도 모르지만, 남들이 모두 인정할 만한 대표 경력을 가질 때까지 꼭 해두어야 하는 사항들이다. 자신의 이력서 쪽수가 늘어가는 것을 즐거움으로 보라. 사안에 따라 약력을 발췌해서 쓰는 지혜도 필요하다. 컴퓨터상에서 쉽게 할 수 있는 일이다. 한 쪽짜리 이력서(약력)와 여러 쪽짜리 이력서(전체 이력) 두 가지를 같이 가지고 있자. 이력서 상단에는 작성일자를 표기한다. 한 가지 더 첨부하자면 이왕이면 영어 이력서도 준비해두자. 꼭 필요해서뿐만이 아니라 평소 자신의 국제화 실력을 키우는 데 도움이 된다.

꼭 강조할 사항이 또 있다. 목록만을 보여주지 말고 자신이 활동한 역할을 꼭 쓰라는 것이다. 실시설계에 참여했다면 어떤 부문에서 어떤 도면을 그렸는지, 기본설계에 참여했다면 참여도가 어떠하였는지, 현장 감리 경력은 어느 깊이였는지, 학과목을 들었다면 어떤 교수의 과목이었는지, 연구였다면 어떤 부문을 담당했는지 등이다. 초보일수록 이런 작업이 필요하다. 이력서를 통해 상대가 알고 싶은 것은 경험의 구체성임을 잊지 말자.

둘, 자기소개서를 잘 쓰자. 많은 사람들이 경험했겠지만 자기소개서를 잘 쓰는 것만큼 어려운 일이 없다. 길지 않은 글에 자신을 표현하는 것이니 참으로 막막하다. 자기소개서란 길수록 나쁘다. 그런데 짧아질수록 쓰기는 더욱 어렵다. A4 1~2매에 자신을 표현하는 사람이 된다면 그야말로 제대로 '선' 사람이다.

자기소개서보다 더 쓰기 어려운 것도 있다. 프로젝트 지명원이나 제안서의 표지문 같은 것이다. 이들은 자기소개서와 같은 속성을 가진다. 어떤 역량 때문에 이 일을 잘 할 수 있다는 '어필'이 분명해야 한다는 점이다. 경력자가 되고 나면 이런 지명원을 써야 할 일이 많아진다. 경쟁이 치열한 사회에서 통상적인 "귀사의 건승을 기원합니다"로 시작하여 대충 무성격한 말을 쓰다가 "이에 폐사를 지명하여 주시기 바랍니다"로 끝낼 수는 없지 않은가?

자기소개서는 많이 써볼수록 는다. 많이 써본다는 것은 그만큼 퇴짜를 많이 맞아본다는 것과 통하는데, 그때마다 노하우는 쌓인다. 특히 자기소개서는 제출하기 전에 남에게, 그것도 되도록 여럿에게 읽히고 코멘트를 듣는 것이 최고다. 나중에 후회하지 말고 미리 보여주고 다시 고쳐 쓰자.

자기소개서는 때마다 다시 써야 한다. 읽는 대상에 따라 자기소개를 달리해야 하는 것이다. 언제나 똑같은 자기소개서를 보내는 것은 상대를 무시하는 것과 다름없다. 상대가 원하는 목적에 맞게끔 자신을 소개하고 자신의 의지를 밝히는 성의가 꼭 필요한 것이다. 그런 자기소개서를 쓸 수 있으려면 자신을 아는 이상으로 상대에 대한 성의 있는 관심이 필요하다는 것도 잊지 말자. 상대가 듣고 싶은 것이 무엇인지 파악해야 잘 써진다. 잘 쓴 한 장의 자기소개서와 이력서가 일생을 바꾸는 경우가 있음을 명심하자.

나는 주변 친구들의 자기소개서를 고쳐준 경험이 많다. 대개가 경력자들이라 내용은 풍부한데 목적에 맞게 쓰지 못한 부분을 고쳐주는 게 핵심이다. 기본 자료를 가지고 오면 편집을 해주는데, 자랑을 해보자면, 좋은 일자리, 좋은 일감을 찾는 데 결정적인 도움을 주었던 적도 적지 않다. 주변 친구들의 도움을 적극적으로 구하라.

셋, 작업 포트폴리오는 언제 어느 때나 만들어놓는다. '포트폴리오' 하면 모두들 머리에 떠올리는 것이 근사한 스크랩북에 멋지게 붙인 사진, 도면, 컴퓨터 그래픽, 모형 사진 또는 인쇄된 책자를 떠올린다. 그러나 이런 포트폴리오란 일정 경력 이상인 경우에나 가능한 방식이다. 대부분 젊은이들이 이런 호화장정의 작업을 보여주려면 상당한 무리가 따른다.

그런데도 여전히 많은 젊은이들이 호화장정의 포트폴리오를 만드는 현상은 우려할 만하다. 포장에 치중된 작업이 될 위험 때문이다. '거품 포트폴리오' 유행을 만들게 된 데에는 해외유학용 포트폴리오 거품이 작용했기 때문일 것이다. 그런데 해외 학교 담당자들은 한국 또는 동양권 학생들의 포트폴리오가 수준에 넘친다는 코멘트를 많이 한다. 한국 학생들끼리의 경쟁 때문이라도 과대한 포트폴리오를 만들게 된다는 고민을 해외유학생들이 털어놓기도 한다.

젊은이들의 포트폴리오는 되도록 자신의 작업과정을 보여주는 자료라야 더 설득력이 있다. 예컨대, 경력자라면 수작업 또는 캐드 사용의 도면 작업, 자신이 쓴 시방서나 계획서, 초기 설계과정의 개념 스케치나 스터디 발전과정 자료가 완성된 건물의 사진이나 정리된 도면들보다 그 사람의 역량을 알기에 효과적이다. 초보자라면 스케치, 모델 작업, 연구 작업들의 개요, 학교 프로젝트의 성실한 진행과정을 모아놓은 것이 그 친구의 성장 역량을 파악하는 데 훨씬 더 도움이 된다.

젊은이라면 부디 결과를 보여주려 하지 말고 과정을 보여주고, 과정 속의 모색을 포트폴리오에 털어놓는 것이 좋다. 젊은이라 하면 분야에 입문한 지 10년이 채 안된 셈들인데 결과로 보여줄 수 있는 것이 도대체 얼마나 되겠는가? 결코 과소평가하자는 말이 아니라 포트폴리오에 되도록 자신의 성장과정과 모색 과정의 기록을 보여줌으로써 오히려 자신의 성장 역량을 과시하라는 말이다.

젊은이의 포트폴리오를 평가함에 있어서, 내 경우에는 그림만 잔뜩 있는 포트폴리오보다도 설명이 잘 되어 있는 것, 특히 선언적인 문구보다도 과정에 대한 설명과 자신의 역량을 자평해놓은 글이 붙어 있을 때 신뢰감이 든다. 그만큼 자신을 알고 있는 사람이라는 판단이 들어서다. 게다가 자신의 업무범위와 역할을 명확히 밝혀놓은 사람이면 신뢰도가 높아진다.

만약 포트폴리오가 성과를 보여주는 것이 아니라 성장과정을 보여주는 것이라면 평소에 모아두어야 할 것은 무척 많다. 내가 젊은이들에게 스케치 도면에 날짜를 꼭 쓰고 차례로 모아두라고 간곡히 부탁하는 이유도 여기에 있다. 스터디 모형도 꼭 사진을 찍어두라고 잔소리를 하는 이유도 여기에 있다. 젊은 날의 하루하루란 마치 빠르게 자라는 덩굴과도 같다. 부디 그 덩굴이 자라는 모습을 담아라. 포트폴리오가 꼭 필요할 즈음에 가서 무엇을 넣을까 고민하지 말고 하루하루 자신의 작업을 성실하게 담아놓자.

또 하나의 포트폴리오, 추천서

포트폴리오가 완성되는 데 꼭 필요한 한 가지가 더 있다. '추천서'다. 추천서야말로 일종의 보증서다. 신뢰사회가 기본인 선진사회일수록 추천서의 힘은 크다. 그만큼 신용사회이기 때문이다. 만약 일하던 직장에서 추천서를 받지 못한다면 그 사람의 신용에 큰 문제가 있는 것이다. 고객에게서 추천서를 못 받는다면 회사로서 치명적이다. 추천의 책임이 무거운 만큼 추천서를 쓰는 사람도 무척 고민하며 쓴다. 추천할 것인가 말 것인가 자체가 큰 결정이기 때문이다. 우리 사회도 이렇게 될 것이고 되어야 한다. 지금 만나고 일하는 모든 사람들이 기꺼이 자신을 추천할 수 있을 것인지 부디 자신을 돌아보자.

세 권의 책읽기
Reading, a never-ending joy

책 읽는 당신의 이유는 무엇인가

끝나지 않는 즐거움,
책은 영원한 보고다

행복감이 생생하던 시간들이 있다. 그중 하나로 나는 유학 시절 도서관에서 하염없이 책을 뒤지며 보냈던 시간을 꼽는다. MIT 도시건축학부에는 로치 라이브러리(The Rotch Library)라는 전문 도서관이 있다. 2층, 500여 평 규모다. 처음 갔을 때는 신났고 또 놀랐다. 그 많은 책들에 압도당했고 특히 오래된 희귀 문서들이 그대로 존재한다는 데 감탄했다. 나중에 시의 도서관, 의회 도서관에 가서는 압도당하는 느낌을 넘어 질려버릴 정도였다. 지식과 지혜의 빙산 앞에서 작디작아지는 느낌이었다. 그 위축감으로부터 벗어나기 위해서 나는 상당한 시간 투자를 했다. 가장 좋은 방법은 '지식의 시스템'을 아는 것이었다. 모듈 코스(module course, 6주의 짧은 강좌)였던 '도서 분류 워크숍'

을 일부러 들어보기도 했다. 어떻게 그 많은 책들이 '지식'이라는 나무와 숲을 형성하는지, 위로 아래로 자라면서 뿌리, 줄기, 가지, 이파리, 열매가 되는지 맥을 짚으니 안심이 되었다.

자유 읽기의 행복

그러나 맥을 짚는 것과 내용을 짚는 것은 다르다. 그래서 책은 봐야 한다. 그리고 되도록 자유롭게 보는 것이 좋다. 내가 로치 라이브러리에서 특히 행복했던 시간은 매학기가 끝난 직후 십여 일간이다. 학기 중에는 필수 독서량이 많고 '숙제 목적성' 독서인지라 자유 독서를 하기는 아무래도 어렵다. 그런데 마지막 시험 또는 리포트를 낸 직후부터 방학 중 일이 시작되기까지는 완전한 자유 독서가 가능하다.

나는 그 시간의 대부분을 도서관에서 보냈다. 개가식의 장점을 충분히 살릴 수 있었다. 분류시스템이란 참 좋은 것이어서 특정 주제의 책들이 서가 한 부분에 몰려 있으니 어떤 책도 꺼내볼 수 있다. 얼마 안 되어서 어디에 어떤 책들이 있는지, 어떤 주제에 어떤 연구들이 쌓여 있는지 아는 수준이 된다. 좋은 책, 그저 그런 책, 쓰레기 같은 책(미국만큼 수준 낮은 책들이 많은 데도 또 없다. 독자층이 넓고 경제적 여유가 있는 만큼 엄청난 책이 쏟아진다), 또 기막힌 책을 파악하는 눈도 뜨인다.

가끔은 다른 도서관으로 원정도 갔다. 사회인문 도서관, 과학 도서관, 경영 도서관에 가면 또 다른 종류의 빙산들이 있다. 흥미롭다 싶은 책이 있으면 그 책이 꽂혀 있는 서가 주변을 맴돌면서 이 책 저 책 열어보곤 했다. 참으로 끝없는 여행이었다. 도서관 수준이 취약한 우리 사회에서는 그런 맛을 보기 어렵다. 예전보다 나아졌지만 우리의 지적 수준의 발전에는 턱없이 못 미친다. 물론 요새는 대형서점만 돌아봐도 세상에 어떤 지식들이 있는지 알 수 있을 정도로 인벤토리가 풍부해졌다. 그러나 서점은 주로 신간 위주이니 열매와 꽃만 잔뜩 열린 식이어서 뿌리와 줄기를 알기 어렵다는 문제가 있다. 책이란 체계를 잡는 데 도움이 되지 않으면 없느니만 못하기 때문이다.

책은 영원한 보고다. 아무리 웹 데이터베이스가 발달되더라도 책은 '지적 리더십'의 역할을 잃지 않을 것이다. 지적 창조의 대상이자 수단이라는 의미에서 보면 더욱 그렇다. 비록 많은 자리를 다른 매체들과 공유하겠지만 '지적 리더십'은 책에서부터 시작할 것이다. '정보 제공'으로서의 책의 기능은 줄어도 '지식 생산' 또는 '지혜 생산'이라는 의미에서의 책의 기능은 오히려 커질 것이다.

어떤 책을 어떻게 봐야 좋을까

대학 입문 때부터 또는 더 어릴 때부터 우리 모두 받는 스트레스가 있다. "책 많이 읽어라!" 좋은 전문가, 좋은 실무자, 좋은 경영자, 좋은 시민, 성숙한 사람이 되려면 책을 많이 읽어야 한다는 충고를 수시로 듣는다. 선생님들은 물론이고 실무자들조차 이 말을 많이 하니 이것은 진리인가? 독자들은 이런 의문을 가져본 적이 없는가? 책을 꽤 많이 읽는 편인 나는 이 의문을 한동안 가졌었다. 책을 많이 읽으면 구체적으로 무엇이 좋다는 걸까?

물론 책을 많이 봐서 나쁠 거야 없다. 뿌리 튼튼, 지식 튼튼하면 나쁠 게 있겠는가. 그런데 책을 많이 보는 것에 순기능만 있을까, 역기능은 또 없을까? 또 다른 의문도 꼬리를 문다. 도대체 책을 어떻게 봐야 하는가? 요즈음엔 온갖 종류의 책들이 쏟아지는데 그 많은 책들을 다 읽을 수 있는가? 또 유명한 책을 안 보면 큰일 나나? 어딘지 모자람을 느껴야 하나? 어떤 책을 읽어야 하나? 아마도 많은 사람들이 이런 의문을 마음속에 가지고 있을 것이다. 책읽기에 대한 말 못 할 스트레스에서 헤어나기 위해서 이런 의문들에 대한 대답을 한번 시도해보자. 정답은 물론 없다. 다만 자신의 방향을 한번 세워보자.

많이 알고자 하지 말고 틀을 세우고자 하라

많이 아는 것이 아니라 '제대로 아는 것'이 중요하다. 제대로 안다? 이는 뼈대가 튼튼해서 판단력과 분별력이 생기고 새로운 지식이 들어와도 흔들리지 않고 자신의 내부에서 비판 기능이 작용함을 뜻한다. 바로 '틀'이다. 지식의 틀, 판단력의 틀이다. 특히 초보자의 책읽기는 틀 세우기에 많은 노력을 해야 한다. 체계 없는 책 많이 보기는 기실 순기능보다 역기능이 더 크다. '남독(濫讀)'은 오히려 해로운 것이다. 특히 책이 쏟아지는 시대에 이 문제는 더욱 심각하다. '책 많이 읽자'는 것 이상으로 '어떤 책을 어떻게 볼 것인가'에 더 많은 에너지를 쏟아야 한다. 말하자면 '선독(選讀)'이다.

   자신의 선독 안목이 생길 때까지는 어느 정도 가이드가 필요하다. 선생님이 필요한 것이다. '책 선생'이란 '지식의 틀', '시각의 틀'을 정립하기 위해 '꼭 보아야 하는 책, 참고로 볼만한 책'을 정리해주고, 주류와 비주류를 구분하고, 관점과 논점의 차이를 확연히 알려주는 역할이다. 이 경우 선생님이란 꼭 학교 선생님만을 지칭하는 것은 물론 아니다. 한 분야에서 어떤 책들이 필독서들인지, 책의 계보는 어떤 것인지, 지식 체계를 제시하는 선생의 기능을 말한다.

   어떻게 책 선생을 찾을 것인가? 우선 쉽게 시작하자. 학교강좌의 독서 리스트에서부터 시작하는 것도 좋다. 대학 교수, 특히 젊은 교수님들은 비판적인 사고를 갖추고 있으며 개방적인 경우가 많다. 주변에서 권하는 책의 리스트도 좋다. 어떤 책도 '우선' 읽어야 한다. 물론 회의와 의심도 할 수 있어야 한다. 하지만 우선 따라해보기 전에는 진정한 의심도 생기지 못함을 알자.

   책을 볼 때 자신이 알고 싶은 주제를 정하고 그에 맞춰 지식을 메워가는 방식이 좋다. 산발적으로 보지 말고 틀을 찾는 식으로 책읽기를 넓히라. 한 주제에 대해 리포트 쓰기, 토론하기, 독후감 쓰기를 하는 것도 틀 세우기에 무척 도움이 된다. 자신의 목소리로 남의 목소리를 해석해보는 작업이다. 이런 훈련을 상당기간 해보아야 비로소 자신의 틀 세우기 방향이 생긴다.

'세 권의 책'을 비교해 읽을 때까지 판단을 유보하라

'틀 세우기'를 위해서 내가 꼭 권하는 방법이 있다. "어떤 주제에 대해서 적어도 세 권의 책을 읽을 때까지는 판단을 유보하라!" 세 권 이상의 책, 특히 다른 관점에서 쓰인 책을 세 권 이상 비교할 수 있을 때까지 그 주제에 대해서 안다고 생각하지 말라는 것이다. 왜 세 권인가? 변증법을 꼭 믿어서는 아니지만, "한 권은 지나치게 편향적이고, 두 권은 지나치게 대립적이고, 세 권은 되어야 역동적이면서도 균형적이다. 마치 세울 '鼎(정)' 자처럼."

이 세 권은 꼭 동시대의 책일 필요는 없다. 물론 논쟁적 주제에 대해서는 한 시대에도 몇 가지 논거들로 갈라진다. 그러나 생각의 흐름에도 어떤 리듬이 있어서 몇 년 이상의 주기를 두고 새로운 관점이 등장하곤 한다. 시간을 뛰어넘어 그런 책들을 찾아 읽는 것은 좋은 방법이다. 초보에서 벗어날수록 시간에 따라 생성되는 시각의 차이를 엮는 성숙된 책읽기를 할 수 있어야 한다.

　세 권의 책읽기가 필요한 주제는 특히 '해석'에 관련된 것, 예컨대 역사 해석, 사회 해석, 문화 해석일 것이다. 저자의 시각이 자료 해석에 큰 영향을 미치기 때문이다. 이런 책읽기 훈련이 없이는 자칫 편향된 덫에 휩쓸려버릴 위험이 있기 때문에 더욱 주의할 필요가 있다.

'읽는 책'과 '보는 책'을 구분하라

　책이란 '보는 책'과 '읽는 책', 두 종류로 나뉜다. 쉽게 말하자면, 보는 책은 그림이 많은 책이고 읽는 책은 글이 많은 책이다. 사실 진정한 책 읽기는 '글 읽기'가 맞다. 그림보다도 훨씬 더 상상력과 생각을 자극하기 때문이다. 읽기를 귀찮아하는 요즈음 세태에 '보는 책'이라도 보면 다행이라고 해야 할지 모르겠으나 책읽기의 본질을 잊지 말자. 이 말을 하는 것은 '시각 분야'에서 일하는 사람들에 대한 경고용이기도 하다. "디자인하는 사람은 그림이 없으면 책을 안 본다!"라는 인문계 사람들의 비판이 있는데, 적잖이 맞는 지적이다. 많은 건축인, 특히 설계한다는 사람은 속도감 있게 책장을 넘기는 책을 좋아한다. '책 읽기'는 연구자나 학자의 일이라고 생각하거나, 책을 읽는다는 것은 학생 때 끝낼 일이며 그 이후에 책을 읽는 것을 '한가롭거나 불필요하게' 생각하는 실무자들이 꽤 많다.

그러나 책을 읽지 않는 한계는 뚜렷하다. 그들은 영원히 자신의 한계를 뛰어넘지 못한다. 아마 우리의 도시와 건축이 지금 이 모양인 것도 우리들이 책을 제대로 읽지 않고, 베낄 그림만 찾기 때문인지도 모른다. 새로운 개념과 아이디어를 제시하는 건축가와 도시계획가들은 그들 자신이 진지한 독서가이자 때로 저술가로서 한 사회에서 '지식인' 역할을 해왔음을 유념하자.

진정한 창조란 궁극적으로 지적인 파워에서 나온다. 고민이 많아야 나오는 것이다. 책읽기란 해법을 찾기 위해서라기보다, 고민을 키우고 의문을 생생하게 하는 지적 파워를 기른다는 것을 뜻한다. 나의 '책읽기' 정의다. 물론 책읽기란 결코 창조의 충분조건이 아니며 또한 모든 창조의 필요조건도 아니다. 그러나 책을 '진정 읽는다면', 그 과정을 통해서 고민을 키우고 의문을 선명히 하는 지적 파워를 키운다면 창조 역량이 자랄 확률이 더 높아진다.

읽고 또 읽을 나만의 책 리스트

'읽을 책'은 몇 번이고 다시 읽는 것이 좋다. 다시 읽을 때마다 새로운 해석과 감성, 의문이 떠오르는 것은 참 신기한 일이다. 아마 이 점이 '글'이 시각 이미지와 가장 다른 특징일 것이다. 글은 상상의 여지를 남겨준다. 해석된 상상력이 제시되는 이미지와는 무척 다르다.

읽을 책 리스트는 개인마다 다르고, 연배마다 달라야 정상이다. 십 대, 이십 대, 삼십 대 시절 독서욕이 왕성할 때 개발된 책 리스트가 사십 대, 오십 대, 육십 대까지 그대로 가는 것은 좀 이상하다. 자칫 흘러간 '올드 송'만 부르게 될 위험이 있다. 이른바 '고전'만 고집하는 것도 너무 좁다. 고교 시절에 『몬테크리스토 백작』을 읽다가 에드몽 단테스가 감옥에서의 스승 파리스 신부로부터 10여 권의 책을 전수받아 읽고 또 읽으며 머리를 키웠다는 대목에서 "참 세월 좋았다!"고 나는 생각했다. 그 10여 권이란 아마도 그 시대에 '틀 세우기'에 적합한 숫자였는지도 모른다.

반면, 현 시대란 새로운 혁신, 다양한 실험, 모험적 일탈의 시대다. 새로운 마인드가 새로운 모습으로 떠오른다. 가령 디지털, 인공 지능과 관련된 주제는 결코 기술만의 문제가 아니라 우리의 사고방식과 세계에 대한 인식 자체를 뒤흔드는 새로운 틀을 제시한다. 가령 생명과 환경에 대한 우리의 지혜는 지난 사반세기 동안 놀랍도록 자라났다. 또한 세계화가 진행된 사회에서 사회, 정치, 경제 시스템에 대한 새로운 마인드 체계가 제시되고 있다. 그래서 새로운 마인드를 열려면 끊임없이 책 리스트를 갱신해야 하는 것이다. 물론 '옛것'은 언제나 좋다. 우리의 시작이자 뿌리이기 때문이다. 왜 어떻게 우리가 지금 이 자리에 이 모습으로 있는지, 역사를 안다는 것의 파워는 크다.

내 책장에는 '읽고 또 읽는 코너'가 있다. 나를 깊이 흔든 책들, 가끔씩 다시 들춰보는 책들만 모아둔 코너다. 흥미로운 점은 대개 '작은 책'들이라는 것이다. 글씨만으로 빽빽하고 가벼운 페이퍼백 책들이 많다. 밑줄도 많고 메모도 많은 책들이다. 책 제목만 봐도 처음 읽을 당시의 감동을 다시 느끼게 되고, 이 서가 앞에 서면 공연히 뿌듯해진다.

책에 직접 메모를 하라

책은 모쪼록 적극적으로 읽어야 한다. 자신의 생각과 의문과 고민이 개입돼야 한다. 저자와의 지적 싸움이 치열해야 한다. 이를 위한 가장 쉬운 방법은 책에 메모를 하는 것이다. 밑줄 긋기만으로는 너무 수동적이다. 책의 여백에 자신의 생각을 쓰는 것은 아주 능동적이다. 가령 "아니야!" "너무 단순해!" "세 가지 분류를 쓰는군." "그런데?" "결론은?" "빠뜨린 것이 있군." 물론 깊은 내용의 메모가 되면 더욱 좋다.

밑줄 긋기도 괜찮은 방법이기는 하다. 하지만 수동적이다. 물론 나 역시 여전히 밑줄을 긋지만, 사실 가장 좋은 책읽기는 밑줄을 긋지 않는 것일지도 모른다. 전교 1등을 고수하던 고교 친구의 책이 하도 깨끗해서 의아해했더니, 밑줄을 긋는 대신 소설책 읽듯 여러 번 읽는다고 해서 무릎을 친 적이 있다. 아니, 정말 좋은 책이라면 밑줄을 그을 필요가 없는 책일지도 모른다. 내가 존경해 마지않는 저자들, 예컨대 정치철학자 한나 아렌트와 사회학자 데이비드 하비의 책을 읽다보면 밑줄 그을 데가 하도 많아서 결국 밑줄을 그을 필요가 없음을 알게 된다. 밑줄을 긋지 않아도 머리와 가슴에 선명하게 흔적이 남는, 나도 그런 책읽기와 그런 책쓰기를 하고 싶다.

밑줄 긋기 대신에 책에 메모를 하면 확실히 저자와의 대화가 이루어진다. 그 저자가 옆에 있다면 질문할 수 있을 정도로. 또 이 방법은 기억하기에도 좋다. 예전의 자기 생각이 보인다. "아하, 그때는 이런 생각을 했었군." 자신의 미숙함에 웃을 수도 있다. "아하, 그때나 지금이나 내 생각은 다르지 않군." 자신의 일관성에 감탄할 수도 있고, 물론 자신의 경직성에 대한 의문을 가져볼 수도 있다.

이 방법에는 단점이 있다. 자기 책이어야 한다는 점이다. 남의 책에 마구 메모를 할 수는 없잖은가. 그래서 '꼭 읽어야 할 자신의 책'이라면 사라. 빌려 읽었더라도 자신을 위해 다시 사는 것이 좋다. 나는 남의 책을 빌려 읽다가 꼭 '읽어야 할' 책이라 판단되면 돌려주고 내 책으로 사서 다시 읽는다. 고백하자면, 남의 책을 읽다가 결국은 빼앗아 버린 책들도 몇 권 있다.

덮으면 잊어버려라

중요한 것, 책은 덮으면 잊어버려야 한다. '읽는 책'이건 '보는 책'이건 마찬가지다. '보는 책'은 더욱 잊어야 한다. 사실 '읽는 책'은 잊히지 않는 것이 정상이다. 적극적으로 읽었다면 설사 세부 내용은 잊더라도 그 논지는 잊지 않는다. 그런데 '보는 책'은 참 잊기 어렵다. 그 이미지가 머리 끝, 손 끝, 입 끝 어딘가에 남아 있어 '나쁜 모방'의 씨앗이 될 수 있다.

    이런 위험을 방지하기 위해서 권하는 나의 방법은 이렇다. 되도록 당면한 과제에 대한 책을 그 당장에는 보지 말라는 것이다. 얼마나 어려운 일인가? 대부분 사람들이 그렇게 하고 있는데 말이다. 학교 설계를 하면 학교 그림책들을 펼쳐놓고, 백화점 설계를 하면 백화점 그림책을 책상 위에 펼쳐놓는 식이다. 그러나 나는 이것을 지양하라고 권한다. 보지 말라는 것은 아니다. 보되 미리 봐두라. 특정 목적이 개입되기 전에 봐두는 것이 좋다. 프로젝트가 진행되고 있을 동안에도 가능한 한 몰아서 본 뒤 책을 덮어버려라. 가령 초기의 자료조사나 사례조사 기간에 한꺼번에 보고 분석을 끝낸 뒤에 관련 자료를 모두 덮어버리는 방법이다. 중간에 구체적인 의문이 생길 때 한번씩 들쳐보되 절대로 자신의 눈앞에 펼쳐놓지 않는 것이 좋다. '창의적 모방'을 위해서 또는 '진정한 창의'를 위해서 좋은 훈련방식이다. '알되 잊어버릴 줄 아는 비결'이라고 할까?

책을 읽고 그림으로 그려보라

    '건축 보기'의 부분에서도 얘기했지만, 상상력을 키우는 좋은 방법

중의 하나가 책을 읽고 그림으로 그려보는 것이다. 이 방법은 학과에서도 쉽게 사용할 수 있는 방식이다. 에세이도 효과적인 대상이지만 특히 소설의 경우에 무척 효과적이다. 소설은 공간을 배경으로 전개되고 '글의 상상력'은 시각 이미지의 상상력을 훨씬 더 자유자재로 뛰어넘기 때문이다. 예컨대, 나의 건축 입문 시절 박경리의 『토지』는 우리의 땅, 마을, 전통 건축에 대한 나의 감각을 키우는 데 상당한 영향을 주었다. '평사리'가 온전히 박경리의 머릿속에서 나온 상상의 마을이라는 것, 박경리는 그쪽 지역에 살아본 적이 없다는 사실을 아주 나중에 알고 더욱 놀라워했었다. '추리소설'과 'SF 미래소설'은 무한한 공간 상상력을 자극하는 효과가 지대하다. 소설을 읽고 간단한 다이어그램, 간단한 스케치를 해보는 습관은 그 자체로도 흥미로운 작업이다.

책을 쓰기 위한 눈으로 책을 보라

마지막으로 권하고 싶은 것, 가장 흥미로우면서도 가장 힘든 습관이다. "언젠가는 자신의 책을 한 권 써내리라는 마음으로 책을 읽어라!"라는 것이다. '책을 쓰는 눈으로 책을 보는 것'이다. 책을 쓰는 자세가 되면 책 읽는 자세가 달라진다. 무척 흥미로운 계기가 된다.

나는 모든 프로들에게 이것을 권한다. 어느 분야에서 일하든, 전문인으로서의 긍지는 '그 누구에게 도움이 되는 책'을 죽을 때까지 한

권쯤 쓸 수 있다는 데에서 나오지 않을까? 그리 이상적인 목표라 할 수도 없다. 선진사회의 전문인들은 작은 주제를 잡아서 깊이 파고드는 책을 쓴다. 우리도 이런 자세가 필요하다. '작품집'을 내는 정도는 너무 약한 목표다. 전문인이라면 그 이상을 해낼 수 있다.

그렇다고 모든 전문인이 '오래 남는 책'이나 '영향력 높은 책'을 쓸 필요도 없고 또 쓸 수도 없다. 그러나 도시건축과 같은 복합분야에 필요한 책이란 무한히 많다. 주제도 많고 소재도 많고 시각도 많다. 연구할 것도 많고, 생각을 펼쳐야 할 것도 많고, 기록해야 할 것도 많고, 정리할 것도 많고, 새로운 발상을 자극할 일도 많다. 얼마나 할 일이 많은가? 그 많은 단서 중 하나를 잡고 책을 한 권 쓸 수 있다면! 책을 써보겠다는 것 자체가 크나큰 동기부여다. 책 읽는 사람을 더 적극적으로 만든다.

3부

'짓는' 건축

손으로 만들어보고,
베껴보고,
그려보고,
"이게 아니야" 하고 부수고,
또 새로 만들어보는 과정.
손은 축복이다.
만드는 손은 즐거움이다.
우리는 손으로 만들며
무럭무럭 자란다.

다이어그램 그려보기
Breathe yourself into the concept

'컨셉'의 힘은 세다, 그릴수록 커진다

뚜렷한 컨셉,
좋은 컨셉을 찾으려면
부단히 다이어그램을 그려보라

'컨셉(콘셉트, concept)'이라는 말이 이제는 아주 대중적인 어휘가 되었다. '개념'이라는 우리말보다 '컨셉'이라는 말이 더 즐겨 쓰이고, 영어 표기에 맞춘 '콘셉트'가 아니라 '컨셉'이라는 말이 더 자연스럽게 쓰이니, 여기서도 '컨셉'이라 사용하려고 한다.

광고 컨셉, 영화 컨셉, 사진 컨셉, 디자인 컨셉, 의상 컨셉, 화장 컨셉 등 컨셉이라는 말은 아주 다채롭게 쓰인다. "컨셉이 뭐예요?" 직설적으로 묻기도 한다. 하물며 정책에서도 컨셉이라는 말을 즐겨 쓰고, 선거운동에서도 컨셉이라는 말을 쓰니, 이러다가 "인생 컨셉이 뭐예요? 연애 컨셉이 뭐예요?"라는 말까지 나올지도 모르겠다.

작업하는 사람들은 "컨셉이 안 잡혀서"라는 말을 참 많이 한다. 평을 할 때에도 "컨셉이 안 좋아!" "컨셉이 없어!" "컨셉이 제대로 안 잡혔었어!"라는 말이 가장 많이 나온다. "컨셉, 컨셉 하는데 도대체 컨셉이라는 게 뭐예요?" 하고 학생들은 참다못해서 직설적으로 질문을 하기도 한다. 자기들은 나름대로 열심히 안을 만들었는데 '컨셉이 안 좋아, 컨셉이 없어' 같은 한마디로 평가를 내려버리니 갑갑한 것이다.

컨셉을 우리말로 표현하면 개념(槪念)이다. 한자에서 드러나듯이 '전체를 아우르는 생각'이다. 그렇다고 각 부분들이 모이기만 한다고 컨셉이 서는 건 아니다. 아이디어가 많다고 해서 컨셉이 뚜렷한 것도 아니다. 이미지가 산뜻하다고 해서 컨셉이 뚜렷한 것도 아니다. '컨셉'이란 '아이디어'보다 근본적이고 '이미지'보다 더 본질적이다. '컨셉'을 '혼+기+마음+근본 구조+작동원리+추구 목표'의 총합체라고 보면 어떨까? 컨셉이 뚜렷한 안은 일단 드러난다. 우리가 그 컨셉을 좋아할 수도 싫어할 수도 있지만, 적어도 외면하는 안이 되지는 않는다. 컨셉이 살아있는 안은 강력하다. '그 컨셉이 적합하다 아니다'라고 판단할 수는 있지만 적어도 무시하는 안이 되지는 않는다.

우리는 모두 '컨셉이 뚜렷하고, 컨셉이 맞고, 컨셉이 좋은 일'을 하고 싶다. 그렇다면 그 비결이 뭘까? 나는 '다이어그램(diagram, 개념도) 그리기'를 첫째로 삼는다. 건축 분야뿐 아니라 어떤 분야에서도 꼭 필요한 훈련 방식이다.

다이어그램 그리기는 컨셉 잡는데 최고

컨셉은 언어로 표현할 수도 있고 그림으로 표현할 수도 있다. 다이어그램은 개념도(槪念圖)라는 말 그대로 그림이다. 다이어그램의 효용성이 높은 이유는 그것이 그림으로 표현되면서도 언어를 같이 쓰면서 단순명쾌하게 컨셉을 표현할 수 있다는 데 있다.

다이어그램의 종류는 무한하다. 파워포인트(PPT) 프로그램을 쓰면 다이어그램을 쉽게 그릴 수 있도록 그래프, 차트 등으로 나누어 나뭇가지형 다이어그램, 네트워크형 다이어그램, 플로우차트, 벤다이어그램, 파이 차트, 바 차트, 히스토그램 등 전형적인 다이어그램 유형을 제시하는데, 실제 우리가 쓰는 다이어그램은 이보다 훨씬 더 다양하다. 요즘 유행하는 '마인드 맵(mind map)' 역시 다이어그램의 한 종류이며, 우리가 쓰는 온갖 지도는 사실 가장 대표적인 다이어그램이다. 지하철 노선도, 버스 노선도 같은 것은 물론이고, 특히 '고지도'들은 탁월한 다이어그램으로 구성되어 있다. 나는 유전자 구조에 대한 다이어그램이나 인체의 맥을 짚어내는 한의학, 별자리 하늘 그림 같은 개념이 확실한 다이어그램에 열광하곤 한다. 도대체 어떻게 저렇게 맥을 짚어냈을까 하면서.

왜 다이어그램을 그리나? 본질을 간명하게 이해하기 위해서, 또한 본질을 간명하게 표현하기 위해서다. 기능, 관계, 구조, 작동 원리, 요소, 절차, 과정, 위치 같은 객관적 사항들뿐 아니라 성격, 강점, 약점,

전략, 문제, 이미지 같은 주관적인 사항들에 대해서 가장 간명하게 표현할 수 있다. 그래서 복잡한 일, 복잡해 보이는 일일수록 다이어그램 그리기가 필요하다.

건축과 도시 분야에서는 특히 다이어그램을 많이 그린다. 공간 관계, 기능 연결, 동선 개념, 이미지 설정에 대한 다이어그램은 물론이고, 구조, 설비, 통신, 안전, 관리 등 기능적 다이어그램이 필요하고 도시 분야에서는 인구밀도, 용도, 교통, 보행, 건축밀도, 주차, 상권, 이용권, 공공시설 배치 등의 원칙에 대한 다이어그램이 필요하다. 설계 설명서나 도시계획 설명서에서 이런 다이어그램들을 수시로 볼 수 있다. 그만큼 복잡다단하기 때문에 원초적 개념을 세우는 작업 과정이 절대로 필요한 것이다.

그런데 과연 다이어그램을 제대로 쓰고 있는지는 돌아볼 필요가 있다. 보고 자체를 위한 보고서가 무척 나쁜 것이듯, 다이어그램 자체를 위한 다이어그램은 바람직하지 못하다. 실제로 파워포인트와 오피스 소프트웨어들이 일상화되면서 우리는 별로 필요치 않은 다이어그램을 무수히 생산하는 경향이 있다. 보이기 위한 다이어그램이 아니라 모쪼록 작업의 발전을 도와주는 다이어그램을 그려야 한다. 물론 프레젠테이션을 할 때는 다른 사람들이 개념을 확실하게 이해할 수 있도록 다이어그램을 명쾌하게 정리할 필요가 있다. 그러나 관건은 작업과정 중에서 어떻게 다이어그램을 풍부하게 활용하느냐이다.

다이어그램은 아이디어의 생성과 발전을 도와주는 좋은 도구다.

좋은 다이어그램은 머리에서 일어나는 얽히고설킨 생각들을 풀어주면서 또 다른 생각의 끈을 끝없이 제공한다. 정말 좋은 다이어그램은 핵심적인 구조를 보여주면서 그다음 생각의 발전을 암시하고 시사한다. 말하자면 본질을 뭉뚱그려주는 동시에 앞으로 갈 길을 보여주는 것이다. 어떻게 다이어그램 그리기 훈련을 할 것인가? 개념이 보이는 안을 만들기 위해서 어떻게 다이어그램을 현명하게 쓰는 방법을 익힐 것인가? 내가 권하는 방법은 다음 세 가지다.

무엇에 대해서든 다이어그램을 그려보자

첫째, 끊임없이 다이어그램을 그려보자. 예컨대, 회의 내용을 다이어그램으로 그리는 것은 흥미로운 훈련 방법이다. 나는 회의를 시작할 때 간단히 좌석배치를 그리고, 회의 중간에 메모를 하고, 끝난 후 토의 내용과 사람들의 관계를 연결하면서 다이어그램을 그린다. 이렇게 하면 핵심적인 토의 내용과 사람들 사이의 역학이 드러나면서 머리가 정리된다. 나는 이 방식을 MIT 유학 중 고(故) 도날드 숀(Donald Schon) 교수에게 배웠다. 철학자 출신 계획이론 교수인데 10여 명의 학생들과 진행하는 논문 준비 토론 과목이 아주 인상적이었다. 매번 그가 하는 대로 정리를 했더니 학기말이 되자 학생들의 포지셔닝과 논문의 논리적 바탕의 구조가 한눈에 그려졌다. "아하, 철학적 훈련이라는 것이 이거구나!" 나는 무릎을 쳤다. 인문학에서도 다이어그램이 아주 요긴하게 쓰이는 것이다.

예컨대, 어느 도시나 어떤 건축을 가보고 난 후에 그 도시, 그 건축의 구조를 다이어그램으로 그려보는 것은 건축인이라면 꼭 해봐야 할 훈련이다. 묘사가 강한 스케치도 좋지만, 전체 구조를 뭉뚱그리는 개념을 다이어그램으로 그려보면 그 도시, 그 건축의 핵심이 잡힌다. 이런 다이어그램을 그리면 기억이 선명해지고 풍성해지는 이점이 있다.

예컨대, 자기 집과 자기 동네를 그려보는 것도 아주 좋은 훈련 방식이다. 사실 우리는 평소에 남들에게 길을 가르쳐주거나 약도를 그려주면서 다이어그램을 이미 그리고 있다. 왜 어떤 사람이 그려준 약도로는 쉽게 찾을 수 있는데, 어떤 약도는 전혀 도움이 안 될까? 그 연유를 살펴보자.

가장 흥미로운 훈련은 자기 회사를 분석하며 다이어그램으로 그려보는 것이다. 젊은이들에게 권하고 싶다. 조직은 어떻게 구성되어있나, 의사결정은 어떤 구조인가, 공간은 어떻게 나눠져 있나, 업무 관리의 흐름은 어떠한 구조인가, 최근 1년 동안 진행된 프로젝트의 구조는 어떤 것인가, 우리 회사를 하나의 이미지로 표현한다면 무엇일까? 사실 이런 평가분석은 이미 우리 머릿속에서 일어나고 있다. 다만 그것을 일목요연하게 다이어그램으로 그려보면 전체가 보인다. 부수적인 효과라면, 자기 자신이 그렇게 소모적인 톱니바퀴 하나만은 아니라는 깨달음이다.

초보자일수록 여러 종류의 다이어그램을 부지런히 그려보는 것이 좋다. 머리가 관습화되고 굳어지기 전에 이른바 '개념 가득 찬 프로'가 될 수 있는 초기 훈련이 바로 다이어그램 그리기다.

'심플 다이어그램'을 그려라

둘째 훈련이라면, 최대한 단순한 다이어그램을 그리도록 노력하는 것이다. "다이어그램은 개념이다. 다이어그램이란 구조다. 다이어그램은 원형(原型)이다. 다이어그램의 생명은 단순성이다"를 각별히 강조하고 싶다. 때로는 단순한 선으로, 때로는 단순한 면으로 '큰 단순함'을 잡아라. 세밀한 데 신경 쓰지 말고 큰 그림을 그려라.

단순한 다이어그램에 큰 그림을 담기란 결코 쉽지 않다. '표현'을 강조하는 경우, 즉 '현상'을 그리는 데 익숙하고 '부분의 풍성함'에 매혹되고 '다양한 변화'를 강조하면 핵심적인 다이어그램을 잡아내기 어렵다. 어떻게 보면, 그림 그리는 손이 발달한 사람일수록 오히려 핵심을 잡는 데 장애물이 있다고 볼 수도 있다. 풍부한 묘사 재주가 있는 사람들은 다이어그램을 통해 손보다 머리를 쓰는 훈련에 집중하는 것이 좋을 것이다.

통찰력을 갖춘 인물들은 심플한 다이어그램을 지적 사고의 발전과 상상의 촉매로 사용했다. 도시건축 분야에서 나는 건축가이자 도시계획가 르 코르뷔지에(Le Corbusier, 1887-1965)와 도시설계 계획가 케빈 린치(Kevin Lynch, 1918-1984), 두 인물을 꼽는다. 르 코르뷔지에는 지금도 이름이 자주 오르내리는 현대건축의 거장이다. 그가 그린 '라멘 구조' 다이어그램은 현대건축의 구조적 개념을 송두리째 바꿔놓았다. 그 전까지만 해도 벽체를 쌓는 구조가 주종이었는데, 기둥과 보로 이루어진 현대건축의 구조가 탄생한 것이다. 그가 그려냈던, '인간 척도(모듈러), 도시 구조, 건물 형태, 생태건축' 다이어그램들을 보면 그의 사고가 얼마나 원천적으로 혁신적인가를 알 수 있다.

케빈 린치의 이름을 모르는 후학들조차 그가 남긴 도시 해석의 툴(tool)을 지금도 자연스럽게 사용하고 있다. 그는 앙증맞을 정도로 작은 다이어그램에서 도시를 해석하는 구조적 시각을 포착했다. 사람들은 머릿속에 '이미지 맵(image map)을 그리면서 도시를 이해하고 있으며 그 구성요소는 '길, 지구, 랜드마크, 가장자리, 결절점(path, district, landmark, edge, node)' 다섯 가지 요소라는 이론을 설명한 그의 다이어그램은 지속적인 영향력을 갖고 있는 것이다. 복잡다단한 도시를 이렇게 단순화하는 힘, 그것이 개념의 힘, 다이어그램의 힘이다.

'큰 단순힘의 힘'을 포착해낸 우리의 인물들도 많다. 그중 세종대왕의 한글 만들기의 개념, 고산자 김정호의 지도 만들기, 그리고 정조의 수원 화성의 개념에 대해서 나는 감탄을 금치 못한다. '천·지·인'의 '•　ㅡ　ㅣ' 단 세 부호와 인간의 구강구조를 포착한 단 12자로 문자를 만드는 그 위대한 개념의 단순성이여! 김정호가 만든 옛 서울지도, '수선전도(首善全圖)'에는 산-물-성-길-집-동네이름 단 여섯 가지 요소만 나오는데 그것이 뭉뚱그린 도시의 개념이여! 도시 만들기의 기술-건축-문화-산업-예술을 종합적으로 서술한 '화성의궤(華城儀軌)'의 개념이여! 불행히도 세종과 고산자 김정호와 정조는 그들의 작업과정을 그린 다이어그램을 남기지 않았지만, 그들이 만든 총체적 성과를 분석하는 다이어그램을 그려보면, 이들의 개념적 사고가 얼마나 탁월한지 알 수 있다.

작업 과정 중 끊임없이 다이어그램을 그리자

작업 과정 중에 끊임없이 다이어그램을 그리는 훈련은 절대적으로 필요하다. 작업 초기에도, 중기에도, 마무리 단계에서도. 그런 경험이 모두 있을 것이다. 초기의 개념에서 시작된 안이 발전하다보면 디테일이 많아지고 여러 아이디어들이 추가되어 복잡해지면서 초기의 개념이 흔들리는 상황이 생기게 마련이다. 또한 팀워크를 하고 또 외부에서의 여러 평가와 검증이 이어지면서 안은 조정되고 변화한다. 이런 과정에서 초기의 개념을 잃어버리고 흐트러뜨리기 십상이다.

어떤 작업을 하든, 초기에는 단순하고 힘이 있고 잘 작동할 것 같았는데 작업이 진행될수록 무언가 아귀가 안 맞고 더 이상 앞으로 나가기 힘들 때가 생긴다. 이때 해봐야 할 것이 다이어그램 그리기다. 뭔가 잘못되었을 때 초심으로 돌아가보는 것이다. 이런 과정에서, 초기 다이어그램에 담겼던 개념이 풍부한 디테일로 발전되고 있는지, 개념에 충실하게 발전되고 있는지 체크할 수 있고, 개념을 바꾸어야 하는지 확인할 수도 있다.

작업이 전개되고 새로운 변수들이 확인되고 발전될수록 초기의 다이어그램이 더욱 구체화되기도 한다. 이런 때에 고집스럽게 단순화시키는 노력이 필요하다. 작업이 구체적으로 전개될수록 복잡해지고 표현도 다양해지는데 이때 개념이 흐트러지는 문제가 왕왕 발생한다. 어딘지 미심쩍다 싶으면 또다시 다이어그램을 그려보는 습관이 필요하다. 특히 안이 거의 완성되었다 싶을 때, 다이어그램으로 다시 단순화시켜 보는 작업은 무척 귀중하다. 그동안 투입된 수많은 노력에 구애받지 말고, 발전된 모든 디테일에 대한 애착을 버리고 다시 자신을 객관화해보는 용기인 것이다. 사실 많은 좋은 안들이 거의 완성되었을 때 버려지고 다시 처음부터 시작되는 경우가 많다. 우리가 그럴 용기만 있다면.

부디 다이어그램의 파워를 깨닫고 또 익숙해져보자. 좋은 컨셉, 뚜렷한 컨셉, 적합한 컨셉을 세우기 위해서. 그 컨셉이 제대로 담겨있는 안을 만들기 위해서.

스케치하기
Feel free at free-sketching

생각의 발전을 도와주는 게 스케치다

잘 그리는 것이 아니라
생각의 발전을 도와주는 것이 스케치다

'스케치하기'는 글쓰기에서의 '자유쓰기'와 유사하다. 스케치는 그림에서의 '자유그리기'라고나 할까? 다이어그램이 개념을 선명하게 하고 본질과 원형을 고민하게 만든다면, 스케치하기는 생각을 발전시키고 내용을 채우고, 각 부분의 디테일을 풍부하게 만든다. 스케치를 통해 우연스럽기조차 한 발상을 자극하고, 세밀하게 관찰을 하게 만들고, 완성품을 꿈꾸게 만든다.

꼭 화가들만 스케치를 하는 건 아니다. 모든 분야의 사람들이 스케치를 한다. 스케치는 '밑그림'일 뿐 아니라 '첫 그림'이고 '생각 그림'이기 때문이다. '이공(理工)인'들은 상대적으로 스케치에 익숙한 편이다. 무엇을 만들려면 아이디어를 그림으로 표현하는 과정이 요긴하게 쓰이기 때문이다. 실험과정을 스케치하고, 구조를 스케치하고, 공정을 스케치한다. 생물학자들은 자연 스케치를 통해 관찰력을 높이고 실험을 앞둔 공학도들은 실험과정을 스케치하고, 의사들은 수술 과정을 스케치해본다. 사회인문학도들이라고 스케치가 필요 없는 게 아니다. 경제, 경영, 조직, 심리, 사회 분야에서 어떤 아이디어를 뭉뚱그리고자 할 때 개념도에 가까운 스케치를 그려본다.

'스케치의 달인'이라면 단연 레오나르도 다빈치일 것이다. 그는 '모나리자'나 '최후의 만찬'과 같은 위대한 작품들뿐 아니라 헤아릴 수 없이 많은 스케치를 남겼다. 작품의 밑그림뿐 아니라 부분 스케치, 해부 스케치, 파도와 물결 등 '카오스적 자연현상'에 대한 스케치, 운하와 성벽에 대한 기술적 스케치, 더 나아가 비행기와 잠수함 등 과학적 설계에 대한 수많은 스케치들이 놀랍다. 다빈치는 하루에 몇 시간씩 앉아서 스케치를 했다는데, 마치 퍼포먼스 아티스트나 스포츠인들이 매일매일 몇 시간씩 쉬지 않고 연습하는 것과 같다.

스케치는 '손으로 그린다'가 본질이다. 다이어그램은 단순하기 때문에 종종 컴퓨터에서도 잘 그릴 수 있지만 스케치는 그야말로 '수작업'이다. 하물며 컴퓨터로 그리는 타블렛 스케치도 근본적으로 수작업이다. 이 사실은 무척 중요하다. '손'을 쓰면서 우리의 '머리'는 훨씬 더 부지런하고 자유롭고 풍성하게 작동하는 것이다.

잘 그려야 한다는 고정관념을 버리자

그런데 많은 사람들이 스케치하기 자체를 무척 부담스러워 한다. '그림도 잘 못 그리는데 무슨 스케치냐? 그림 잘 그리는 사람이나 하는 게 스케치지!' 이런 생각 때문이다. 잘 그려야 한다는 부담감을 깨자. 그림 그리기에는 세 가지 목적이 있다. '자기생각 발전' '커뮤니케이션' 그리고 '프레젠테이션'.

사람들은 그리기라면 금방 프레젠테이션을 연상한다. 그림이란 남에게 잘 보이기 위한 매체라 생각하는 것이다. 물론 완성된 그림은 남에게 보이기 위한 것이다. 하지만 '스케치'는 그렇지 않다. 스케치의 가장 중요한 기능은 자기생각의 발견과 발전이다. 스케치를 하면서 생각의 단서가 발동하고 또 발전하는 것이다. 남들이 보기에 반할 만한 스케치를 하겠다는 환상에서 벗어나서 자기 생각에 정직하고 그려야 할 내용에 정직한 스케치를 하자.

또 스케치는 자기 생각을 남에게 전하는 목적이 크다. 작업 중에 동료들 사이에서 수없이 그려내는 스케치를 생각해보라. 회의탁자 위에서, 밥 먹다가 식당 테이블 위에서, 현장에서 일 이야기를 하다가 수첩을 꺼내서, 종이 위에, 급하면 종이냅킨 위에도 우리는 스케치를 한다. 잘 그리는 게 중요한 게 아니라 자신의 생각을 전하며 논의하는 게 중요하기 때문이다. 건축현장에서 자주 목격하는 것이 합판 위에 십장이 그리는 스케치다. 이런 스케치를 보면 괜스레 기분이 좋다. 정직하게 일하고자 하는 의지가 느껴지기 때문이다. 현장에서 일하는 경력노동자들은 그림을 잘 못 그려도 시공방식에 대해서 아주 정직한 스케치를 한다. 오래된 현장 경력으로 설계의 문제를 지적하는 것인데 그림 솜씨가 중요한 게 아니라 내용의 정확성이 중요한 것이다. 왕왕 이런 현장 스케치를 통해서 값도 싸고 일도 쉽고 효과도 더 좋은 시공방식을 현장 고안하기도 한다.

'이 한 장의 스케치' 환상을 버리자. 때로 대가들이 그린 '이 한 장의 스케치'가 회자되곤 하는데, 그 한 장 뒤에는 무수한 습작 스케치가 존재한다는 사실을 잊지 말자.

'프리핸드'의 자유를 만끽해보자

스케치는 '프리핸드(free hand)'가 기본이다. 다른 도구를 사용하지 않고 오직 필기구만을 손에 쥐고 그리는 행위를 말한다. 프리핸드가 되면 손만 자유로운 게 아니라 머리도 자유로워진다.

나는 학생들에게 컴퓨터나 하드라인(hard line, 자를 대고 똑바로 그은 선)에 연연하지 말고 프리핸드로 아이디어를 표현하고 과제를 해보라고 당부하는데, 거의 모든 학생들이 깨끗하게 정리된 하드라인 도면을 내곤 한다. 그래서 아예 프리핸드 아니면 절대로 과제를 받지 않겠다고 못을 박곤 한다. 학기말 학생들이 쓴 자평서를 보면, 프리핸드 스케치의 중요성을 깨달았다는 내용이 많다. 하드라인 성과품을 만드는 시간투입에서 벗어날 수 있어서 시간적으로 여유로웠고, 그만큼 프리핸드 스케치가 정직해야 함을 알게 되었다는 것이다. 자유를 얻은 만큼 책임 의식도 더 커지기 마련이다.

현장의 스태프들도 마찬가지다. 깨끗하게 캐드로 정리된 도면이나 포토샵으로 예쁘게 정돈된 그림이나 일러스트레이션으로 효과를 낸 그림들을 가지고 보고하려 든다. 물론 작업 중 정리 작업은 필수적인 과정이나, 구상 초기에 여러 안을 놓고 고민해야 할 때 깨끗하게 정돈된 도면을 앞에 놓으면 머리가 일찍 굳어지기 십상이다. 정리를 너무 잘하는 사람들은 아이디어를 내는 데 한계가 있을 수 있음을 의식하자. 사실 조직의 명령체계와 위계가 분명할수록 프리핸드 작업을 보고나 회의석상에서 내놓기 쉽지 않은 분위기가 생겨버린다. '프리핸드' 분위기를 만드는 것은 윗사람의 과제이기도 한 것이다.

그렇다고 젊은 사람들이 프리핸드에 익숙한가? 그렇지도 않다. 프리핸드 할 필요가 없도록 편한 기기들의 유혹이 워낙 크기 때문이다. 그 유혹에 빠지다보면 프리핸드 스케치를 두려워하게 된다. 요즘 젊은 세대들에게서 보이는 성향이다. 프리핸드 대신 컴퓨터에 매달린다. 컴퓨터로 그리는 캐드(CAD) 프로그램들이 편하고 다양해질수록 프리핸드는 뒷전이 된다. 하물며 프리핸드 글쓰기에도 약하고 워드가 없으면 도저히 일을 못하는 학생들도 많다. 계산기 없이는 속셈을 못 하게 되는 것과 비슷하다고 할까?

캐드가 디자인 능력을 약화시키고 워드가 글쓰기 능력을 약화시킨다는 지적도 있지만 결론을 내리기는 성급하다. 캐드나 워드는 우리가 쓰는 도구의 폭을 늘려주었을 뿐이고, 어떻게 활용하느냐에 따라 디자인 능력과 글쓰기 능력은 훨씬 더 큰 기량을 발휘할 수 있다는 것이 나의 판단이다. 다만, 캐드나 워드에 매달리는 것은 금물이다. 컴퓨터의 역량은 빠른 복제, 빠른 취합, 빠른 생산에 뛰어난 반면, 생각하기에는 그리 도움이 되지 못한다. 아무리 컴퓨터가 발달하더라도 새로운 것을 창조하거나 통합적으로 사고하는 데 있어서는 인간의 머리를 따라오지 못하리라는 것이 내 가정이다. 인공지능이 어디까지 발전할지 두고 볼 일이지만 과연 지능의 작동을 촉발하는 '감성'의 영역까지 다룰 수 있을까?

　캐드와 워드의 가장 큰 단점은 두 가지다. 첫째, 생각을 정리하게 하지만 생각의 단서를 키워주는 데 한계가 있다. 넓게 펼쳐지는 상상을 너무 빨리 제한해버리는 것이다. 생각이 너무 빨리 정리되어버리면 풍부한 설계가 나오지 못한다. 둘째, 화려한 표현은 강해도 풍부한 표현은 떨어진다. 컴퓨터에서 나온 그림들은 시선을 확 끌지만 깊은 맛이 없다. 아무리 기술이 발전했어도 '컴퓨터 그림'은 여전히 '컴퓨터 그림'으로 보이는 것이다. 캐드와 워드에는 당연히 익숙해져라. 그러나 자신의 생각을 남이 알아볼 수 있도록 프리핸드로 그려내고 쓰는 일은 초보 때부터 익숙해져야 일생을 간다. 캐드와 워드를 가까이 하되 또 멀리할 줄 아는 훈련이 필요한 것이다.

자신에게 편한 스케치 도구를 찾자

행복한 고민을 해보자. 스케치가 즐거워지려면 자신이 편한 방식을 찾아야 한다. 어떤 도구를 써볼까? 어떤 종이가 좋은가? 수첩으로 할까, 스케치북으로 할까? 여러 종류의 실험을 해볼 수 있고 자신의 마음에 꼭 맞는 방식을 고르는 과정 자체가 무척 행복한 고민이다.

자신의 성향과 스타일에 맞는 여러 도구를 사용해보자. 어떤 사람들은 특정한 도구가 있어야 그려진단다. 만년필, 굵은 사인펜 또는 붓펜 등. 건축가 고 정기용은 항상 무척 좋은 만년필을 들고 다니셨다. 그의 스케치뿐 아니라 그 만년필이 주변의 관심을 끌곤 했다. 건축가 조성룡을 위시해서 많은 건축가들은 굵은 사인펜을 선호한다. 굵게도 그려지고 얇게도 그려져서 좋을 뿐 아니라 그릴 때 마치 사각사각 소리가 들리는 듯 촉감도 아주 좋다. 손에 잡기에도 두툼하고 새카만 이 사인펜은 나도 아주 좋아하는 도구이다.

붓펜은 화가들이 좋아하는 도구다. 화가 임옥상도, 만화가 박재동도 이 붓펜을 들고 다닌다. 특히 만화가 박재동이 모임에서 같이 있는 사람들의 캐리커처를 이 붓펜으로 그려주는 것을 보면 참 멋지다는 생각이 든다. 그런데 한 가지 재미나는 팁을 들었다. '붓펜을 쓰면 잘 못 쓰고 잘 못 그려도 멋지게 보인다'는 것이다. 실험해보니 역시 그렇다. 처음엔 잘 가늠이 안 되지만 조금 익숙해지니 굵고 가는 터치가 한 획에 들어가는 재미가 만만치 않고, 그러니까 확실히 멋지게 보인

다. 옛 선인들이 붓으로 어찌 그리 근사하게 글을 쓰고 근사하게 그림을 그렸는지 충분히 이해가 갈 정도다. 멋져지려면 주머니에 붓펜 하나 정도는 넣어보는 게 좋겠다.

그런데 내 경우에는 평소에 거의 가리지 않는다. 손에 잡히는 그 무엇도 좋다. 오히려 머릿속에 떠오르는 그 무엇을 잡는 타이밍만이 중요할 뿐이다. 다만 내가 되도록 쓰지 말라는 것도 있다. 일반적으로 많이 쓰는 '0.5mm 샤프'다. 굵은 연필을 깎아서 쓰던 세대는 샤프가 나온 후 그리기 능력이 급격히 떨어졌다고 하는데 나는 그 정도까지 비판적인 것은 아니지만 학생들이나 초보자가 샤프로 스케치하는 것을 보면 안쓰럽다. 생각을 좁히기 때문이다. 안을 잡을 때 0.5mm는 너무 가늘다. 조그만 그림에는 괜찮지만 조금만 그림이 커져도 샤프로 그리다가는 보일 것도 안 보이는 경우가 허다한 것이다. 선 굵은 스케치를 하자!

이 점에서 내가 즐겨 쓰는 도구가 하나 있다. '유리용 크레용'이다. 여느 문방구에서도 팔고 현장 작업자들이 요긴하게 쓰는 바로 그 크레용이다. 몇 가지 이점을 들어보면 첫째, 무척 편하다. 두르르 풀어쓰면 된다. 둘째, 딱 네 가지 색깔만 있다. 검정, 파랑, 빨강, 초록. 단순해질 수 있는 것이다. 셋째, 굵게도 또 가늘게도 그릴 수 있다. 붓펜과 손맛은 다르지만 공통적인 이점이다. 넷째, 매끈한 종이 위에서는 지울 수 있다. 생각을 바꿔볼 수 있는 것이다. 다섯째, 손이나 팔에 묻을 걱정을 할 필요가 없다. 여섯째, 무척 싸다! 간편하고, 싸고, 굵고 또 가

늘고, 시간 절약되고, 지워지고, 색깔이 단순해서 쓰게 된 나의 스케치 도구는 확실히 나의 성향을 드러낸다. 자신의 성향에 맞는 도구를 골라보자!

종이 역시 중요하다. 특히 평소 들고 다닐 수 있는 종이. 낱장으로 들고 다닐 수는 없으니 제본이 된 게 필요한데, 솔직히 나는 아직도 영 마음에 쏙 드는 '스케치북 겸 메모장'을 구하지 못했다. 나의 원칙은 심플하다. 그리기와 글쓰기를 같이 할 수 있을 것(줄이 없는 백지일 것), 되도록 핸디할 것(가볍고 주머니에 들어갈 것), 양면으로 펼쳐 쓸 수 있을 것, 펼치고 접기 용이할 것, 잘라내기 좋지만 쉽게 없어지지 않을 것, 너무 매끈하지 않을 것, 또 너무 비싸지 않을 것. 그런데 이 심플한 원칙을 갖춘 스케치북 겸 메모장을 구하기가 무척 어렵다. 노트북은 줄이 쳐져 있어 영 재미가 없다. 미술용 스케치북은 대개 종이가 너무 두꺼워서 몇 장 나오질 않기 때문이다.

궁여지책으로 나는 한동안 링으로 묶인 값싼 스케치북을 반으로 잘라서 썼다. 폭 13센티미터, 길이 19센티미터이다. 그런데 크기가 너무 크고 촉감이 그리 즐겁지 않다. 그러다가 최근 드디어 발견한 것이 '재생지 메모장'인데, 나름 괜찮다. 크기도 적당해서 주머니에 쏙 들어간다. 한 가지 단점이라면 갈색이라는 점이다. 백색 재생용지를 싸게 만들 방법은 없을까?

사실 내가 스케치북에 대해서 까칠하게 된 것은, 중국 여행에서 한 번 발견했던, 내 마음에 쏙 들었던 스케치북 때문이다. 재질이 약간 한

지처럼 느껴지는데, 얇으면서도 비치지 않고 질기고 백색이고, 장 수가 많아서 오래 쓸 수 있던 그 스케치북이 내 마음속에 아른거리는 것이다. 나는 지금도 문구점에 들리면 새로 나오는 스케치북들을 열심히 찾고 새로운 실험을 하곤 한다.

나의 비밀을 담을 스케치북

스케치란 결국 자신을 위한 것이다. 자신의 연습과정이라고 해도 좋고 자신의 비결을 쌓는 과정이라고 해도 좋고 혹은 자신만의 비밀이라고 해도 좋다. 자신의 생각과 상상과 아이디어는 자신에게 가장 중요한 것이기 때문이다. 레오나르도 다빈치 역시 하루에 여러 시간씩 스케치를 하면서 자신의 비밀을 쌓아올렸던 것 아닐까? 그의 사후가 되어서야 공개된 그의 스케치에서 후학들은 그가 닦았던 비밀을 찾아보고자 하는 것이다.

우리 자신의 연습과 비결과 비밀을 쌓아 올려보자. 아마 우리가 쌓아 올린 수많은 스케치북 겸 메모장의 높이에 따라 우리의 역량이 결정될지도 모를 일이다.

모형 만들기
Think multi-dimensionally

입체적 사고를 하면 발상이 바뀐다

'모형'이란 일종의 선(先)체험,
바람과 소망을 담아
손으로 빚고 짓고 숨을 불어넣어보자

여기에서는 건축 분야의 독특한 방식인 '모형 만들기'에 대해서 이야기해보자. 다이어그램이나 스케치하기는 누구나 작업할 때 유용하게 활용할 수 있는 수단이지만, 모형 만들기만큼은 다소 특이한 작업방식이다. 건축이나 도시 작업뿐 아니라 이른바 3차원적인 조형이 필요한 작업들, 예컨대 자동차, 배, 비행기 제작 등의 작업이나 각종 물품의 디자인 작업에도 모형 만들기가 종종 사용된다.

요즘은 거의 모든 사람들이 모형에 익숙해진 셈이다. '아파트 분양' 덕분이라고 할까? 분양 사무소에는 어김없이 대형 모형이 비치되어 있다. 부동산 거품이 휩쓸면서 아파트 단지뿐만이 아니라 주상복합, 오피스 건물의 모형도 등장했고 게다가 화려한 공공시설들이 등장하면서 서울시의 청계천, 동대문운동장, 한강의 세빛둥둥섬 등 수많은 모형들이 우리 앞에 등장했다. 모두 다 그 겉모양으로 우리를 유혹하려는 모형들이다.

그런데 모형은 결코 겉모양만을 보여주는 것이 아니다. 외양만을 만드는 것이 모형의 목적이 아닌 것이다. 내가 여기에서 강조하고 싶은 것은 모형 만들기 과정에 녹아 있는 '입체적 사고, 다차원적인 사고, 구조적인 사고'의 중요성이다.

'르네상스 모형'과 '도시 모형'

유럽 여행을 하다가 오래된 성당에 들어가면 아주 흥미로운 작업을 발견할 수 있다. 관광 명소가 된 성당들의 한 귀퉁이에는 역사상 중요했던 여러 물건들이 전시되어 있는데, 그중 빠트릴 수 없는 것이 건물의 모형이다.

세 가지 점이 인상적이다. 첫째, 최근 만든 것이 아니라 몇 백 년 전에 만들어진 모형들이라는 사실이다. 르네상스 시대로부터 유럽의 각 도시국가에서는 '경쟁'을 통해 설계자를 선택하는 전통이 확립되었는데, 바로 그 설계경기에 쓰였던 모형인 것이다.

둘째는, 이 모형들이 건물의 겉모습을 보여주는 모형이 아니라 건물을 잘라서 보여주는 단면 모형이라는 사실이다. 일종의 '구조 모형'인 것이다. 왜 외관 모형이 아니라 구조 모형을 만들었을까? 외관은 그림으로도 충분히 표현이 가능하지만 구조는 그림만으로는 확연하지 않아서, 또 일반인(건축주라면 당시의 성직자들이 많을 것이다)들이 이해할 수 있도록 하기 위함이었을까? 가장 큰 이유는, 당시의 성당 설계의 관건은 대형 공간과 엄청나게 큰 돔을 어떻게 구축하느냐였으므로 그 구조를 풀어내는 기술이 가장 중요하게 부각되었기 때문이었을 것이다.

셋째는, 모형의 높이 1미터 정도로 무척 크고, 목재와 철재를 구사하여 만든 수공예로 그 자체가 하나의 작품이라는 사실이다. 로마의 베드로 성당, 플로렌스의 두오모 성당 등에서 발견한 이 구조 모형들은 정말 인상적이었다. 그 모형에 설계자 '미켈란젤로'의 이름이나 '브루넬레스키'의 이름이 박혀 있는 것 또한 인상적이었다.

'도시 모형'도 소개해보겠다. 도시국가 싱가포르의 도시개발을 관장하는 공사에 가면 커다란 방 한가득 싱가포르 도시의 모형이 있다. 흥미로운 것은 직접 건물을 바꿔볼 수 있게 만들어놓은 것이다. '이렇게 바꾸면 이런 모습이 된다'라는 것을 보여주는 것이다. 어린 학생들도 현장학습을 하러 많이들 오는데, 땅이 귀한 싱가포르에서 하나하나의 개발에 심혈을 기울인다는 것을 모형을 통해 알려주는 역할을 톡톡히 하고 있다.

세계 여러 도시들마다 자신의 도시를 모형으로 만들어놓는데, 내게 가장 인상적인 것은 런던의 도심 모형이었다. '시민 참여 모형'이었기 때문이다. 런던의 도심은 거품개발 시대에 엄청난 변화를 겪었다. 파리나 로마 등 다른 유럽도시들과 달리 보전만을 고집하지 않는 런던이기에 2차 세계대전 이후에 벌써 큰 변화를 겪었지만 최근의 개발은 워낙 규모들이 커서 논쟁거리가 되고 있다. 이 엄청나게 큰 모델은 흥미롭게도 수많은 부분으로 나뉘어 있어서 새로운 개발의 모형을 다양하게 바꿔보면서 비교해볼 수 있도록 하고 있다.

이 모델에는 꼭 보전해야 할 전통 건물들은 아주 상세하게 표현되어 있다. 건물의 입면과 출입구와 가로등과 식재조경까지 아주 상세하다. 새로 들어설 부분은 평소엔 큰 입체만 있다가 쟁점이 생기면 여러 모양들의 제안된 모형들로 바꿔볼 수 있다. 시의회나 주민단체뿐 아니라 건축가들이나 개발회사들도 자신의 모델을 들고 와 바꿔보고 사진도 찍고 그 주변에 모여 토론도 하는 모습이 인상적이었다. 이 모델의 요체는, '건축 하나는 하나로 그치지 않고 주변 환경과 도시에 영향을 준다, 그 다양한 영향을 직접 보면서 같이 의논해보자'인 것이다.

모델의 순기능

르네상스 시대의 모델과 도시 모델을 거론하는 것은 이들이 모델의 순기능을 아주 잘 말해주고 있기 때문이다. 모델은 잘만 쓰면 만드는 사람들에게나 앞으로 그 건물을 쓸 사람들에게 좋은 선택을 가능하게 해준다. 다소 전문적일지 모르지만 그 이점을 한번 살펴보자.

첫째, 모델은 입체 감각을 가지게 해준다. 즉 3차원이다. 건축과 도시와 공간은 기본적으로 3차원이다. 또한 우리 일상에서 쓰는 모든 물품, 소품들도 마찬가지로 3차원이다. 디자인 중에서도 2D 디자인인 그래픽을 제외하고 3D 디자인은 모두 입체를 다룬다. 컴퓨터 시뮬레이션도 입체적인 감각을 보여주지만 역시 2D적 이미지라는 한계를 가진다. 3차원을 다루는 데 모형만큼 효과적인 도구도 없다. 일단 '보인다.' 너무 당연해서 더 할 말이 없을 정도다.

둘째, 좋은 모형에서는 '공간'이 보인다. 통상 입체적인 모형에서 건물의 겉모습만을 보여주려는 성향이 적잖다. 그러나 더 좋은 모형은 건물과 건물 사이, 벽체와 벽체 사이, 바닥과 바닥 사이에 만들어지는 '비어 있는' 공간의 구도를 느끼게 해주는 것이다. 사실 작업 중 모형을 만드는 이유는 눈에 안 보이는 공간을 눈에 보이게 하는 데 가장 효과적 수단이기 때문이다. 모형을 만들면서 공간이 어떻게 이루어지는가를 깨달을수록 더 좋은 건축, 더 좋은 도시를 만들 확률이 높아진다. 사람이 쓰는 것은 결국 형태가 아니라 공간이기 때문이다.

셋째, 다시점이고 총체적이다. 작업 중 그림을 그리거나 모형을 만드는 목적은 머릿속에 그린 모습을 테스트하기 위한 것이다. 그림은 대개 분해해서 또 단일 시점으로 그리게 된다. 개념 스케치, 투시도, 조감도, 평면, 입면, 단면, 상세 스케치, 구조도, 설비도 등등은 모두 건축물을 분해해서 표현하는 것이다. 어느 한 측면을 강조할 수밖에 없으며 전체를 보여주기에는 한계가 있다. 모형은 그림의 분해적인, 단일 시점 시각을 넘어서서 총체적인 다시점이 가능하다. 전체를 볼 수 있고 이리저리 돌려볼 수 있는 것이다. 앞에서, 위에서, 아래에서, 옆에서, 밖에서, 안에서 보면서도 항상 전체를 볼 수 있으니 수월하게 그 전모가 잡힌다. 그래서 설계하는 사람이나 쓸 사람이나 쉽게 전모를 이해할 수 있는 것이다.

넷째, 모형에서는 '상대적인 스케일'이 보인다. 스케일 감을 확신할 수 있게 된다. 특히 상대적 스케일 감이 생긴다. 사람 크기에 맞추어, 나무 크기에 맞추어, 주변 건물들과 맞추어 건물이 어떻게 그 크기가 느껴지는지를 파악하기 용이하다. 또한 모형에서는 건물을 이루는 여러 요소들, 즉 벽, 기둥, 천정, 계단, 창문, 문, 복도의 길이, 마당의 넓이 등 요소들 간의 상대적 스케일 감을 가질 수 있다는 것이 강점이다. 물론 모형을 '잘' 만들 때 가능한 일이다.

다섯째, 모형은 여러 사람들이 공유할 수 있다. 작업 도구로서 모형의 최고 이점은 여러 사람이 한꺼번에 여러 가지를 생각할 수 있게 만드는 도구라는 점이다. 그림은 여러 그림들의 조합을 통해 표현해야 하고, 그림의 해석 또한 사람마다 무척 다르다. 그에 비해 모형은 상대적으로 사람들의 생각을 수렴하기에 안성맞춤이다. 그래서 특히 팀 작업에서 모형을 만들며 작업하면 쉽게 의견 수렴이 이루어져서 작업 생산성이 높아진다.

두바이 분양 모델과 로마의 도시 모델

또 다른 모형의 예를 들어보자. 우리에게 익숙한 '아파트 분양 모델'은 가장 쉽게 떠오르는 모형이다. 그런데 이 아파트 분양 모델이 우리나라보다도 더 극성스럽게 사용되는 데가 있다. 바로 두바이다. 신기루처럼 모래밭 위로 온갖 초고층 건물이 솟아나고, 바다로부터 인공섬들이 솟아나는 나라다. 사방팔방에 분양 사무소가 있고 온갖 종류의 휘황찬란한 모델이 있다. 지구의 모든 나라를 섬으로 표현한 인공섬 프로젝트는 물론 130층에 달하는, 마치 불꽃처럼 휘날리는 모양의 초고층 건물뿐 아니라 2~3층 규모의 모래밭 위 전원주택 단지에 이르기까지, 두바이는 분양 사무소의 모델들만 봐도 도시를 다 봤다고 해도 좋을 만큼 모델로 채워진 도시이다.

그렇게 만들어진 두바이는 독자들이 사진으로 본 그대로다. 기기묘묘한 건물들, 형태적으로 우리의 상식을 뒤집는 건물들, 기후 특성과 전혀 상관없는 시설들로 채워진 도시다. 흥미롭게도 두바이 홍보물은 도시의 큰 모습이 아니라 하나하나의 건물을 보여주는 경우가 많다는 것도, 바로 이 때문일 것이다.

로마는 또 나른 의미에서 도시 모델의 위아적 사용법을 보여준다. 로마제국의 네로 황제가 로마의 웅장한 재건을 위해서 기존 슬럼을 불태워버리고 그 죄를 기독교인에게 뒤집어씌웠다는 악명 높은 스캔들이 있다. 영화 〈쿠오바디스〉에서 이 장면이 나온다. 영국의 명배우

두바이. 실제 도시일까, 모형일까?

피터 유스티노프가 분한 네로 황제가 불타는 로마를 바라보며 노래를 읊는데 그 옆에는 각종 아레나와 궁전으로 새로 설계된 로마의 큰 모델이 있던 것이다. 어렸을 적 이 영화를 보고 나는 '설마?' 했다.

그런데 무솔리니의 파시즘 시대의 로마가 바로 이 전통을 재현했다. 새 로마의 건설을 위해 수많은 도시개발과 전체주의적 건축을 계획하고 추진했는데, 이때 무수한 모델들이 동원된다. 이 모델들을 모아놓은 곳이 있다. 일반인들은 별로 찾지 않는 로마의 신도시 '에우르(E.U.R. 1942년 만국박람회 개최를 위해 건설했고 이후 신도시로 정착)' 안에 있는 '건축박물관'이다. 여기에 로마제국 시대의 도시모형부터 파시즘 로마의 재건을 추진했던 엄청나게 큰 모형뿐 아니라 당시의 수많은 공공건물들의 모형들이 있던 것이다. 역사적 기록을 위해 모아놓은 것은 존경스러웠지만 전체주의적이고 패권주의적 색채가 짙은 모형들이 이렇게 많이 모여 있는 것을 보니 나는 헛구역질이 날 정도였다. 한때는 이런 건물들, 이런 모형들이 이탈리아를 사로잡았다는 것이 정말 믿어지지 않는다. 그런데, 그게 사실이었다.

내 눈으로 직접 보지는 못했지만, 히틀러 역시 베를린 개조 계획 모형뿐 아니라 파리를 점령한 후 집행할 파리 개조 모형까지 만들어 놓았었다. 건축 팬으로 알려졌던 고 김정일 위원장이 평양 도시 모델을 앞에 놓고 흐뭇해하는 사진도 있었다. 모델은 이렇게 통제적이고 과시적인 용도로도 쓰이는 것이다.

모델의 역기능

두바이 분양 모델과 로마의 도시 모델을 보면 모델의 역기능이 얼마나 끔찍한가 하는 생각이 든다. 모델의 그 역기능이 바로 모델의 강점 때문에 생긴다는 것이 아이러니다.

첫 번째 역기능. 모형에서 보이는 것이 전부라는 생각을 하게 만든다. 모형은 확실히 즉물적이다. 그렇지만 모형이란 아무리 잘 만들어도 실물과는 다르다. 재료의 속성, 각 공간 부위의 성격, 디테일의 속성을 모두 표현하기란 불가능하다. 아무리 기막히게 잘 만들고 아무리 크게 만든 모형도 실제 건축, 실제 도시의 현실감과는 다른 것이다. 그런데 모형을 본 사람들은 이 사실을 잊는다. "실제로 보니 모형하고 똑같더라!" 하는 감탄사가 나오게 만드는 건축물이 좋은 것일까? 모형 이상의 감흥을 자아내지 못하는 건축물이란 한낱 공작물에 불과하다. 건축물은 확실히 전자제품이나 일상용품과 같은 입체적 물품을 모형으로 만드는 것과는 다른 속성을 가진다. 사람이 밖에 있는 게 아니라 안에 들어가는 '공간'의 변수가 강하기 때문이다.

두 번째 역기능. 모형을 보는 사람을 마치 신이 된 듯 느끼게 만든다. 영어 표현에 'the architect on the table top'이라는 말이 있다. 조감 모형을 만들면서 마치 신처럼 건축물을 이리 저리 놓는 건축가의 오만을 경계하라는 말이다. 건축주들도 마찬가지다. 모형을 이리 저리 옮기고 바꾸면서 신의 희열을 맛보는데, 인간이 신이 될 수 없다는 사실을 자칫 잊곤 한다. 사실 많은 독재자들과 자본가들이 이렇게 '신'이 되어보고 싶은 마음에 모델에 열광하는 것일 게다.

세 번째 역기능. 모형은 사람의 눈을 너무 끈다. 그러라고 모형을 만들지만 그게 또 문제다. 아무리 그림을 잘 그리고 동영상을 근사하게 만들어도 어느 때나 사람이 몰려드는 것은 모형 주위다. 그만큼 눈을 끈다. 입체적이고 즉각적으로 이해하기 쉬워서일 것이다. 건축인은 모형을 통해 한편으로는 효과적으로 설득하려는 노력을 해야 하면서도 또 그 현혹을 경계해야 하니, 딜레마는 딜레마다.

그래도, 모형만큼은 꼭 만든다

모형의 이런 역기능에도 불구하고 모형의 순기능의 힘은 크다. 그래서 모형만큼은 만들어봐야 한다. 그리고 사실 어렸을 때부터 만들어보는 것이 최고다. 유학 시절 나의 큰딸이 두 살부터 만 4년 동안 다녔던 보스턴의 유아원에서 했던 놀이의 대부분은 입체 놀이였다. 물론 그림도 그리지만, 자르고 붙이고 손으로 빚고 서로 잇고 쌓아 올리고 연결하면서 노는 입체 놀이, 이것이 바로 모형놀이다. 나는 모형놀이를 하던 어린 딸에게도 한 수 배웠다. 딸이 가지고 놀던 '고무랜드'가 '빚는 모형'에 그렇게 효과적일지는 몰랐던 것이다. 모형의 즐거움은 일상의 어떤 재료도 사용할 수 있다는 것이다.

사실 나는 유학을 가서야 모형에 대해서 눈을 뜬 셈이다. 그전에 공부하고 일할 시절에도 물론 모형을 만들었지만 주로 '보여주기 용 모형'이었다. 작업과정에서 이른바 '스터디 모형'을 만드는 습관은 모든 학생들이 당연히 스터디 모형을 만드는 분위기 덕분이었다. 요즘은 우리 학생들도 당연하다는 듯 스터디 모형을 만들며 작업하는데, 이 변화가 아주 반갑다.

모형의 역기능은 주로 '보여주기용 모형'에서 빚어진다. 작업을 돕기 위해 만드는 '스터디 모형'에서는 모형의 순기능이 작동한다. 모델 만들기에는 '입체적 사고, 다차원적인 사고, 구조적인 사고'가 녹아든다. 그 강점을 살리기 위한 요령을 알아보자.

첫째는, '공간의 관계'를 중심으로 모형을 만들어보는 것이다. 건축이 '물체'와 '공간'으로 구성되듯이 모형 만들기에도 마찬가지로 '형태를 빚는 방식'과 '공간을 만드는 방식' 두 가지로 크게 구별할 수 있다. 물론 서로 보완적이다. '형태'와 '공간' '솔리드(solid)'와 '보이드(void)' '포지티브 스페이스(positive space)'와 '네가티브 스페이스(negative space)'란 서로 떼려야 뗄 수 없는 관계이다. 불행히도 우리의 모형 의식이나 건축 의식은 아직 지나치게 '형태 지향적'이다. 눈에 보이는 것만을 강조하려는 수준에 머물러 있다. 눈에 안 보이는 공간을 의식할 수 있도록 '짓는 공간 지향성'을 의식적으로 강조하는 노력이 필요하다.

둘째는, 구조를 중심으로 모형을 만드는 것이다. 빚는 형태와 짓는 공간을 자유자재로 넘나들려면 건물의 바깥만 드러내는 모형 외에 여러 모형 형식을 실험해보는 것이 좋다. 가장 좋은 방식은 '단면 모형'이다. 앞에서도 거론했던 르네상스 시대 성당의 단면 모형은 좋은 예이다. 내부 공간감과 외부 형태가 동시에 표현될 뿐 아니라, 공간과 물체를 구축하는 구법까지 표현되어 있다. 어떤 모형은 건물의 외부를 보고 다시 열어서 내부공간을 볼 수 있도록 만들기도 했다. 이렇게 구조를 보이게 하는 단면 모형은 만드는 사람에게나 쓸 사람에게나 '무엇을 어떻게 만들고 있는가'를 생각하게 만드는 효과가 크다.

셋째는, 모델을 만드는 과정에서 또 만들고 난 후 여러 사람들을 불러 모아 의견을 구해보는 것이다. 모형은 참여가 가능한 작업방식이다. 참여하는 사람들이 다양한 시점에서 다양한 의견을 낼 수 있다. 모델을 앞에 두고 하는 브레인스토밍 현장에서 즉각적으로 새로운 안, 조정 안, 변형 안이 제시되기도 한다. 왜 사람들은 모델이 앞에 있으면 새로운 자극을 받을까? 놀라게 될 정도로 흥미로운 시너지가 일어나게 된다. 그 과정을 즐기자.

참여하는 모델을 위하여

신이 인간을 만들 때 진흙으로 빚어서 생명의 숨을 불어넣었다는 신화는 참 그럴듯하지 않은가. 참으로 인간다운 소망을 담고 있다. 그리스로마 신화에서 자기가 만든 아름다운 여인의 조각에 반해서 인간으로 변하는 소원을 빌고, 제페토 할아버지가 만든 피노키오 인형이 사람으로 변하는 동화를 보면 우리가 만든 물체에 숨을 불어넣고 싶은 인간의 욕망을 발견할 수 있다.

    우리가 모델을 만드는 것은 바로 그렇게 숨을 불어넣고 싶기 때문일 것이다. 생명을 불어넣으려면 보여주려는 목적의 모델이 아니라 만드는 과정의 바람과 소망을 담은 모델을 만들어야 한다. 부디 분양용 모델이 아니라 서로 참여해서 어떤 관계를 맺을 것인가에 대해서 고민하는 스터디 모형이 우리사회에서도 활발하게 활용될 수 있으면 좋겠다. 우리사회의 입체적 사고와 다차원적인 사고와 창의적인 사고를 위하여.

베껴보기
Create by copying

모방의 순기능을 익히면 창조할 수 있다

베껴봐야 만들 수 있다
의문을 가지고 베껴보면
구조가 보이고 또 다른 가능성이 보인다

대학시절 때였다. 나는 교양학부 1년을 거친 후 2학년에 전공 과정을 시작했는데, 학기 초에 한 조교님이 나를 부르셨다. 지금은 대개 박사 과정 학생들이 조교를 하지만, 당시에는 정체 모를 몇 선배들이 조교라 불리면서 월급도 공식 직책도 없이 일했다. 그중 한 인물은 학생들 사이에서 미스터리로 통했는데, 바로 그 분이 불러서 건축 공부에 대해 내게 조언을 해주셨다. 첫 번째 말씀은 역시, "책 많이 읽어라, 몇 권은 당장 사서 읽어라!" 나는 '종로서적'에 가서 거금을 주고 원서 두 권을 샀는데 지금도 잘 간직하고 있다. 무슨 뜻인지도 모르는 채 단어를 찾아가며 해석하기에만 급급했지만 그래도 다 읽었다.

그리고 또 하나의 조언은, "도면을 끊임없이 베껴보아라!"였다. 이 조언이 꽤 의아스러워서 지금도 강한 인상으로 남아 있다. "도면을 그려야지, 어떻게 베끼냐? 생각도 없이……." 나는 속으로 은근히 생각했다. 나중에 베끼기를 한 뒤에야 비로소 그 효용성을 알게 되었지만.

베껴봐야 만들 수 있다. 건성으로 베끼는 게 아니라 의문을 가지고 베껴보면 구조가 보이고 그 성격이 보인다. 그 장점을 알게 되고 단점도 알아챈다. 또 다른 가능성을 포착할 수 있다. 변종의 가능성도 찾고 신종의 가능성도 찾을 수 있다. 베끼기의 힘, 바로 '모방의 힘'이다.

물론 함정도 있다. 자칫 '표절'로 빠질 수도 있는 것이다. '모방의 힘'을 익히면서도 '표절의 덫'에 빠지지 않는 역량을 어떻게 키울까? 사실 어떤 분야에서든 우리는 베끼기로 시작한다. 노래를 부르고 또 부르며 가수들을 모방하고, 대가들의 그림을 그리고 또 그려보며 그 테크닉을 익혀보기도 한다. 노래나 그림뿐인가, 공부도 사업도 조직도 상품도 베껴보는 대상이 된다. 일단 베껴보자!

손재주 약한 친구들, 참 잘도 베낀다

내가 유학했던 MIT에는 수많은 나라 학생들이 오기 때문에 흥미로운 관찰을 더러 할 수 있었다. 그 관찰 중 하나는, '서구 학생들의 손재주가 영 약하다'는 것이었다. 그 친구들의 알아볼 수 없을 정도의 악

필은 유명하거니와 대부분 투시도나 스케치를 하는 솜씨도 약한 편이다. 그런데 그들이 하는 작업과정은 무척 놀라웠다. 필요한 사진, 그림, 도면 등을 찾아서 깔아놓고 그 위에서 베껴가며 그리는 것이었다. 풍경이나 나무 등의 실사 사진을 찍고, 모형을 만들어 자신이 원하는 앵글로 사진을 찍고, 때로는 잡지에서 자신이 원하는 부분 요소들을 복사해서 밑에 깔고 그 위에서 베끼는 것이었다.

참 신선하게 보였다. 손재주 좋은 우리 학생들은 손재주를 기막히게 발휘하거나 손재주가 없는 학생들은 아예 그리려 들지 않고 컴퓨터로 달려간다. 그런데 베껴가며 자신이 원하는 그 어떤 것으로 그려내는 것은 손재주의 문제가 아니라 머리의 문제다. 적어도 베끼는 손재주 자체는 사람마다 큰 차이가 없기 때문이다. 이들의 작업 프로세스는 훨씬 더 복잡하다. 그런데 마지막 퀄리티는 훨씬 더 좋다. 게다가 그렇게 베끼기를 반복하다보면 확실히 손재주도 따라서 는다.

요새는 이 모든 과정이 컴퓨터로 가능하니 베끼기가 별 쓸데없을까? 그런데 컴퓨터는 베끼기가 너무 쉽다는 것이 함정이다. 캐드에서는 먼저 그린 레이어(layer)가 화면에 떠오르면 바로 '주어진 것(given)'이 되어버리기 때문이다. 또 캐드는 복제하기가 워낙 쉽다. 그 복제가 그야말로 완벽하게 정확한 복제이니, 손으로 베낄 때처럼 새로운 생각이 보태지는 맛이 없다. 사람이란 기계가 아니기 때문에 완벽하게 복제하는 것은 불가능하다. 손으로 새로 베낄 때마다 약간의 변형이 가해지고 새로운 아이디어가 추가되는 것이다.

사실 '베끼기'는 모든 분야의 기본을 이룬다. 도제(徒弟)와 같은 관계에서 배움이 성립되는 것이다. 서구의 전통적 건축학습은 '베끼기'였다. 이른바 '스타일(Style)'을 따라 집을 짓는 전통 때문이었다. 20세기 전반까지만 해도 수없이 이루어졌던 도면 베끼기 도제 수업은 아주 당연한 것이었다. 우리 건축 역시 서구의 건축 학습과는 다르지만, 목수에서 목수로 전통 방식이 전수되었다. 이 과정에서 베끼기는 당연한 것이었다. 요즈음 우리의 민화(民畵) 그리기가 대중적으로 번지고 있는데, 민화의 기본도 베끼기부터 시작된다. 베끼기는 전통을 잇는 아주 중요한 것이다.

그런데 베끼기만 하면 창조는 영영 불가능한 것 아닌가? 이런 의문이 들 것이다. 물론 맹목적으로 베끼기만 하면 새로운 창조란 영영 불가능하다. 그런데 베껴본 사람들 중 눈이 뜨이는 사람이 꼭 있다. 베껴보면서 눈이 뜨이는 것이다. 서구 건축사에서 르네상스 시대를 보면 그런 현상이 두드러진다. 수많은 아티스트들이 그동안 도외시되었던 고대 로마의 유적을 연구하고 베껴보는 작업을 한 것이다. 이 과정에서 새로운 개념, 새로운 스타일이 창조된다. 때마침 고대 로마 건축가 비트루비우스의 '건축 10서'도 새롭게 발견되었다. 이들은 로마의 유적을 따라, 그 도면을 베껴보며 새로운 가능성을 찾아간다. 르네상스를 대표하는 건축가이자 그 이후의 건축 스타일을 주도했던 르네상스 건축가 팔라디오는 바로 이런 과정을 통해서 새로운 건축형을 만들어낸 것이다.

베껴보기의 가능성에 대해서 마음을 열고 베껴보자. 어떤 효과가 있을까?

'손'으로 익히면 눈이 뜨인다

베끼기란 아이디어를 손으로 익혀본다는 뜻이다. 손으로 익히면 몸에도 익는다. 몸으로 익히면 머리에도 또 가슴에도 익는다. 말로 아무리 해도 소용없다. 직접 손으로 많이 해볼수록 효과가 커진다. 건축 초보자라면 어떤 도면이든 손으로 베껴보는 작업을 반복하는 것이 좋다. 큰 건물, 작은 건물, 큰 동네, 작은 동네, 큰 도시, 작은 도시, 마을, 그래픽, 패션, 물체, 사람 등. 현대 건축, 옛 건축, 한국 건축, 외국 건축, 주택, 사무소, 낮은 건물, 고층 건물 등. 평면, 입면, 단면, 세부 디테일, 단면 상세 등. 그저 많이 베껴보는 것이 좋다.

도면 베끼기는 설계과정 중에서도 왕왕 일어나야 한다. 특히 프로젝트 시작할 때 땅과 주변 상황을 그려놓은 베이스 도면 베껴보기는 필수적이다. 아무리 다른 사람이 그려놓았건, 캐드로 그려놓았건, 작업에 참여하는 모든 사람들은 프로젝트 초기에 한 번은 손으로 직접 베이스 도면을 베끼며 그려봐야 한다는 것이 내 지론이다. 설계할 건물만 달랑 그리는 것이 아니라 주변 건물, 주변 지형까지도 직접 그려보면 감이 달라진다. 체험이 훨씬 더 구체적이 되는 것이다.

숙련자가 될수록 손으로 직접 베껴보지 않아도 보는 것만으로 감을 잡는 능력이 붙는다. 그러나 주의할 점, 눈으로만 보는 것에는 항상 함정이 따라다닌다. 눈으로 보는 것은 종합적이고 포괄적인 이점이 있는 반면 부분과 과정을 놓치기 쉽다는 단점도 있다. 그런데 공간을 만드는 과정은 수많은 부분의 집합에 의해 결정되기 때문에, 구체적 부분들을 놓치면 안 된다. 그래서 숙련자도 직접 그려봐야 하는 것이다.

그런데 애로사항도 있다. 경력자가 된다는 것은 조직 위계에서 높은 자리에 간다는 것인데 윗사람이 너무 많이 그려댈 수는 없는 것이다. 팀장은 참기도 해야 한다. 팀원들의 연륜이 쌓이는 데에 자칫 의욕을 꺾을 수 있기 때문이다. 이런 것이 경력자가 되면서 겪게 되는 아쉬운 일이다. 나도 이 딜레마 상황에 부딪히곤 한다. 물론 시간적으로 내가 그려볼 시간도 넉넉지 않기는 하다. 그러나 그려보지 않고는 감이 잘 안 잡힌다는 것이 여전히 나의 문제다.

그래서 나는 '몰래' 그려본다. 프로젝트 초기에 스케일 감을 얻기 위해서 그려보는 것은 필수다. 베이스 도면을 내 손으로 그려본다. 개념 스케치에 대해서는 모두 너그러워서 나도 시간이 허락하는 한 무수하게 그려댄다. 그런데 어느 정도 안이 성립되면 내 손에서 떨어져 나갈 때가 된다. 내가 계속 그려대면 아랫사람들이 안 그려내기 때문이다. 그래서 나는 몰래 팀원들이 그린 평면, 단면, 평면, 배치도 등을 다시 내 식으로 베껴본다. 그려보면 어색한 부분, 발전되어야 할 부분들을 선명하게 파악하게 되고, 그 단서들도 더 구체적으로 잡힌다. 내가 그린 것을 팀원들에게 보여주지 않을 때도 많다. 이렇게 '몰래 짓'을 한 후에 팀원들이 만들어놓은 안을 말로 비판한다. 나만 이렇게 하는 것은 아닐 것이다. 아무리 '눈'이 익어도 여전히 '손'의 힘은 막강하다. '눈'과 '손'은 같이 간다. 서로를 익게 해준다.

이렇게 보면, 실무경력이 높아질수록 도면을 눈으로만 보고 체크만 하는 경향은 경계해야 할 것이다. 자신이 직접 도면을 그리는 일을 멀리 할수록 실제적 터치를 잃게 되기 때문이다. 그렇다고 항상 '손'으로 도면을 확인할 수도 없다. 손을 쓰는 일은 그만큼 더 많은 시간을 요하니 말이다. 이런 함정을 완전히 극복하기란 어렵다. '눈'으로도 '손'으로도 보는 만큼 숙달되고 또 부분과 과정을 손으로 꿰뚫는 만큼 눈으로도 꿰뚫을 수 있도록 훈련을 하는 것이 원칙이지만, '눈'은 '손'이 가진 이점을 못 갖는 한계가 있다. 물론 그 역도 성립한다. '손'은 '눈'이 갖는 포괄성, 종합성, 직관성을 갖기 어렵다. 이런 함정을 완전히 극복하기란 어렵다. 다만 그 함정을 인식하는 것이 필요할 뿐이다. 더 나아가서는 '눈'과 '손'을 서로 보완하는 자기 나름의 방식을 찾아가는 것이 좋다.

사실 베끼기란 건축 분야뿐 아니라 다른 분야에서도 유용한 훈련 방식이다. 초보자라면 부지런히 이미 완성된 프로젝트의 결과물, 공정, 조직 등을 베껴보는 과정이 꼭 필요하다. 베끼는 와중에 저절로 요령이 익혀지기도 하려니와, 일정 수준이 넘어가면 문제가 보이고, 더 높은 수준이 되면 그 문제들을 극복할 묘수도 이윽고 알게 되는 것이다.

베끼기 작업의 요령

베껴보기 작업에서 머리로는 알면서도 자주 놓치게 되는 구체적 요령들을 짚어보자.

첫째, '비교되는 베끼기'를 해보라는 것이다. 베껴보기란 궁극적으로 '분석'을 하기 위한 작업이다. 분석을 하려면 비교되는 것을 같이 들여다보는 것이 효과적이다. 비슷해서 또는 너무 달라서 비교해볼 수 있는 것을 같이 대상으로 놓아보자. 비교해보면 특징이 눈에 잘 띄고, 장점과 단점이 고대로 드러난다.

둘째는, 꼭 기준이 되는 '공통점을 확인하는 습관'이다. 예컨대, 건축이나 도시에서는 '북쪽, 즉 방위를 확인하는 습관'이 무척 중요하다. 해가 어디에 있느냐에 따라 건축의 구성은 절대적인 영향을 받기 때문이다. '스케일'을 확인하는 것도 절대적이다. 크기를 모르고 형태만 베껴보는 것은 아니 베끼는 것만 못하다. 사람 키에 비교해서, 눈높이에 비교해서, 손 크기에 비교해서 등 상대적인 스케일 감을 의식하면서 베껴보면 유용한 분석이 나온다.

셋째는, 같은 것을 여러 번 다른 방식으로 베껴보는 습관이다. 베끼기란 한 귀퉁이에서 시작해서 고대로 베껴보는 것이 아니라, 그 근본 구조를 이해하기 위한 것이다. 뼈대와 살, 근본 구조와 부수적인 구성, 중요한 것과 부차적인 것을 분별해내는 역량이 베껴보기 작업에서 쌓여야 하는 것이다. 같은 대상을 여러 번 다른 방식으로 베껴보다

보면 이윽고 대상의 구조를 파악하게 되고, 베껴보는 순서도 파악하게 된다. 대상을 원래 만든 사람의 마음과 생각 구조를 파악하게 되는 단계가 된다.

넷째는, '문제'와 '약점'을 파악하는 습관이다. 인간이 만든 모든 것은 강점과 장점뿐 아니라 약점과 단점을 안고 있다. 현실의 제약 상 풀지 못한 문제들도 많고, 또 그 문제를 해결하기 위해서 썼던 여러 가지 수단들도 포함하고 있다. 베껴보기의 분석 능력이 높아지면 바로 이렇게 문제와 약점이 파악되는 수준에 오른다. 바로 이 순간이 새로운 창조의 단서가 포착되는 순간이다. 도약의 틈새가 보이는 것이다.

감사하며, 존중하며 베껴보자

베껴보기의 기본자세는 '겸허하게 배우기' 위한 것이다. '선례, 사례, 모범, 규범, 스타일, 전통, 혁신'이 어떻게 구성되었는가에 겸손하게 귀 기울여보는 것이다. 감사한 마음으로, 존경하는 마음으로 베껴보는 작업이 절대적으로 필요하다.

도시건축웹진 〈아크포럼〉을 운영하고 있을 때 한 학생이 자유기고에 올렸던 문구가 생각난다. "한국 건축의 처마 선을 형태적으로 응용한 작품을 두고 전통적이냐 아니냐를 토론하는 기성건축가들을 보면 이따금 화가 나기도 합니다. 그들은 봉정사 극락전의 입면을 트레이싱

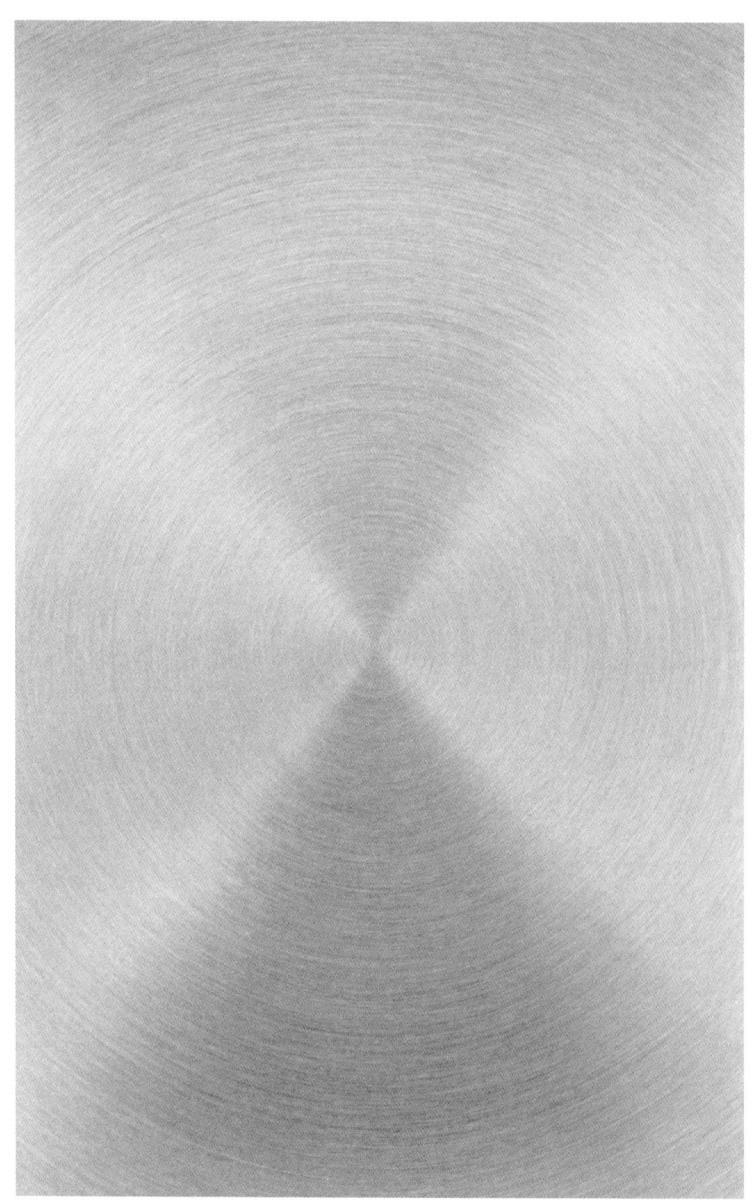

지에 한 번이라도 베껴보고 말하고 있을까 하는 의문이 듭니다. 학생들뿐만 아니라 우리도 한번 베껴봅시다. 우리의 건축물을 그리고 나서 과연 우리만의 전통성은 과연 무엇인지 토론해봅시다."

이 학생의 말대로 우리 건축에서도 우리 전통건축을 열심히 베껴보는 작업을 꾸준하게 해왔더라면 분명 새로운 창조의 단서가 더 가깝게 다가왔을 수 있다. 우리의 전통건축 역시 그대로 답습하는 것만은 아니기 때문이다. '과연 어떤 개념으로, 어떤 구법으로, 어떤 접합으로, 어떤 상세로, 어떤 장식으로 전통건축이 이루어진 것을 알면 그것을 창조적으로 베낄 수도 있는' 것이다. 전통건축의 다양한 변용, 근대기에 등장했던 도시형 전통주택과 2층 한옥 등, 이미 그 안에서도 새로운 움직임들은 항상 있어왔음을 잊지 말자.

바로 이것이다. 또 다른 의미 있는 창조를 위해 다른 사례를 베껴보는 것이다. '창조는 좋은 모방에서 비롯된다'는 말은 진리다.

팀워크하기
The whole is more than the sum of its parts

전체는 부분의 합보다 크다

팀워크의 묘미,
전체와 부분을 오가자

내가 아주 좋아하는 말 중 하나는, "전체는 부분의 합보다 크다(The whole is more than the sum of its parts)"라는 말이다. 게슈탈트 심리학에서 비롯된 이 개념을 머리로 이해하려고 들면 복잡하게 느껴질 수도 있다. 하지만 실생활을 상상해보면 금방 이해가 갈 것이다. '하나+하나=둘'은 숫자로는 분명히 맞다. 하지만 실생활에서는 그렇지 않음을 누구나 안다. 어느 영화에서 한 아빠가 이 개념을 거론하면서 사춘기 딸에게 해주는 말이 아주 그럴 듯 했다. "세상이란 나무, 집, 마당, 햇볕, 바람, 비 같은 게 모이기만 한 게 아니란다. 그 모인 세상에서는 완벽하게 새로운 일들이 벌어지지." 딸은 마치 만화 속 '캔디'처럼 매일 커다란 나무에 올라 세상이 변화하는 모습에 흠뻑 빠진다.

팀워크라는 게 그렇다. 전체가 부분의 합보다 커지면 최고의 팀이고 팀워크다. 사실 전체를 부분의 합보다 더 키우기 위해서 만드는 게 팀이다. 그런데 이게 그리 쉽지 않다. 팀이 잘 작동하면 엄청난 시너지가 생기지만, 실제 사람들의 세상에서는 모이기만 한다고 시너지가 생기지 않는다. 사람들이 모여서 외려 뺄셈이 되기도 한다. 열 명이 모여 백 명이 해낼 일을 하면 좋은데, 백 명이 모여도 열 명 모인 효과만 나는 경우가 허다하다.

사회심리학자들의 관찰에 의하면, 어떤 수준의 조직에도 리더가 생기고 다시 그 안에서 상-중-하로 실력 차가 나타난다고 한다. A급들만 모인다고 그 조직이 베스트 조직이 되리란 법이 없는 것이다. 탁월한 개인들이 모인 조직이 오히려 모래알처럼 서로 따로 노는 조직을 우리는 수없이 봐왔다. 팀의 구성에 따라 팀의 역량이 엄청나게 달라지는 것도 수없이 봐왔다. 더구나 팀장이 어떤 사람이냐에 따라 팀의 역량이 얼마나 달라지는지 충격적일 정도로 많이 봤다.

팀워크가 얼마나 중요한지는 다들 알 것이다. 세상에는 혼자서 할 수 없는 일이 대부분이다. 세파에 시달리고 사람들에게 시달리다가 혼자서만 할 수 있는 일을 찾아보고자 하는 충동도 들겠으나, 실제 그런 일은 너무도 희귀하다. 이 사실을 인정하고, 어떻게 팀워크를 할 것인가, 어떻게 팀워크 정신을 몸에 익힐 것인가, 어떤 팀장이 될 것인가, 어떤 팀원이 될 것인가, 어떤 훈련을 쌓을 것인가 고민해보자.

카이스트의 '도시상상' 팀워크

카이스트에서 '도시상상'이라는 과목을 강의한 적이 있다. 이 강의의 매력은 여러 학과에 속한 학생들이 들어온다는 것이었다. 디자인학부나 토목학부뿐 아니라 전자학부, 컴퓨터학부, 생명학부, 시스템공학부 등 여러 전공 학생들이 모이니 아주 흥미롭다. 교수인 나뿐 아니라 학생들도 흥미로워했다. 확실히 '멘트'가 다르다. 아직 전공의 틀에 얽매이지 않은 다른 시각과 다른 성향이 보이는 것이다.

나는 딱 두 개의 숙제로 학생들을 평가했는데 그중 하나가 팀 프로젝트다. 과제는 '미래 도시에 대한 상상'이다. 내가 만든 여덟 개의 시나리오를 주고 '팀 짜라, 팀장도 정해라, 시나리오도 선택해라, 프레젠테이션 방식도 정해라, 각 팀원의 역할도 정해라'가 기본이다. 성과에 대한 기대보다 내가 궁금했던 것은 각기 다른 전공의 학생들, 50명이 넘는 큰 클래스, 게다가 학년도 제각각인 학생들이 '과연 어떻게 팀을 짤까, 팀장은 어떻게 뽑을까, 어떻게 내용을 분담할까'였다.

학생들도 나에게 궁금한 점이 있었을 것이다. '팀 작업을 한다면 과연 어떻게 개개인을 평가할까'가 가장 큰 궁금증 아니었을까? 워낙 학점에 예민한 풍토에다가 다른 과목들과는 달리 팀 프로젝트였으니 말이다. 나는 총괄보고서 외에 각 팀원의 개별보고서도 첨부하도록 요청했다. 학생들은 각기 전체와 부분의 역할에 대해서 결과 보고서를 제출했다.

나로서도 정말 즐거운 체험이었다. 각기 다른 학생들이 모여 이렇게 신나게 일하고 이렇게 뿌듯해할 수 있을까? 이 과제에 대한 나의 의도는 분명했다. '미래 도시 상상'이라는 도전적인 프로젝트를 어떻게 소화할까'에 대한 관심은 오히려 낮은 편이었다. 물론 카이스트 학생들의 수준답게 성과도 인상적이었지만 내가 원했던 것은 학생들이 이 과정에서 팀 작업 체험을 하고, 자신만의 노하우를 익히는 것이었다. '도시'는 절대로 혼자서 만들 수 있는 것이 아니기 때문이다.

학기 말에 각 학생들이 낸 자평서에서 또 학생들이 소감을 발표하는 과정에서 내가 원했던 효과가 확실하게 났음을 알 수 있었다. 그들은 각기의 방식으로 깨달았다. 개인 작업과 팀 작업에 소요되는 시간이 얼마나 차이가 나는지, 자신이 맡은 것과 전체와의 상관관계가 무엇인지, 팀장에 대한 불만과 의사결정 구조에 대한 불만은 어떤 것이 었는지, 그 과정에서 자기가 제대로 역할을 했는지, 다르게 할 수 있던 방법은 없었는지 등에 대해서.

한 학생이 했던 말은 특히 감동적이었다. "4년 동안 카이스트 다니면서, 왜 내가 여기 있는지, 왜 공부해야 하는지 항상 의문이었다. 졸업반 마지막 학기, 어쩌다 듣게 된 이 '도시상상' 강의가 카이스트를 4년 다닌 보람을 만들어줬다." 그 학생이 팀 과제에서 보여줬던 역량과 자기 분석, 열정, 호기심, 리서치 능력, 팀 리더십에 기꺼이 'A+'를 주었다. 성적을 잘 받은 자체보다 그 친구의 일생을 통해, 팀 작업을 통해 세상을 바꾸는 일을 수없이 해내기를 바라는 마음이다.

하지만 팀 작업을 제대로 하는 건 참으로 어렵다. 내 인생을 통해 온갖 종류의 팀 작업을 해봐도, 그때마다 참으로 어렵다. 여러 경우의 수가 작용하지만, 그중에서도 헤아릴 수 없이 다양한 '사람 변수'가 작용하기 때문일 것이다. 어떤 사람(들)과 일하느냐에 따라 역학이 달라지는 것이다. 팀 작업을 함에 있어, 자신의 팀을 구성하고 또 자기 마음에 드는 팀을 만나서 일하는 경우는 보통 행운이 아니다. 그런 행운에 너무 기대지 말자. 그런 행운은 어쩌다 생길 뿐이다. 우리 인생에서는 마음에 안 드는 사람들과 일하게 될 경우가 훨씬 더 많다. 그런 경우에도 좀더 좋은 팀 작업을 하기 위해서 나는 딱 두 가지만 강조하련다. '브레인스토밍(brainstorming)'과 '프로덕션(production)'의 요체를 익히자는 것이다.

우리, 머리 좀 굴려봅시다

'브레인스토밍'이라는 이름 한번 참 잘 지었다. '두뇌 돌풍'이라니, 정말 근사한 말 아닌가. 두뇌와 두뇌가 부딪히며 근사한 돌풍을 만들어내는 것이다. 1930년대 '조직론'의 하나로 등장한 말이라는데, 어쩌다 '브레인스토밍'이라는 말이 튀어나왔는지 모르지만, 정말 근사한 이름이다. 팀 작업 중에서 내가 제일 신나 하는 과정이 이 '브레인스토밍'이다.

내가 팀장이 되는 경우에는 브레인스토밍을 즐겨 활용하고, 내가 팀원이 되는 경우에는 브레인스토밍이 제대로 작동되지 않으면 무척 불행해한다. 오랜 팀 작업 경험 끝에, 만약 브레인스토밍 과정이 제대로 작동되지 않을 듯 보이면 아예 그 팀에 합류하지 않기로 작정했다. 일사불란한 시행과 추진만이 있는 팀에는 참여할 가치가 그만큼 적은 것이다.

브레인스토밍은 말 그대로 돌풍이다. 제안, 또 제안, 찬성, 반대, 준비된 아이디어, 돌발적 아이디어, 상식적인 아이디어, 상투적인 아이디어, 돌연변이 아이디어, 엉뚱한 아이디어, 열정적 아이디어, 냉철한 아이디어, 혁신적인 아이디어, 기막힌 아이디어, 기상천외한 아이디어, 찬물 뿌리는 아이디어, 쓸모없는 아이디어들이 속출한다. 이런 과정에서 아이디어가 새로운 아이디어를 촉발한다. 우리의 머리는 아주 체계적인 것 같지만 또 지극히 돌발적이다. 긴장 상태에서 자극을 주면 막 돌아가는 것이다. 브레인스토밍을 청하며 내가 하는 말이 있다. "우리, 머리 좀 돌려봅시다!"

브레인스토밍의 정신은 한마디로 '수평'이다. 지위고하를 막론하고 학력, 경력, 경험 고저를 막론하고 모든 팀원들이 참여해야 한다. 그것도 석극적으로 참여해야 한다. 브레인스토밍을 하는데 어느 한 사람이 입을 다물거나 시켜서야 마지못해 겨우 한마디 하는 식이 되면, 그야말로 김이 샌다. 뭔가 '특단의 대책'이라도 세워야 할 판인 것이다. 그런데 이런 상황에도 너무 곤두설 필요는 없다. 처음에는 어설퍼도 분위기가 잡히고 활발해지면 결국 모든 사람들이 아이디어를 내고 싶어서 어쩔 줄 모르는 단계로 발전되게 마련이다.

브레인스토밍 회의라고 완전 자유방임으로 내버려두는 것은 아니다. 배가 산으로 가지 않게 하려면, 절대적으로 '장'이 필요하다. 사회를 팀장이 꼭 맡을 필요는 없다. 서로의 책임감을 돋아주기 위하여 돌아가며 사회를 보는 것도 괜찮은 방법이다. 브레인스토밍은 팀 작업 어느 때에도 할 수 있지만, 특히 작업 초기 구상 단계에서 가장 물이 오르고, 의사결정의 주요 지점에서도 유효하다. 물론 브레인스토밍의 위력은 '위기가 닥쳤을 때' 가장 빛난다.

프로덕션(production)을 신나게

'브레인스토밍'이 '수평의 정신'이라면, '프로덕션'의 정신은 '수직의 정신'다. 프로덕션은 일의 추진과 마무리이다. 한마디로 제작 생산인 이 과정에서 절대적으로 역할분담과 위계가 필요한 것이다. 분담체계가 확실하지 않으면 일이 겹쳐서 종종 비생산적이 되고, 자칫 빈 구멍이 생겨서 어느 시점에 '펑크'가 나기도 쉽고, 도대체 누가 이 일을 결정하는가, 누구에게 이 사안을 논의할 것인가 어리둥절하고 당황해하다가 꼭 필요한 타이밍을 놓치기 십상이다.

다만, '왜 이 일이 필요한가, 이 일이 전체와 어떻게 아귀가 맞나,

전체와 부분의 상관관계는 무엇인가, 일의 선후가 맞는 것인가, 내가 맡은 부분이 전체 과정에서 어떤 역할을 하는 것인가, 각 일을 수행하는 데 어느 정도의 시간이 필요한가'에 대한 팀원들의 이해가 전제되어야 함은 물론이다. 이런 이해가 전제되면 일의 전후좌우가 보이면서 근본적인 신뢰는 물론, 자신이 프로덕션 과정에서 불필요하게 소모된다는 느낌에서 벗어날 수 있다.

사실 팀 작업에서 '프로덕션' 단계만큼 신날 때가 없다. 작업 초기의 엄청난 불안과 회의 상태에서 벗어나 목표가 뚜렷해지고, 개념이 분명해지고, 만들고 싶은 성과에 대해서 확신이 생기고, 일의 전모가 보이고, 그동안 산만해 보이던 많은 것들이 하나하나 들어맞기 시작하는 것이다. 경력이 높아질수록 프로덕션의 전 과정을 꿸 수 있다. 그 장악하는 느낌도 기분 좋게 다가온다. 시간적으로는 여유가 없고 마감 시간에 쫓길지라도, 정신적으로는 피로감이 덜할 때가 프로덕션 단계이다.

수평과 수직, 팀장과 팀원

가장 이상적인 팀 작업이라 하면, 수평의 정신과 수직의 정신이 잘 맞아 떨어지는 상황이다. 수평 수직이 잘 엮이면 생산성이 높아지고, 팀 작업에 대한 모든 팀원들의 행복감과 뿌듯함은 물론, 근사한 작품이 만들어질 가능성도 높아진다.

　문제는 수평의 정신과 수직의 정신을 동시에 갖추기가 매우 어렵다는 것이다. 좋은 안이 만들어지지 못하거나, 팀의 불화와 갈등이 생기는 경우는 대개 수평과 수직이 적절히 배분되지 못하기 때문이다. 어느 단계, 어떤 일에서 수평의 정신을 발휘할지, 언제 수직의 태도를 견지할지 적절한 타이밍을 알아채는 것이 필요한 것이다. 좋은 팀장 또는 좋은 팀원이 된다는 것은 바로 수평과 수직의 역학을 잘 이해한다는 뜻이다.

　누구나 팀장으로서도 일해보고, 팀원으로서도 일해봐야 한다. 내 경험으로 보면 가장 많이 배울 때가 '부분 팀장'을 할 때다. 아래를 보는 시각과 위를 보는 시각이 동시에 발동하고, 전후좌우를 부지런히 살펴보게 되고, 부분을 보는 시각과 전체를 보는 시각의 균형 감각이 작동하고, 부담은 상대적으로 적은 반면 야망은 한없이 부풀 때이다. 만약 지금 팀원으로 일하는데 온갖 불만이 있다면, '중간 부분 팀장'이 될 때까지 잘 견뎌보라. 분명 더 큰 게 보이게 될 것이다. 지금의 불만을 기억하라. 그리고 그 기회가 될 때 모든 역량을 발휘해보라.

　팀장이든 팀원이든 수직과 수평의 균형이 잘 맞고 있는지 확인할 수 있는 몇 가지 증후군이 있다. "꼭 브레인스토밍 시간이 아니더라도 팀원이 뭔가 새로운 아이디어들을 자꾸 들고 나온다, 특히 '쫄짜' 팀원이 자꾸 뭔가 들고 온다, 시간 많이 들어가 피곤한 프로덕션 과정에서 영 즐거워하는 기색이 역력하다, 중간 팀장들끼리 의기투합한다, 지난

번보다 확실히 프로덕션 시간이 줄었다. 결국 프로젝트가 현실 속에서 실패하더라도 바로 다음 날 또 의기로 뭉친다." 정말 이상적으로 들리는가? 실제 그렇게 될 수 있다.

세상은 '집단지성'으로 진화한다

팀워크가 최고로 발전된 형태란, 이른바 '집단지성'일 것이다. '룰(rule)'과 '툴(tool)'만 정하고 나머지는 개인의 자발성과 창발성에 맡겨두면 저절로 돌아가는 상태이다. 당연하게도, 전체는 부분의 합보다 커진다.

우리는 집단지성의 예로 '위키피디아(Wikipedia), SNS(Social Network Service)' 등 새로운 웹 세계를 꼽곤 한다. '룰과 툴이 확실하다, 헤아릴 수 없이 많은 사람들이 참여한다, 스스로 참여한다, 쌓여진 합에는 흐름이 생기고 산맥이 생긴다, 스스로 참여한 사람들조차 예측하지 못하는 전체다', 이런 특징에서 우리는 탁월하게 발전된 팀워크를 본다.

이러한 발전은 사회 전체의 변화, 산업의 변화, 기술의 변화, 마인드의 변화를 시사하고 있다. 아직 큰 규모는 아니지만 조직의 의사결정 구조 가운데에서도 이런 집단지성의 활용 방식이 등장하고 있다. 가끔 상상하건대, 과연 작금의 소통의 방식의 변화가 과연 기존의 팀워크에 대한 우리의 생각을 절대적으로 바꾸고, 이른바 기존의 조직론을 송두리째 흔들게 될 것 같다. 우리의 일하는 방식, 생각하는 방식, 소통하는 방식, 결정하는 방식이란 절대 고정되어 있는 것이 아닌 것이다. 끊임없이 변화하며 더 지혜로운 팀플레이를 위해 진화하는 우리 세상을 축복해보자!

4부

'느끼는' 건축

느끼기 역시 훈련이 필요하다.
느끼기 능력을 되살려보자.
눈을 감고 느껴보자.
눈을 뜨고도 느껴보자.
온몸으로 느껴보자.
생각을 느껴보자.
시간을 느껴보자.
예술을 느껴보자.
상상력을 발휘해보자.
그리고
이 모든 것을 한번 흔들어보자.

눈 감고 느끼기
Feel with your eyes shut

눈을 감고 본능을 일깨워라

눈은 마물이다
눈을 감아보자
더 큰 세계, 더 큰 나를 위하여

앞을 못 보는 사람이 건축을 할 수 있을까? 건축인이 사고로 갑자기 시각장애인이 된다면 건축을 할 수 있을까? 가끔 상상해보는 상황이다. 갑자기 눈이 멀게 된다면 나는 무엇을 하며 살까 하는 상상이다. 점자를 배워서 소설을 쓸까? 익숙한 컴퓨터 자판을 이용하면 되지 않을까? 눈이 멀어도 도시건축 분야에서 할 수 있는 일은 정녕 없을까? 물론 짓는 행위는 당연히 못할 것이다. 베토벤은 귀가 먹어도 머릿속에 울리는 음악을 악보에 옮겼고, 화가 고갱은 말년에 눈이 멀어가면서도 그림을 그렸다지만 시행착오를 감수하기에 건축이란 인간의 일상적 생존과 너무도 직접적인 관계가 있다.

내가 대학에 들어갈 때 건축과가 속해 있는 공대에서 '색맹'은 입학 허가가 나지 않았다. 선진사회에서는 이런 구별이 아예 없어졌지만 우리사회에서는 지금도 '색'을 구분해야 하는 직능에 대해서 입학, 취업, 진급 등에 제한이 있는 것이 사실이다. 건축인이 차라리 모두 색맹이라면 흑백 모노톤으로 입체와 공간 구성을 해서 우리 도시가 훨씬 더 정제된 환경이 될 텐데 하는 엉뚱한 상상도 해본다. 물론 색맹 중에서도 '색약'은 색을 전혀 인지하지 못하는 게 아니라 색을 혼동하는 것이니 오히려 더 큰 문제가 생길 수도 있겠다. 이런 엉뚱한 생각을 해보는 것은, 온갖 색채의 스펙트럼을 인지할 수 있는 인간의 눈 때문에 생기는 현란한 유혹이 얼마나 큰가를 인식하자는 뜻이다.

눈이란 얼마나 마물인가? 물론 건축은 본질적으로 시각 활동이다. 눈이 없으면 이루어지지 않는다. 그러나 사람은 얼마나 눈을 통해 현혹되는가? 또 사람들은 얼마나 건축을 통해 우리의 눈을 현혹시키는가? 시각에 절대적으로 의존함으로써 건축이 시각 이상의 것이라는 사실을 잊어버린다. 그러니, 눈을 감아보자! 눈이 다른 감각을 마비시키는 것을 의식하자. 항상 눈을 감을 수는 없지만 가끔은 눈을 감자!

의식하는 것에서 벗어나 눈을 감아보자

사람은 왜 눈을 감는가? 자기 위해서다. 잘 때는 왜 눈을 감는가?

모든 의식을 잠재우기 위해서다. 오로지 무의식만이 활동한다. 그 무의식을 자유롭게 하기 위해서 의식의 가장 중요한 열쇠가 되는 눈을 감는다. 잠을 자지 않으면서도 눈을 감는 이유는 무얼까? 입맞춤을 하면서, 남녀의 사랑 행위에서 왜 사람들은 눈을 감는가? 다른 감각을 더더욱 짜릿하게 하기 위한 자연스러운 행동이다. 이성을 마비시키기에 적격인 눈감기 행위인 것이다.

사랑의 행위 외에 우리가 깨어 있는 상황에서 눈을 감는 행위는 모두 의식적이다. 생각을 하기 위해서 또는 무념무상에 젖어들기 위해서 우리는 눈을 감는다. 사색에 젖거나 선(禪)을 하거나 염불을 드리면서 또 기도를 하면서 사람은 눈을 감는다. 이 행위들은 이성을 더욱 맑게 하기 위해서일까? 눈에 보이는 현실을 잠재우고 더욱 본원적인 자신에 충실하려는 것일까? 자신을 넘어서는 더 큰 무엇을 느끼고 더 큰 무엇과 교류하려는 것일까?

이러한 의식적인 눈감기 행위들은 흥미롭게도 대개 한정된 공간 안에서 일어난다. 자신의 책상머리에서, 작업 공간에서, 자신의 방에서, 기도실 안에서, 교회 안에서, 법당 안에서, 성당 안에서, 또는 자연 속의 한정된 공간에서 일어난다. 의식적인 눈감기 행위들은 상대적으로 외부의 위협이나 간섭이 없는 '안전한' 공간 안에서 일상의 자신을 넘어서는 어떤 존재와의 합일을 추구한다. 이러한 의식적인 눈감기 행위를 위한 공간은 확실히 다를 것이다. 눈을 감고 싶게 만드는 공간감이 필요한 것이다. 눈을 감게 하기 위해서 긴장과 이완을 적절히 조절

할 수 있어야 한다.

그러나 일상에서 우리가 부딪치는 대개의 공간이란 이와 다르다. 눈을 감게 만드는 것이 아니라 눈을 활짝 뜨지 않으려야 않을 수 없게 만든다. 눈을 감고 싶어도 감을 수 없게 만드는 것이 대개의 일상 공간들이다. 그만큼 사방에 위험이 도사리고 있고, 사방에 정보가 널려있는 것이다. 그런데 이런 상황이 좋은 일이기만 할까? 우리는 항상 눈을 뜨고 있어야만 할까? 눈을 감고 느끼는 우리의 공간이란 어떤 것일까 궁금하지 않은가?

눈을 감으면 살아나는 감각들

눈을 감는 것과 유사한 행위는 어떤 것이 있을까 한번 생각해보자. 어쩔 수 없이 눈을 감게 되는 경우가 있다. 예컨대 물속을 떠올려보라. 수영하면서 물속에서 눈을 뜨지 못하는 사람들은 '물속'이라는 이상한 공간 감각을 느끼게 된다. 눈을 뜨고 느끼는 물속보다 눈을 감고 느끼는 물속에서는 훨씬 더 물속다운 느낌을 가질 수 있다. 시력이 나쁜 사람들은 눈을 뜨고서도 마치 물속을 걷듯이 헤맨다. 안경을 못 찾은 아침이나 목욕탕 안에서 뿌옇게 흐린 공기 안에서는 평상시와 달리 물속에 있는 듯, 마치 연체동물 같은 자신을 느낀다. 칠흑처럼 깜깜한 밤에 대자연 속을 걷자면 모든 공간 감각이 없어지며 자신의 무기

력함을 느끼는 동시에 짙은 안개 속을 걸을 때와 같은 무중력을 느낄 수 있다. 깜깜한 밤중에 잠에서 반쯤 깨어나 방향 감각 없이 온 사방에 몸을 부딪치는 체험이란 술에 취한 것과는 다른 느낌의 취함이다.

이런 상태들은 눈을 온전하게 못 쓰면서 생기는 '반(半)의식'의 상태다. 반의식 상태에서 느끼는 공간 감각은 무척 다르다. 일단은 위험을 느낀다. 그래서 불안하다. 그러나 다른 한편 평소에 느끼지 못했던 다른 감각들을 가동시키는 자신을 느끼게 된다. 더욱 예민해지는 청각을 느낀다. 더욱 민감해지는 촉각을 느낀다. 무엇보다 신기한 것은 공간의 파동을 느끼는 것이다. 마치 하등동물 또는 고등동물처럼 자신의 몸에서 뿜어 나간 파장의 반향에 따라 공간의 깊음을 헤아리는 것 같은 느낌이다.

한낮에 야외에서 잠을 자본 사람들은 그 야릇한 순간을 기억할 것이다. 잠에 빠져들 때 의식에서 무의식의 경계로 들어가는 순간의 느낌은 신기하다. 주변의 웅성거리는 소리가 갑자기 커지는 듯 느껴지고, 그러다가 소리가 아득하게 멀어지고 대신 주변의 공간이 부풀어 오르고 몸이 두둥실 떠오르는 것 같은, 마치 자신이 대기의 하나가 되는 것 같은 그 야릇한 체험 말이다. 아마도 인간이 일상에서 중력을 벗어나보는 유일한 순간이 아닐까 싶다. 일상의 체험 속에서 중력의 속박에서 벗어나 가벼워지는 부유감을 느껴보는, 희귀한 순간 중 하나다. 이러한 감각을 어떻게 실제 공간에 적용해볼 수는 없을까?

감은 눈을 다시 뜰 때 살아나는 세계

실내와 같이 한정된 공간이 아닌 곳에서 눈을 감아보자. 색다르다. 내 습관 중의 하나는 길에서 잠을 자보는 것이다. 차 속과 비행기 안에서는 물론이고, 터미널에서도 곧잘 잠을 청한다. 길 위에서 잠에 빠져보고, 건축물을 구경 갔다가 한 구석에서 눈을 붙여보기도 한다.

가장 기억에 남는 것은 하늘 위에서 눈 붙이기였다. 한 번은 플로렌스의 두오모 대성당 꼭대기 첨탑 밑에서였고 또 한 번은 프랑크푸르트 도심의 유명한 쇼핑 거리 자일(Zeil)에 있는 최첨단 상업 건물의 옥상 카페에서였다. 수백 계단을 걸어 두오모 성당 꼭대기에 오르면 플로렌스의 도시 풍경이 한눈에 다가온다. 라임스톤의 주황색 벽들과 벽돌색 기와지붕으로 통일된 경관이 멀리 언덕과 낮은 산이 배경이 되어 더욱 인상적이다. 다리는 아프고 땀은 뻘뻘 나는데 여기는 산들바람이 분다. 여행객들은 하나같이 배낭을 던지고 털썩 주저앉아 하염없이 도시의 풍경에 젖는다. 눈이 저절로 감긴다. 이윽고 졸음에 떨어지는 그 순간은 하늘로 날아오르는 기분이었다. 애니메이션으로 표현한다면 내 영혼이 두오모 성당의 그 크나큰 돔 지붕을 날아오르는 게 보일 것이다.

하늘과 맞닿는 곳에서 느끼는 부유감은 참으로 좋다. 대로변에서 또는 성당의 한구석에서 잠을 청하면 바쁜 여행길에 지친 몸을 쉬기도 좋지만 그 무엇보다 좋은 것은 눈 외의 감각으로 주변 세상을 느끼게 되는 것이다. 소리, 냄새, 허공, 촉감이 다가온다. 눈을 다시 뜨고 느끼는 아찔함도 빼놓을 수 없다. 세상이 다시 살아나는 그런 순간이다.

프랑크푸르트 자일 거리의 옥상카페에서가 그랬다. 피곤한 다리를 쉬러 카페에 들르자마자 잠시 곯아떨어지고 나서 눈 비비며 일어나 땅을 내려다본 나는 완전히 새로운 세계를 본 것 같았다. 자일 거리는 폭이 넓은 2킬로미터 길이의 보행전용 거리인데, 그 포장 패턴이 무척 대담하다. 땅에서는 전혀 느끼지 못하지만 이 10층 옥상에서 그 대담한 패턴이 갑자기 다가오는 것이었다. 게다가 하늘하늘 잎이 올라오는 나무들까지, 이 도시의 거대한 양탄자, 마치 마술 양탄자 위에 올라선 느낌이었다. 눈을 감을 때의 야릇한 느낌뿐 아니라 눈을 감고 나서 다시 살아나는 세계의 아찔한 발견. 이래서 우리는 눈을 감아봐야 하는 것이다.

눈으로 보는 그 이상을 느껴보라

눈이 극도로 발달되면서 인간은 다른 소중한 감각들을 잃어버렸다. 그럼으로 해서 잃은 것은 또 오죽 많을까? 얼마나 더 풍요로운 체험을 잃어버리게 되었을까? 이러한 풍요로움을 다시 찾아보기 위해 때로 눈을 감아보라. 옥상이든, 야외의 잔디밭이든, 공원 벤치이든, 바닷가에서든 한번 잠을 청해보라. 자유스러운 공간감을 느끼게 될 것이다. 부디 어디에서도 눈을 감고, 눈으로 보는 그 이상의 큰 세계를 느껴보라. 자신의 몸에 대한 감각이 달라지는 것을 느끼게 될 것이다.

눈을 감을 수 있게 하는 공간의 속성은 어떤 것일까도 관찰해보자. 어디에서나 뒹굴어 자도 괜찮은 비렁뱅이가 아닌 바에야 우리 보통 사람들이 눈을 감는 공간은 아마도 긴장을 푸는 가장 편안한 공간일 것이다. 사람으로 하여금 긴장하지 않게 하는 공간의 단서는 무엇일까? 사람에게 편안한 이완감을 주는 공간의 단서는 어떤 것일까? 눈을 감을 수 있는 공간이 어떤 공간인지를 고민해보자. 분명 눈을 뜨고 봐도 더 좋은 공간일 것임에 틀림없다.

눈 뜨고 느끼기
Feel with your eyes wide-open

의식의 눈을 활짝 뜨고 느껴라

인간의 눈이란 얼마나 오묘한가
우리는 감정까지도 눈으로 느낀다
눈이란 의식의 열쇠다

그러나 뭐니뭐니 해도 인간에게 눈은 무척 중요하다. 인간의 말초 신경세포 중 90%가 시신경이라니, 대단하다. 인간의 태생이 그러한지 아니면 진화에 의해 발달된 시각세포인지 오묘한 일이다. 눈이 극도로 나쁜 동물들, 예컨대 심해 어류들도 다들 자기 공간을 차지하고 잘 살아간다. 시각을 대체하는 감각이 엄청나게 발전한 동물들이기 때문이다. 그러나 사회적 동물인 인간에게 있어 시각이란 인간사회를 성립시키는 가장 중요한 감각이다. 눈이 없다면 인간에게 건축이나 도시란 태어나지 않았을지도 모른다.

눈의 '착시 현상'은 신기하기만 하다. 만약 착시 현상이 없다면 시각예술이란 존재하지 않을 것이다. 온갖 그림들과 디자인은 물론, 내가 무척 좋아하는 M. C. 에셔의 놀라운 판화 작품들도 없을 것이다. '잔상(殘像) 효과'가 없다면 모든 전자예술이란 존재하지 않을 것이다. '색채심리학'이란 놀라울 정도로 복잡하다. 사실 색채 구성 자체는 과학적으로 단순한 원리임에도 인간의 심리가 개입되면서 복잡다단해지는 것이다. '형태심리학' 그리고 '공간심리학'에까지 이르면 도대체 인간의 눈이란 정말 얼마나 오묘한가, 더 나아가 인간의 감정이란 얼마나 오묘한가를 알게 된다.

아름다움이나 추함만 눈으로 느끼는 것이 아니다. 인간의 감정까지도 눈으로 느낀다. 아름다움과 추함, 불쾌함과 유쾌함, 편함과 불편함, 호감과 비호감, 섹시함과 무덤덤함도 모두 눈으로 느낀다. 하물며 맛조차도 눈으로 느끼는 인간이다. 보기 좋은 떡은 맛도 더 좋다고 느끼는 것이다. 고귀한 감정도 눈으로 느낀다. 성스러움, 자유로움, 고양됨, 슬픔, 기쁨, 공감, 바름, 높음, 정화, 승화, 믿음과 같은 높은 차원의 감성들이다. 그러하니, '감성적 눈뜨기'란 얼마나 중요한 것인가.

다른 한편, 눈이란 '의식의 열쇠'인 만큼 눈뜨기란 항상 판단을 전제로 한다. 눈뜨기란 즉 머리를 작동시킨다는 뜻인 것이다. 기능적인 판단은 물론 이성적이고 지적인, 냉철하고 합리적이고 비판적인 시각이 가동되며, 그렇기 때문에 '지적 눈뜨기'가 중요한 것이다. 눈 뜨고 느끼기란 바로 지적 느끼기와 감성적 느끼기를 넘나들 수 있는 능력이다.

지적 눈뜨기와 감성적 눈뜨기의 딜레마

유홍준 선생의 책 『나의 문화유산답사기』가 전파한 강렬한 테제는 '아는 만큼 보인다'이다. 분명 그러하다. 아는 만큼 보인다. 알면 더 많은 것을 느낄 수 있다. 지적 느끼기의 폭이 넓어지고 깊이가 깊어짐은 물론이다. 감성적 느끼기의 폭과 깊이에도 변화가 따라온다. 만든 까닭을 알수록, 그 바탕에 숨어 있는 철학을 알수록, 숨어 있는 사연과 이야기들을 알면 알수록, 은연중에 또는 의도적으로 표현된 상징체계를 알수록 자신의 주체적인 눈으로 크게 또 깊이 느낄 수 있다.

그런데, 의문은 생긴다. 정말 '알수록 보인다'가 그대로 '느낀다'로 연결될 수 있을까? 아는 깊이에 따라 느낌에 영향을 받게 되는 것은 아닐까? 쉽게 얘기하자면, '속속들이 알고도 좋아할 수 있느냐?'는 의문이 생기는 것이다. 당연하게 '무엇을 어떻게 아느냐?'의 의문도 따라온다.

이 문제는 확실히 '건축'에 대해서 더 큰 딜레마가 된다. 건축이라는 자체가 자본과 권력에 의해 훨씬 더 영향을 받는 대상이기 때문이다. 정치권력, 자본권력, 문화권력, 언론권력이 알게 모르게 짜놓은 가치관에 의해서 우리의 판단이 영향을 받는 것은 물론, 그에 따라 현혹되고 유혹받는 것은 말할 것도 없다.

이른바 '토착 건축' 또는 '민중 건축'이라고 할 수 있는 겸허한 건축물과 작은 마을에 대해서는 그다지 딜레마가 없다. 지식인 또는 예술인들이 스스로의 사고와 삶의 철학을 바탕으로 하여 만든 건축물들에 대해서도 별 딜레마가 있을 리 없다. 귀족과 제왕이 만들었다 하더라도 그 안에 담긴 염원과 사상에 수긍한다면 큰 딜레마가 없다. 하물며 자신이 믿는 종교와 다른 종교 건축이라 하더라도 숭고하고 뜻깊은 공간에 대하여 우리들의 공감은 아는 만큼 커진다.

하지만 건축과 도시는 이보다 훨씬 더 크다. 이른바 유명한 건축물, 역사 속에서 빛나는 이름으로 살아남은 건축물들을 떠올려보라. 그들을 만든 권력과 그에 이용된 상황을 알게 되면 찜찜해진다. 가령 아주 쉬운 예로, 만리장성을 들어보자. 달에서도 보이는 유일한 인공 구조물이라는 만리장성을 보고, 그 담대한 규모와 드라마틱한 경관과 토목기술, 그리고 당나라의 패권과 중국의 파워에 감격하는 사람도 있는가 하면, 그 역사에 시달리고 희생된 민중들의 아픔, '성(城)'으로 상징되는 중화주의의 배타성을 떠올리는 사람도 있다. 절대 권력에 의해 지어져 역사 속에 살아남은 대부분의 건축물들이 이런 딜레마를 가지고 있다.

이런 예들은 무수히 많다. 기실 건축인이란 다른 예술인들보다 더 자주 이런 딜레마에 빠진다. 도덕적 딜레마다. 건축을 존재하게 하는 것은 '자본'과 '권력'과 '기술'인데 그 자본과 권력과 기술의 속성에 대해 비판적인 시각을 가지면서 건축 자체에 대한 회의를 가지게 되는 것이다. 건강한 자본, 건강한 권력, 건강한 기술에서 좋은 도시건축이 나온다? 꼭 그렇지만은 않다는 것이 딜레마다. 역사적으로 남아 있는 많은 위대한 건축물들이 집중적 권력, 부당한 자본, 자연 역행적 기술에 의해 생산되었다.

역사적 건축물은 상당한 시간이 지나며 그 상처가 아물었으니 또 그렇다고 하자. 최근 지어지는 건축물들은 어떻게 대할 것인가? 거대 자본에 의해서 지어지는 과시적이거나 철저하게 상업주의적인 건물들, 특정 정치인의 실적 쌓기 목적으로 빠르게 크게 화려하게 지어지는 건물들의 홍수 속에서 어떻게 눈을 떠야 할 것인가? 차라리 '치고 빠지기'나 '눈 가리고 아웅' 하는 식의 값싼 상업주의적 건물들은 그 사정을 이해할 수나 있다고 치자. 급조된 4대강 16개 보들의 구조물이나 전시관 같은 것들도 넘긴다 치자.

관건은, 보기에는 그럴듯하고 품질도 괜찮고 게다가 매력 포인트도 제법 있는 건물들을 어떻게 봐야 하는가이다. 당장 최근의 예들을 들어보자. 2012년에 완공되는 마치 파도가 밀려오는 모양의 서울시청, 외국 '스타건축가'의 작품을 낙점해서 짓고 있는 서울 동대문플라자, 하나하나 보면 썩 괜찮아 보이나 비슷비슷하게 적용된 수많은 구청사들, 예를 들자면 한이 없다. 세계로 눈을 돌리면 더 많은 예들이 있다. 질릴 정도로 화려한 두바이의 수많은 진기한 건물들, 파워를 과시하여 지은 초고층 건축물들과 스포츠 시설 등. 예컨대 2008년 베이징 올림픽에서 새장 모양의 주경기장과 최첨단 투광물질로 지은 수영 경기장은 컨셉, 첨단공법, 형태, 상징체계 등에서 탁월한 건축 성취임에도 불구하고, 왜 그리 비싸게 크게 화려하게 지어야 했는가에 이르면 물음표다. 더욱이나 2012년, 그야말로 경제적인 런던올림픽을 보고 나니 물음표는 더 커진다.

이토록 눈뜨고 느끼기를 어렵게 만드는 저간의 사정은 아주 복잡한 것이다. 눈을 뜬다는 것은 머리를 작동시키는 것이고 머리를 작동시키는 것은 많은 경우 논리적이다. 또 논리란 많은 경우 사회, 정치, 경제, 기술과 같은 변수에 의해 영향을 받는다. 지적 눈뜨기란 많은 경우 개념적 이해, 비판적 이해를 동반하기 때문에, 지적 눈뜨기에 강해질수록 감성의 작동을 억제 또는 견제하는 문제를 안고 있음도 부인할 수 없는 것이다. 나는 여기서 결론을 쉽게 내릴 수는 없다. 다만 감성적 눈뜨기와 지적 눈뜨기 사이의 상관관계를 이해하고 그 딜레마를 인식하자는 것이다.

절대적인 아름다움은 있는가

나는 옛 친구랑 만나면 격론을 벌이는 주제가 있다. '아름다움'이라는 가치에 대해서다. 건축 일을 하는 친구다. 그 친구의 지론은 '절대적 아름다움의 기준'이 있다는 것이고 나는 그 의견에 반대하는 셈이다. 아름다움의 기준이란 절대적일 수 없다는 게 내 생각이다. 그만큼 나는 사회적 가치관에 대한 의문을 많이 가지는 편이다. 그럼에도 여전히 한편에서는 과연 절대적 아름다움이 없을 수 있을까 하는 의

문부호도 여전히 가지고 있다.

격렬한 토론을 벌이기도 하지만 다행스럽게도 그 친구와 내가 공감하는 것이 하나 있다. 아름다움의 기준은 결코 눈의 기준이 아니라는 것이다. 그 친구와 나는 흥미롭게도 '촉감'에 기울어 있다. 만지고 싶고, 기대고 싶고, 안고 싶은 그러한 대상에 아름다움이 있다는 공통점을 갖고 있다. 아마도 다른 사람들은 전혀 다른 기준이 있을 것이다.

여하튼 요점은 이것이다. 눈을 뜨고서도 세상을 느끼는 것은 정말 어렵다. 눈의 파워는 막강하디 막강하다. 눈을 감기란 정말 어렵다. 또 눈을 제대로 뜨기도 정말 어렵다. 눈을 뜨고 생각하는 머리를 온전하게 작동시키면서도 여전히 느끼는 머리를 가동시킬 수 있는 능력, 우리 모두가 바라는 바다.

몸으로 느끼기
Feel with all your bodies

몸은 먼저 기억한다, 오감을 작동하라

온몸의 느낌을 쓰자
우리의 몸은 우리의 머리보다 똑똑하다
몸의 감각은 본능적이다

몸은 기억한다. 머리로 기억하는 것이 아니라 몸이 먼저 기억한다. 또한 몸으로 기억하는 것이 머리로 기억하는 것보다 훨씬 더 강력하다.

이를 증명하는 현상은 수없이 많다. 중고교 때 외웠던 수학 방정식은 영 기억나지 않는다. 하지만 한번 배운 수영, 자전거, 차 운전은 절대로 잊지 않는다. 컴퓨터 자판은 어떠하며 핸드폰 자판은 또 어떤가. 피아노는 어떠하며 하모니카는 어떠하며 피리는 어떠한가. 절대로 잊지 않는다. 하물며 내 어릴 적 유행처럼 배웠던 주판도, 절대 못 할 것 같은데 다시 해보면 금방 할 수 있다. 춤도 마찬가지다. 발이 스텝을 기억하고 다리가 리듬을 따라가며 어깨가 흥을 기억한다.

우리의 몸은 아주 정확히 기억한다. 우리의 손가락은 우리의 머리보다 훨씬 더 똑똑하다. 우리의 몸은 우리의 머리보다 훨씬 더 똑똑하다. 그만큼 몸의 감각은 본능적이다.

오감에 귀를 기울여보자

'내 인생의 책' 중 하나는 케빈 켈리의 『Out of Control』이라는 책이다. 이 책에서 내가 감탄했던 한 부분의 요점은 이랬다. 사람의 뇌는 결코 하나의 스토리를 전체로 뭉뚱그려 기억하는 것이 아니라 각 부분으로 나누어 뇌 여기저기에 마치 서랍처럼 저장한다는 것. 이 기억 정보들이 '출력'될 때는 새로운 스토리로 구성되어 출력, 즉 기억된다. 그 출력의 단서가 되는 것은 어떤 '자극'이다. 가장 강한 자극은 머리보다 몸의 감각을 통해서 오는데, 지적 자극인 시각보다 후각, 미각, 청각, 촉각과 같은 본능적 자극이 훨씬 더 강하게 작용한다는 것이다.

어떤 냄새에 어떤 사건이 떠오르고, 어떤 음식을 맛보고 갑자기 어떤 얼굴이 떠오르고, 어떤 소리를 듣고 다른 노래들이 귀에서 맴돌고, 어떤 감촉을 느낄 때 뜨거운 감정이 솟아나던 체험들이 기억나지 않는가? '감각적 기억'이 '지각적 기억'보다 훨씬 더 강렬한 단서가 되는 것이다.

우리의 감각은 우리의 뇌를 움직이는 촉수이자 안테나이고, 발신기이자 수신기이다. 우리 몸이 가동할 수 있는 모든 감각을 잘 가동할수록 우리의 뇌에 입력이 잘 됨은 물론, 출력도 잘되는 것이다. 동물은 위험천만한 자연 속에서 살아가면서 오감을 본능적으로 종합적으로 사용하고, 몸의 전체 기능을 최대한 발휘하면서 살아간다. 인간이 안전하고 위생적이고 편리한 공간을 만들어내고 쓸수록 불행히도 인간의 오감 중 시각 외의 기능은 점점 떨어지고 몸의 기능마저도 점점 쇠약해진다. 우리의 몸, 우리의 오감에 더욱 귀를 기울여보자.

오감을 건드리는 건축

그런데 우리의 건축이 과연 눈에 보이는 공간만으로 이루어지는가? 절대 그렇지 않다. 예컨대 사찰이나 성당과 같은 종교건축을 보자. 예불과 찬송의 소리가 울리는 목적이 없다면 그 공간을 만들 까닭이 없다. 고딕 성당은 공간 자체가 '악기'다. 파이프 오르간이 퍼지는 성당, 성가대의 노래가 퍼지는 공간에 들어서면 자신이 악기의 한 가운데 들어와 있음을 새삼 느끼게 된다. 그윽한 향이 퍼지는 미묘한 공기의 흐름을 모르고 종교 공간을 느낄 수 없다. 손에 닿고, 발로 딛고, 무릎을 꿇고, 온몸을 엎드리며 몸을 기대는 의식이 없다면, 그 속에 숨어 있는 신과의 교감 심리를 이해하지 못한다면 종교 건축에서 촉감이 갖는 의미를 헤아리지 못한다. 먹는 행위를 통해 친밀한 안도감을 느끼는 사람들은 먹을 구실을 만들기 위해서 종교 행사에서도 특별한 도구를 만들어낸다. '성(聖)'과 '속(俗)'을 잇는 행사이기도 하다. 사찰이나 성당에서 인간적인 교류의 행사들이 어떤 공간에서 이루어지는지를 보는 것은 마치 종교건축의 은밀한 비밀을 보는 것과 같다.

사람의 오감을 만족시키기 위해서 어떠한 공간이 구성되는지를 관찰하는 것은 아주 즐거운 일이다. 그중에서도 '집'은 오감에 대한 탐구의 대상이다. 적어도 '집'에 대해서는 모든 사람들이 눈으로 보는 공간 이상으로 청각과 미각과 후각과 촉각의 중요성에 대해서 관심을 기울인다. 어떻게 소리를 울리지 않게 하지? 소리를 어떻게 막지? 어떻게 소리가 흐르게 하지? 어떻게 맛나게 보이게 하지? 어떤 공간에서 먹는 게 더 맛있지? 어떤 냄새가 우리 집의 냄새지? 싫은 냄새를 어떻게 막지? 그리고 무엇보다도, 어떻게 내 몸을 편하게 앉히지? 내 발바닥을 안 아프게 하지? 내 등을 편하게 받쳐주지? 이런 수많은 의문들이 집에 대해서 쏟아지는 것이다.

그런가 하면 정반대로, 오피스나 관청, 공장과 같은 공간에서 인간의 오감을 어떻게 억제하고 제약하는지를 관찰하는 것도 흥미롭다. 기계적이고 위계적인 공간에서 인간의 근본적 감각을 마비시킴으로써 근본적 충동을 억제하고 오직 '업무'에만 뇌를 쓰게 하려는 목적이 작용하는 것이다. 각종 상업 공간에서 인간의 오감을 어떻게 유혹하고 또 어떻게 제약하고 있는지를 분석하는 것도 의미가 있다. '집'에 대한 태도와는 그렇게도 다른 것이다.

'몸'을 담는 건축, '동물(動物)'을 담는 건축

건축은 사람의 몸을 담는다는 점에서 다른 예술과 완벽히 다르다. 이 단순한 사실이 건축을 그리 복잡다단하고 또 매력적으로 만든다. 사람이라는 오묘한 주체가 공간 안에 들어감으로써 건축은 절대적 물체, 절대적 공간 이상의 역학이 생기기 시작하는 것이다. 건축가들은 이 단순한 진리를 재미있는 방식으로 표현한다. "건축에는 문이 있다" "건축에는 창이 있다" 등.

사실 건축에서 가장 중요한 것은 신체의 구조다. 이른바 인간공학(ergonomics)적 관점이 절대적으로 필요한 것이다. 선 키, 앉은 키, 팔 길이, 팔 뻗은 길이, 다리 높이, 앉은 다리 높이 등 기본이 되는 수치들이다. 지금은 너무 당연하다 싶지만, 본격적으로 적용된 역사는 백 년도 채 안 되었다. 고대의 신전이나 왕궁을 보면, 여기에 사람이 살았을까 싶을 정도로 규모가 크고 위압적이라 그들은 신관이나 왕족을 신에 가까운 '거인족'으로 생각했을 듯도 싶다. 권위와 위엄을 과시하려 했음을 이해한다 쳐도, 얼마나 불편했을까? 그런가 하면 농가나 보통 집 건축을 보면, 그 시대 사람은 이렇게 작았을까 싶을 정도로 작고 낮다. 에너지를 아끼려는 의도가 작용했음을 이해하더라도, 도대체 얼마나 불편했을까?

건축물과 그 안의 가구들이 '우리의 몸에 맞는 옷'인지 잘 살펴볼 필요가 있다. 최근 가구들이 자꾸 커지는 추세인데, 아무리 젊은이들의 신체 치수가 평균적으로 커진다 하더라도 근본적으로 '오버'인 경우가 많다. 몸집이 클 뿐 아니라 신발을 신고 입식생활을 하는 서구인들을 모델로 하는 것이 맞는지, 쓸데없이 아파트 크기를 키우려는 것은 아닌지 의심해볼 필요가 있다. 그래서 적합한 '휴먼 스케일(human scale)'을 고민하는 것이다. 단순히 수치에 그치는 것이 아니라 사람의 심리에 합당한 크기냐 하는 것이 관건이다.

게다가 인간은 '동물(動物)'이다. 끊임없이 움직이는 물체인 것이다. 사람의 '동(動)'이 없다면 대부분의 건축이란 죽은 건축이나 마찬가지다. 사람이 들어가며 건축은 살아난다. 사람의 활동이 건축의 생명이다. 사람이란 끊임없이 움직이기 때문에 때로 골치 아픈 존재이기 짝이 없지만 바로 이러한 속성 때문에 건축은 더 역동적이고 생명이 충만해진다.

건축이 어려운 것은 이 때문이다. 다루는 대상이 물체일 뿐 아니라 또 공간이다. 사람이 머물고 움직이는 공간을 다루어야 하는 것이다. 건축이 아마 다른 예술 장르보다 더 어렵다고 한다면 물체 자체뿐 아니라 물체와 물체의 관계로 이루어지는 공간을 다루어야 한다는 점 때문이다. 이러한 공간의 역학, 공간의 미학을 다루는 것이 건축의 매력이기도 하다.

물론 공간은 건축의 전유물만은 아니다. 조각 역시 오브제 이상으로 공간의 미학이 핵심이고 또 그리 되어야 한다. 춤이란 끝없이 펼쳐지는 공간의 미학이다. 특히 두 사람 이상이 추는 춤의 압권은 그들 사이의 공간관계에서 나온다. 그만큼 춤이란 고도의 공간예술이다. 홀로 추는 춤도 춤추는 이의 동작뿐 아니라 주변 공간과의 역학관계를 이루는 춤이 고차원적이다. 피겨 스케이터 김연아를 생각하면 금방 상상이 될 것이다. 김연아의 몸, 다리, 팔, 손가락이 만들어내는 공간과 그의 동작으로 공간을 크게 쓰는 모습은 단연코 압권의 공간미학을 보여준다.

사람의 움직임으로 이루어지는 모든 퍼포먼스 예술이 이런 공간적 속성을 가진다. 솔직히 나는 공간예술이 한층 더 고차원적인 예술이라는 편견을 갖고 있다. 예컨대 음악이라는 소리예술의 경우에도 소리라는 오브제만이 펼쳐지는 음악보다도 소리와 소리 사이의 공간이 느껴지는 그런 입체적 음악을 더 차원 높은 음악으로 생각하는 성향이 나에게 있다.

'움직이는 사람'을 기준으로 건축을 보는 것은 아주 중요하다. 대개 건축을 보면서 마치 그 공간을 하나의 고정된 공간, 응고된 공간으로 생각하기 쉽지만, 사실 건축공간이란 사람의 움직임에 의해서 끊임없이 변화한다. 사람의 움직임 때문에 시각의 변화가 생길 뿐 아니라 사람의 모임, 그 역학에 따라 공간이 부풀고 줄고 한다. 심리적인 공간의 역학이다. 기껏 5~6척의 인간 체구와 움직임으로 인하여 공간의 느낌이 완벽히 달라지는 것은 참으로 드라마틱한 체험이다.

걷고 싶은 도시, 만지고 싶은 건축

'걷고 싶은 도시가 가장 좋은 도시, 만지고 싶은 건축이 가장 좋은 건축'이다. 나는 이 말을 자주 하는데, 바로 '몸으로 느끼기'의 중요성을 압축한 개념이기도 하다. '걷고 싶은 도시'에는 수많은 의미가 담겨 있다. 사람은 움직임으로써 세상을 인식하는 주체가 되고 그 움직임으로 세상을 변화시킨다. 보고 싶은 것과 만나고 싶은 게 있을 때 사람은 걷고 싶어진다. 그만큼 흥미를 끄는 도시라는 뜻이다. 기분 좋게 걸을 수 있을 때 우리는 걷고 싶어진다. 그만큼 걷고 싶은 도시는 쾌적하고 건강하다는 뜻이다. '걷고 싶은 도시가 가장 좋은 도시'라는 것은 곧 '자신의 몸으로 느끼고 싶은 도시'가 가장 좋은 도시라는 뜻이다.

'만지고 싶은 건축이 가장 좋은 건축'이라는 말을 하는 것은 인간의 오감 중에서 촉감이야말로 가장 정직하게 우리의 본능을 드러내주기 때문이다. 시각의 현란한 유혹과 속임수는 물론, 청각, 후각, 미각도 여러 취향에 의해서 영향을 크게 받는 반면, 촉감을 속이기는 참으로 어렵다. 우리가 엄마의 자궁 속에서부터 배운 것이라 기억에서 없어지지 않는 것일까? 이끌릴 때 우리는 한번 만져보고 싶어 하지 않는가? 그렇게 만지고 싶어지는 건축이 많을수록 우리의 삶은 따뜻해진다. 외양에 속지 말고, 시각적 현란함에 속지 말고, 우리 눈의 거짓말에 속지 말고, 우리의 몸에 귀를 기울여보자. 사람의 몸을 위한 건축, 사람을 위한 건축임을 잊지 말자!

온몸을 쓰고 오감을 작동하며 느껴라

건축을 체험하고 도시를 체험하는 가장 좋은 방법은 그래서 온몸을 온전히 사용하는 것이다. 눈에만 의지하지 말고, 소리에 귀를 기울여라! 냄새를 흠흠 맡아보라! 이왕이면 손으로 만져보고, 맨발로 걸어보라. 털썩 앉아도 보고, 기대어도 보고, 누워도 보라. 무엇보다 끊임없이 몸을 움직여라. 걷고, 마음이 내키면 뛰어도 보라! 이런 체험을 다양하게 해볼수록 온몸으로 느끼는 능력은 자라난다.

생각을 느끼기
Feel your thoughts

느끼는 생각이야말로 진짜 생각이다

어떻게 생각의 울림을 느낄 수 있을까
생생하게 느낄수록 생각의 힘은 커진다

'몸으로 느끼기'의 대척점에 '생각을 느끼기'가 있다. '몸으로 느끼기'가 '눈감고 느끼기'와 통한다면, '생각을 느끼기'란 '눈뜨고 느끼기'와 통한다. '몸으로 느끼기'가 평소 소홀히 대하는 우리 몸의 온갖 감각들과 동적 역학에 귀 기울이자는 메시지를 담고 있다면, '생각을 느끼기'란 우리 머릿속에 들어있는 그 어떤 생각을 구체적으로 생생하게 느껴보자는 메시지를 담고 있다. 눈을 감음으로써 의식의 과도한 작동을 일시적으로 잠재우면서 다른 감각들을 깨우고 몸이 전하는 본능적 메시지를 듣는 것이 중요한 한편, 눈을 뜨고 의식을 완벽하게 가동시키면서 자신의 머리가 만들어내는 생각의 정체를 속속들이 파악하고 그 생각과 일체가 되는 것이 또 중요한 것이다.

그런데, '생각을 느끼기'라는 말이 성립되나? 생각을 하고, 생각을 알고, 생각을 이해하고, 생각을 파악하고, 생각을 발전시키고, 생각을 말하는 건 알겠는데, 생각을 느낄 수가 있는가? 이런 의문이 당연히 들 것이다. 하지만 생각까지도 느끼는 경지가 된다면 가장 생생한 생각이 될 것은 물론이다. 표현을 달리 하자면, '생생한 느낌에서 나오는 생각이냐?' 물을 수 있을 것이다.

과연 '느낀 생각'이냐 아니냐를 알아보는 방식은 그 사람이 하는 말이나 글이 진정 자신의 속에서 울려나오는 것인가를 파악하면 된다. 이른바 '진정성'이라는 것이다. 참으로 신기한 것이, '진정성'은 어떻게든 전해진다는 사실이다. 그 생각을 진정으로 하고 있다면, 단순히 외운 것이 아니라면, 단순히 전해들은 것이 아니라면, 단순히 상투적으로 당연하다고 여기는 것이 아니라면 그 생각을 진정 느끼고 있는 상태이고, 그 느낀 생각의 진정성은 분명 '울림'을 동반하는 것이다.

'왜, 무엇을, 어떻게?' 생각을 느끼기

그런데 어떻게 생각을 생생하게 느낀단 말인가? 어떻게 생각의 울림을 느낄 수 있단 말인가? 자신의 생각을 느끼고 남의 생각을 느낄 수 있는 조건으로 나는 다음 세 가지를 꼽고 싶다. 첫째, '왜' 원하는지 생생하게 느껴지고 또 공감될 때. 둘째, '무엇을' 실천할 수 있는지 알고 또 동의될 때. 셋째, '어떻게' 실현되는지 파악하고 또 이해될 때.

말로 하기는 쉽지만 실천은 참 어렵다. 첫째, '왜 원하는지를 안다'는 것은 자신의 내적 동기에 진정 마음이 담긴다는 뜻이다. 왜 나는 이것을 하고 싶은가, 왜 나는 이 생각을 하면 가슴이 설레고 가슴이 뛰는가, 왜 나는 이 생각을 하면 분노하는가, 왜 나는 이 생각을 하면 부푸는가, 왜 나는 이 생각을 꼭 실천하고 싶은가 등에 대해 자신에게 물어보라. 답을 할 수 있는가?

둘째, '무엇을 실천할 것인가'를 안다는 것은, 자신의 생각이 구체적이 되며 힘이 실린다는 뜻이다. 당장 해야 할 일은 무엇인가, 다음에 해야 할 일은 무엇인가, 이것이 실천되면 어떤 효과가 생기는가, 그리고 나면 누구에게 영향을 미치는가, 삶은 어떻게 달라지는가, 그 효과는 얼마나 오래 가는가, 다른 효과로 번질 수 있는 가능성은 무엇인가 등에 대해 자신에게 물어보라. 답을 할 수 있는가?

셋째, '어떻게 실현할 것인가'를 파악한다는 것은, 이른바 추진력이 붙는다는 뜻이다. 누구와 함께 일할 것인가, 어디에서 무슨 일을 시작하고 벌일 것인가, 언제 시작하고 어떠한 때에 벌일 것인가, 비용은 얼마나 드는가, 필요한 돈은 어떻게 마련할 것인가, 적정한 비용인가, 관리는 어떻게 할 것인가, 위험부담은 없는가, 위기를 어떻게 관리할 것인가 등에 대해서 자신에게 물어보라. 답을 할 수 있는가?

결국, '생각을 느끼기'란 얼마나 간절히 원하는가, 얼마나 계획되어 있는가, 얼마나 준비되어 있는가와 통하는 것이다. 막연히 생각하는 것이 아니라 절실히 생각하고, 추상적으로 생각하는 것이 아니라 구체적으로 생각하고, 관념적으로 생각하는 것이 아니라 체험적으로 생각하는 것이다. 이런 상태가 되면 생각마저도 느낌으로 다가온다.

'생각 느끼기' 역량

안타깝게도 많은 사람들이 '생각 느끼기'의 맛깔나는 경지를 맛보지 못한다. 배운 생각, 남들이 주입한 생각, 남의 의견에 영향 받은 생각, 이상적으로 보이는 생각, 모범적으로 보이는 생각, 멋져 보이는 생각에 머무는 것이다. 왜 그 생각에 자신이 끌리는지, 왜 그 생각이 자꾸 나는지 잘 의식하지 못하는 것이다. 왜 끌리는지, 왜 새록새록 자꾸 생각이 나는지 그 연유를 잘 살펴보라. 특이한 생각을 하는 게 중요한 것이 아니라 생생한 생각을 하는 것이 중요한 것이다. 분명 자신의 깊은 속에서부터 올라오는 '울림'이 있다. 그 울림에 귀를 기울여보라.

예를 하나 들어보자. 고 노무현 전 대통령의 '생각 느끼기' 역량은 나에게 참 인상적이었다. 참여정부의 큰 정책 목표 중의 하나는 '지역균형발전'이있다. 알다시피 지역균형발전 또는 국토균형발전은 국토계획, 도시계획의 수십 년 동안 단골 정책목표 중 하나다. 그만큼 우리 국토의 왜곡 발전은 심각하다. 수도권은 점점 비대해지고 있는 반면에 지방은 점점 약화되고 있기 때문이다. 나 역시 이 분야에서 수십 년 동안 듣고 공부하고 또 고민하던 생각이었다.

그런데 당시 노무현 대통령과 회의에서 직접 토론을 하면서 이 정책은 대외적 정책목표가 아니라 진정 그의 마음속에서 울림이 있는 생각임을 새삼 느끼게 되었다. 그는 단순히 행정중심복합도시, 혁신도시 같은 정책수단의 내용을 설명하는 것이 아니었다. 지역균형발전 정책을 썼을 때 주민의 삶이 어떻게 달라질지, 지방 대학의 역할이 어떻게 달라질지, 지방의 중소기업에게는 어떤 영향을 주게 될지, 지방 상권은 어떻게 새로워질지, 지방 젊은이들에게는 어떤 희망을 줄 수 있을지에 대해서 자신의 심정을 담아 이야기하는 노무현 대통령을 보면서, 이 정책은 진정 그의 아픔과 바람과 분노와 열망에서 비롯되었다는 것을 확실히 느낄 수 있었다.

사실 이런 생생한 생각도 대외적으로 표방될 때는 무척 건조하고 울림이 빠진 언어로 변해버린다. 이른바, '관료적이고 기계적인 행정언어'가 되어버리는 것이다. 아쉬운 일이다. 노무현 전 대통령의 진정성 있는 생각이 그 울림으로 국민에게 다가가야 공감대가 훨씬 더 커질 터인데 말이다. 상투적인 언어가 아니라 생생한 울림이 있는 언어가 일상적인 언어가 될수록, 사회는 진정 속으로부터 변화할 수 있음은 물론이다. 건축과 도시에서 이런 생생한 울림이 있는 생각이 퍼져갈 수 있다면 얼마나 좋겠는가.

인간의 생각이 담긴 건축과 도시

건축과 도시가 복잡하다면 인간의 '생각'을 담기 때문이다. 정신적, 철학적, 사회적, 정치적, 경제적, 기술적, 환경적, 문화적, 예술적인 온갖 생각이 작동하는 것이다.

어떤 생각들인가? 사실 우리 인간이 생각할 수 있는 모든 것들이다. 떠오르는 대로 한번 생각해보라. '자연과의 교감, 신과의 합일, 공동체의 확인, 균형발전의 구현, 지역경제의 활성화, 시민사회의 공감대 형성, 공동체 정신의 확인, 건강한 공공성의 구현, 에너지 절약, 교통비용 절감, 혼잡비용 절감, 지역경제 활성화, 생태환경의 조화, 모든 시민의 예술 향유, 품격 있는 공간, 인간 상상력의 무한한 발휘, 진보적 가치의 구현, 예술적 상상력의 총합, 시민정신의 확인, 축제로서의 공간, 안전한 환경, 오래 쓸 수 있는 기술, 큰 공간을 만드는 기술의 발전, 새로운 공법과 건축 기술의 발달, 커뮤니티의 발견, 가족의 발견, 개인의 가능성의 발견, 인간다움의 표현, 우리다운 문화의 표현 등, 우리가 인간사회를 영위하기 위해 생각하고 인간의 상상력이 동원할 수 있는 모든 생각들이다. 만약 '느낌'까지 포함한다면 더 많은 생각의 목록들이 있을 것이다.

이 모든 생각들이 우리의 건축과 도시에 투영될 수 있는 생각인 것이다. 구체적인 프로젝트에 집중할수록 이 생각들은 더 정교하고 더 구체적인 생각들로 발전한다. 총괄적인 '가치'로서 합당하냐 아니냐를 떠나 구체적인 프로젝트를 통해 실질적으로 도달할 수 있는 생각인가 아닌가, 고민하게 되는 대목이다. 바로 이때 '생생하게 생각을 느끼기'의 역량이 작동된다. 생생하게 느낄수록, 생각의 힘은 커진다.

건축 속에 숨어 있는 생각을 어떻게 느낄까

우리도 생각을 생생하게 느껴보자. 생각을 느끼는 사람들이 하는 생각에는 확실히 설득력이 있다. 뱃속에서 울리는 힘이 실린다. 심장에서 솟아오르는 열기가 전해온다. 머리에서 전파되는 에너지가 느껴진다. 의지가 강해진다. 추진력이 높아진다.

우리 인간사회를 투영하고 우리의 인간성을 담는 대상인 건축과 도시에는 수많은 생각들이 녹아 있고 또 무한한 생각들을 녹여낼 수 있다. 부디 상투적이거나 관성적인 생각에서 벗어나서 내가 왜 이 생각에 끌리는지, 무엇을 할 것인지, 어떻게 해낼 것인지 구체적으로 생각해보자. 분명, 우리도 생각을 느낄 수 있다.

예술 속의 건축성 맛보기
Taste 'architecture-ness' in arts

예술의 영혼을 만져보라

영화, 소설, 시, 음악,
그림, 조각, 사진, 춤, 연극에서
건축과의 공명을 느껴보자

매력적이게도, 건축은 예술이다. 물론 건축은 예술로만 규정하기에는 너무도 '골치 아픈 현실'이기도 하다. 이 점에서 나는 참 영화판과 동병상련을 느낀다. 영화 역시 '자본과 권력이 기승을 부리는 골치 아픈 현실'을 이겨내야 가능한 작업이기 때문이다. 영화와 건축이 상통하는 점은 이 외에도 많다. 영화와 건축 모두, 다양한 장르를 꿰뚫는 복합예술이고, 자본의 힘과 끈끈한 관계를 가지지 않으려야 않을 수 없고, 대중성과 예술성을 같이 염두에 두어야 하고, 다양한 기술을 엮은 복합공정을 통해 만들며, 수없이 많은 사람들이 협력해야 하나의 작품을 창조할 수 있다.

이런 유사성 때문인지, 건축인들 중에는 영화 마니아들이 꽤 많다. 나 역시 지독한 영화광이다. 나를 포함한 많은 건축인들이 영화 한번 만들어보고 싶다는 꿈을 꾸는 것도 이와 무관치 않다. 어찌 꿈이라도 안 꾸어보랴? 건축가의 역할과 영화감독의 역할은 상통하는 바가 정말 많다.

영화인들 중에서도 건축 팬들이 참 많다. 건축 공부하다가 영화판으로 간 감독들도 있다. 대표적으로 〈건축학개론〉을 만든 이용주 감독과 〈별들의 고향〉을 만든 이장호 감독이 있다. 영화감독들의 건축과 도시에 대한 관심이 무척 뜨겁기도 하다. 내 기억에 〈스캔들: 조선남녀상열지사〉의 이재용 감독, 〈올드보이〉를 만든 박찬욱 감독, 〈고양이를 부탁해〉의 정재은 감독은 열정적인 건축 팬, 도시 팬이다. 어찌 안 그럴까? 영화 자체가 주는 스토리텔링과 무한한 상상이 매력적이기도 하거니와 영화 속에서 건축과 도시 공간은 빠질 수 없는 무대이자 상상력을 자극하는 소재이다.

하지만 건축과 영화가 분명 다른 점이 있다. 건축은 절대로 땅에서 벗어날 수 없고 중력에서 벗어날 수 없는 실체이고, 영화는 완벽하게 프리하다. 제작에 있어서도 건축은 '주문'이 있어야 성립될 수 있지만, 영화는 '기획'을 통해 세상의 평가를 받을 수 있다. 이 점에서 영화 분야가 참 부럽다. 상상력과 실현력이 같이 갈 수 있는 것이다.

'영화'와 '도시상상' 프로젝트

교육과정에서 '영화'를 하나의 텍스트로 또 자극의 매체로 많이 활용하는데, 건축과 도시 분야에서도 영화의 유용성은 무척 높다. 앞의 '팀워크' 부분에서 거론했던 카이스트의 〈도시상상〉이라는 과목에서 나는 '미래 영화, SF영화를 본 소감을 내라'는 개인 프로젝트를 꼭 요구했다. 오죽 근사한 영화들이 많은가. 내가 '최고의 영화'라고 부르기 주저하지 않는 〈매트릭스〉를 위시하여 〈블레이드 러너〉〈마이너리티 리포트〉〈메트로폴리스〉〈이퀼리브리엄〉〈에일리언〉〈스페이스 오디세이〉〈아바타〉〈이온 플럭스〉〈울트라 바이올렛〉〈아일랜드〉〈토탈리콜〉〈인셉션〉〈배트맨〉〈가타카〉〈브라질〉 등 환상적인 SF영화들이 수없이 많다. 여기에 미야자키 하야오의 〈바람계곡의 공주〉〈하울의 움직이는 섬〉〈원령공주〉 등이나 〈공각기동대〉 클래식까지 포함하여 탁월한 만화영화들도 수없이 많다. 영화 보고 숙제하는 자체가 맘에 들기도 하겠지만 자신이 직접 꼽은 영화를 주제로 탐구하는 과제이니만큼 학생들은 이 과제에 열광한다.

학생들은 자신의 시각으로 미래영화에 비친 사회관, 도시관, 생태관, 인산관, 기술관, 생명관, 공간관, 건축관, 자연관, 지구관, 우주관 등을 분석한다. 그리고 비관적인 미래와 긍정적인 미래 사이에서 고민하며 그들이 그리는 미래의 세계에 대한 생각을 펼친다. 그 과정에서 인간의 무한한 상상력과 능력뿐 아니라 '오직 작은 인간일 뿐'인 인간의 한계도 깨우쳐간다. 그 과정에서 카이스트 학생들은 그들이 습득하고 탐구하는 과학기술이 인간세상과 어떤 관계를 가지는가에 대한 생각도 키워간다. 아마도 이 학생들은 그들의 인생 그 어느 시점에서 자신의 작업을 통해 우리의 도시와 인간 사회를 변화시키는 단서와 자극을 찾고 구체적인 액션으로 나아가리라.

영화 〈마이너리티 리포트〉의 제작자이자 감독이었던 스티븐 스필버그는 영화를 찍으면서 철학자, 미래학자, 도시학자, 건축가, 디자이너, 기술 혁신가들과 함께 '상상 팀'을 꾸려 미래의 워싱턴 D. C.를 그려냈다. 그 영화에 나왔던 몇 가지 기술 아이템들은 이미 현실화됐고 아마도 영화 속 미래의 상당 부분이 곧 현실화될지도 모른다. 미래를 상상해서 영화를 만들고, 그 영화가 다시 우리의 미래가 되는 것이다. 실제 우리 인간 세계에서도 상상을 현실화시키는 팀이 끊임없이 작동한다. 카이스트 학생들은 그들의 미래에 분명 그러한 역할을 하리라.

'구축'을 배우고 '공간'을 이해하고 '상징'을 드러내는 예술

언제나 쉽게 볼 수 있는 영화 외에도 우리가 다양한 예술 장르에 끌리게 되는 것은 우리의 감성에 호소하기 때문일 것이다. 현실의 스트레스를 잠시라도 잊고 싶은 욕구가 발동하는 것은 물론이다. 그런데 한편으로는 자신의 일과의 유사성 또는 차이점을 찾는 심리도 작용하지 않을까? 확실히 직능군마다 가깝게 또는 멀리 느끼는 예술 장르가 있기는 하다. 나의 성향을 보면 다양한 예술에서 건축성을 발견하고 다양한 방식으로 느낄 때 더욱 매료된다. '건축성'이라 함은 주로 세 가지 성격이다. '구축'의 문법을 배울 수 있고, '공간'에 대한 눈을 틔어주고, 그리고 '상징'의 단서를 열어주는 것.

'음악'은 작곡이라는 측면에서 참 건축과 비슷하다. 작곡의 묘미란 놀랍다. 작곡 작업에 스며있는 천재성과 편곡에 스며있는 총괄성에 나는 항상 감탄을 금치 못한다. 멜로디, 리듬, 조(調)의 설정과 변형, 박동, 긴장과 이완이 교차하는 재미를 배우고, 특히 가슴을 건드리는 '클라이맥스'로 가는 전개를 배울 수 있다. "건축은 고요한 음악(silent music)"이라고 하는데 이 표현에 담긴 지혜에 공감할 수 있다. 음악이 '움직임'을 음악의 문법으로 구축한다면 건축은 '움직임'을 건축의 문법으로 다룬다.

'시'가 좋은 것은 음악과 유사하다. 시 낭독을 듣거나 직접 해보면 금방 알게 되는데, 시는 정말 음악으로 들리기 때문이다. 하지만 시의 가장 큰 매력이라 한다면 역시 '상징'의 구사다. 은유건 비유건 표면에 나타나는 이상의 차원을 표현하는 마력을 가진 시, 그러한 시성(詩性)을 추구하는 것은 시뿐 아니라 모든 예술, 건축에 있어서도 마찬가지일 것이다.

'산문'만큼 건축적인 것이 또 있을까? 어휘와 어법과 문맥을 통해 치밀하게 구축해가는 산문은 건축 어휘와 어법과 문맥을 통해 구축해나가는 건축의 성격에 무척 가깝다. 산문이 건축보다 더 우월한 점이라면, 그 구축된 결과가 무한한 해석을 가진다는 점이 아닐까 싶다. 문학적 상상력의 여지를 남겨둘 수 있는 산문과 같은 건축, 즉 다양한 해석이 가능한 건축을 만들 수 있다는 것은 정말 축복일 것이다.

'그림'에서 나는 오히려 건축성을 느끼기 어렵다. '사진'에서도 마찬가지다. 그림이나 사진은 건축과 밀접한 관련을 가지고 있고 건축 작업 과정에서 그림과 사진 매체를 긴요하게 사용하면서도 여전히 이 문제를 느낀다. 그림이나 사진이 건축물과 건축공간을 대상으로 삼는 경우가 무척 많음에도 불구하고 여전히 그렇다. 아마도 이것은 나의 편견 때문일 수도 있다. 가장 밀접하게 쓰는 매체이기 때문에 오히려 그 한계를 더 느끼는지도 모른다. 즉, 그림과 사진이 본질적으로 '2차원적'이고 '정지된 시간'을 표현하기 때문이다. 그림을 잘 그리는 사람일수록 오히려 3차원적인 공간 감각이 젬병인 경우가 많은데 바로 이런 속성 때문일 것이다. 이런 점에서 나는 2D 그래픽디자인을 하는 사람들이 건물의 색채, 사인과 같은 건축디자인이나 도시환경디자인을 하는 것에 반대하는 편이다. 그들은 건축이나 도시라는 3차원적 공간을 평면적으로 해석하는 경우가 많다. 더 입체적 해석을 위한 훈련이 필요할 것이다

물론 '그림'과 '사진'의 매력은 바로 그 2차원성과 정지된 시간성으로부터 나온다. 일상에서 느끼기 어려운 순간을 포착함으로써 나타나는 매력이다. 이런 단순화 작업을 통해서 선명해지는 것은 공간의

본질적 성격이다. 빛의 조화, 극명한 대비, 찰나의 포착에서 장소의 속성이 선명하게 드러나는 것이 매력적이고 그러한 순간을 실제 체험과 비교하는 재미도 만만치 않다.

'조각'이란 그 입체성 때문에 건축과 유사하다고 일컬어지지만, 사실 더 중요한 것은 조각의 공간성이다. 다만 많은 조각들이 입체성은 있어도 공간성은 부족하다는 문제가 있다. 특히 우리사회에서 오브제로서의 조각은 해악이 많다. 길거리에 그렇게 많은 환경예술품들이 오브제로서의 조각에 불과하여 거리 환경에 오히려 폐해를 끼치는 것은 대표적 예다. 오브제로서의 조각에서부터 벗어나 공간의 창조로서 조각이 부상하기를 나는 기대하는 편이다.

많은 예술 장르 중에서도 춤이나 연극, 영화에 내가 매료되는 것은 이들이 공간과 떼려야 뗄 수 없다는 성격을 갖고 있기 때문일 것이다. 한정된 무대, 한정된 화면임에도 불구하고 공간의 확장을 가능케 하는 성격이 항상 감탄을 자아내게 한다. 이들이 종합적인 매체를 사용하는 것도 구축적인 작업을 강화하는 성격이 된다. 공간과 사람과 시각과 소리를 동시에 쓰면서 시간에 따라 흐르는 것, 가장 일상에 가까운 종합적 의사체험이다.

그중에서도 영화에 매료가 되는 것은 영화 제작과정의 복잡성이 건축 이상으로 복잡하다는 이유도 있고, 영화란 항상 어떠한 공간을 상정하는데 그 공간을 어떻게 상정하는지가 주목거리가 되기 때문이기도 하다. 사람의 눈과 다른 카메라의 눈으로 공간이 어떻게 변형되는지 보는 것도 즐거운 일이다. 극히 사실주의적 영화에서도 현실의 공간은 다른 성격의 공간으로 태어나곤 한다. 또한 영화 속에서 공간은 종종 세트적 공간, 도구적 공간이 되기도 한다. 이러한 공간의 연출이 실제 건축 공간 만들기에 어떠한 영향을 주는지를 분석하는 것도 흥미로운 이야깃거리다. '비디오 아트'에서도 극명하게 드러나듯이 영상에서 표현되는 공간이란 극히 임의적이고 포착된 순간의 연속이다. 절대성이나 영속성을 기대하기 어렵고 끊임없이 다시 태어나는 변화의 흐름일 뿐이다. 이런 영상 이미지의 시대에 '건축'은 어떤 변화를 겪고 있는가? 흥미로운 의문거리다.

예술의 힘을 통해서

예술의 힘이란 엄청나다. 우리의 감(感)을 동(動)하게 만듦으로써, 우리의 느낌을 움직이게 해줌으로써, 제기와 자극의 지평을 넓혀줌으로써, 우리 인간 감성의 무한한 힘을 키워준다.

우리는 예술에 그저 끌린다. 소리의 자극에 끌리고, 시각의 자극에 끌리고, 공간의 자극에 끌리고, 말과 글의 자극에 끌리고, 움직임의 자극에 끌린다. 끌리는 이유는? 자신의 느낌에 다가오기 때문이다. 느낌에 다가오는 이유는? 이것은 조금 더 답하기 복잡하다. 왜 어떤 것은 느낌으로 올까? 단순히 아는 것이나 이해하는 것이 아니라 왜 마치 자신과 하나가 되는 듯한 느낌, 시원해지는 느낌, 마치 떠오르는 듯한 느낌, 가슴이 뜨거워지는 느낌, 또는 가슴이 서늘해지는 느낌이 올까? 왜 감(感)이 동(動)할까?

그 연유를 꼭 설명할 수 없어도 좋다. 사실 꼭 설명할 수도 없다. 만드는 사람조차도 모르면서 우리의 감성과 영혼을 온통 흔드는 예술을 만드는 경우도 적지 않은 것이다. 다만 그러한 흔들림을 통해 우리는 끝없이 새로 태어난다. 얼마나 큰 축복이랴! 예술의 힘이여!

시간 느끼기
Experience Time

눈에 안 보이는 시간, 어디에나 배어 있다

오늘은 어떤 시간인가
얼마나 오랜 시간을 그 안에 안고 있는가
지금은 몇 시인가, 그 시간이 느껴지는가

내가 곁에 두고 아끼는 물건 중에 작은 운석이 있다. 오래 전 황학시장의 만물리어카에서 샀다. 손에 꼭 들어오는 작은 운석, 책상 옆에 두고 가끔씩 쥐어본다. "너는 어디에서 왔니? 도대체 얼마나 긴 시간을 거쳐 지구에 왔니? 왜 지금 내 곁에 있는 거니? 나에게 무엇을 말하고 싶니?" 영겁의 시간을 품은 듯한 운석의 마음을 헤아려본다.

시간. 눈에 보이지 않으나 항상 있는 존재. 엄밀하게 말해서 현재도 없고 과거도 없고 미래도 없는, 언제나 연속선으로만 있는 것이 시간이다. 아무리 붙들려 해도 흘러가는 것이 시간이다. 시간만큼은 돈으로도 권력으로도 사지 못한다.

역사상 인간은 영원불멸의 꿈으로부터 자유롭지 못했고, 건축은 종종 그 꿈을 실현하려는 도구가 되곤 했다. 이 꿈은 그렇게도 강렬해서 신전건축이나 무덤건축을 통해 어차피 소멸될 인간의 육체를 넘어서서 우주의 신비를 헤아리려는, 그래서 영겁의 시간에까지도 존재하려는 그런 욕망들이 표출되었다. 위대한 건축을 통해 시간을 초월하여 영원의 시간을 소유하려는 욕구다. 그런가 하면, 과학적 지식이 늘어남에 따라 인간은 인간의 무한한 능력에 대해 자신감을 가지면서도 다른 한편 인간의 작음, 인간의 한계에 대해서도 더 겸손해졌다고도 할 수 있다. 아는 것이 많은 만큼 더 현실적이 되었다고나 할까? 현대의 사람들은 시간을 넘어서려는 꿈을 아예 포기하곤 한다. 시간 초월적인 가치보다 세속적 가치에 더욱 좌우된다. 중요한 것은 오히려 '현재'다.

시간에 대한 이런 두 가지 태도는 극과 극이다. 시간의 초월을 꿈꾸는 것은 비현실적이면서도 인간의 한계를 넘어서고자 한다는 점에서 지극히 인간적인 태도이고, 자신의 현재적 시간에 충실한 것은 지극히 현실적이면서도 인간의 한계를 그대로 받아들인다는 점에서 지극히 비인간적이기도 하다.

현재석 사고란 무척 실천적일 수도 있다. 문제는 현대인의 현재란 대개 '시간감각이 없는 현재성'이라는 점에 있다. 과거와 미래와의 연속선상에 있는 현재가 아니라 '과거와 미래로부터 단절된 현재'다. 마치 긴 비행기 여행을 하고 난 뒤에 빠지는 '시간감각의 마비 현상'과도 같다. 당장 눈앞에 가능한 것에 의해서만 좌우되는 현재다. 불행한 일이다.

시간감각이 없다는 것은 존재의 의미를 잃어버리는 일이다. 한낱 '동물'에 불과해진다. 유전자에 각인된 생존기술의 기억 외에 의식적인 기억이라고는 없는 동물은 그래서 생존에 자족하는 역량이 탁월하지만 스러지면 그뿐이다. 존재가 없어도 존재가 있는 그런 상태가 되지 못한다. 존재가 있어도 존재가 없는 것과도 같다.

시간감각을 찾아주는 건축의 역할

잃어버린 시간감각을 찾아주는 데 건축의 주요한 역할이 있다. 건축은 대개 인간이 만드는 다른 존재들보다 수명이 길다. 종종 인간의 수명보다 길다. 물론 현대 건축물이란 그 수명이 불과 한 세대를 넘지 못하는 경우도 왕왕 발생하여서 임시 건축인 듯할 때도 적지 않다. 지금의 우리 도시상황에서 벌어지듯, 20년이 채 안된 건물들을 재건축하는 일들이 그것이다. 그러나 튼튼하게 지은 건축물은 최소 50년, 100년은 물론 때로 그 이상을 버틴다. 물론 소소한 변화, 설비의 변화, 용도의 변화는 당연히 있게 마련이다. 그러나 그것이 바로 건축에 쌓이는 연륜이기도 하다.

건축은 '시간성'이란 독특한 과제를 던져준다. 어떻게 지금 시간을 느끼게 할 것인가? 어떻게 시간의 성상에도 버틸 수 있게 할 것인가? 어떻게 시간에 따른 변화의 여지를 남겨둘 것인가? 흥미로운 과제들이다. 그러려면 건축인 스스로 시간을 느끼는 훈련을 해야 한다. 사실 다른 어떤 훈련보다도 시간 느끼기 훈련이란 쉽다. 시간은 항상 거기에 있고 또한 눈에 보이는 현상으로 나타나기 때문이다. 태양계에 살고 있는 덕분에 내려진 축복이다. '빛'이라는 존재로, '낮과 밤'이라는 존재로, '계절'의 변화라는 존재로, 식물의 변화하는 모습이라는 형태로 시간은 항상 거기에 있다. 정말 시간의 축복이 아닐 수 없다. 이렇게 그 모습을 나타내어주니 말이다.

건축이란 시간의 현상을 더 생생하게 느끼게 해줄 수 있어야 한다. 빛의 변화에 따라 항상 똑같은 건축, 낮이나 밤이나 똑같은 건축, 여름이나 겨울이나 똑같이 느껴지는 건축은 좋은 건축이 아니다. 푸르른 초록과 메마른 갈색의 식물 변화가 건물의 표정을 바꿀 수 있으면 그만큼 좋은 건축도 없다. 이런 시간의 변화를 표현하는 과제란 건축의 영원한 과제중의 하나여서, 건축은 '빛'과 '공기'와 '기온'의 변화와 끊임없이 새로운 관계를 만들어낸다.

더구나 시간이 좋은 것은, 시간이 갈수록 그 지나간 시간이 물질적 흔적으로 남는다는 것이다. 오래된 것은 오래되어 보인다. 손때가 묻고, 먼지 때가 끼고, 기름때가 끼고, 빛에 바랜다. 풍상의 시달림에 때로 뒤틀림이 있고, 부서진 구석이 있다. 사람이 가하는 변화도 적지 않다. 간판이 붙고, 창문이 바뀌고, 증축이 있기도 하고, 재료가 바뀌기도 한다. 이것은 자연스럽다. 우리가 사는 모습은 계속 변화하는 것이 정상이고, 모쪼록 건축은 그 변화를 능동적으로 표현해주는 것이 좋다. 다만, '시간의 적층(積層)'으로서 존재하는 것이 좋을 뿐이다. 갑작스런 '시간의 단층(斷層)'은 오히려 시간감각을 잃게 만든다.

그래서 항상 새 건물처럼 보이는 건물은 정말 나쁘다. 항상 새 공간처럼 느껴지는 공간은 정말 나쁘다. 지나간 시간의 쌓임이 느껴지는 건축물은 정말 좋다. 지나간 삶의 흔적이 느껴지는 공간은 정말 좋다. 도시에서 과거의 시간을 느낄 수 있는 장소가 필요한 것도 이 때문이다. 그것은 꼭 전통보전이라는 형식적인 목적 때문이 아니다. 우리 문화의 특징적 자태를 보여주려는 것도 아니다. 바로 우리 존재의 확인이다. 우리가 갑자기 하늘에서 이 시간에 떨어진 것이 아니고, 우리가 이 자리에 있는 것이 갑자기 없어지지 않을 것이라는 믿음을 주는 것이다. 도시에 있어 시간의 흔적은 도시에 사는 우리들에게 그만큼 안정감을 준다.

그런데 딜레마가 있다. 현대에 지어지는 건축, 그것이 건물이건, 조경공간이건, 도로건, 광장이건, 교통시설물이건, 사인물이건 간에 대부분의 인공물이란 대개 시간과 무관한 소재에 의해 만들어지기 십상이라는 사실이다. 철, 유리, 플라스틱, 세라믹, 합성재 같은 인공소재다. 이들은 쓰기에 기막히게 편하다. 짓기도 간단하고, 조립을 위주로 하기 때문에 짓는 시간도 짧다. 그런데 이 인공소재들은 나이가 잘 들지 않는다. 시간이 가도 여전히 그 재료 그대로다. 항상 새것으로 보인다.

이런 현대 건축물들은 마치 오스카 와일드의 소설에 나오는 '도리언 그레이의 초상'과도 같다. 늙음의 흔적이 안 보이는 것이다.

시간의 속도, 변화의 딜레마

더 큰 딜레마도 있다. '시간의 속도'다. 점점 빨라지는 속도 때문에 시간감각을 잃게 되는 것이다. 변화의 단층이 일어나는 속도가 점점 더 빨라지는 데에서 야기되는 소외감과 상실감이다. 현대도시에서 팽배한 문제다.

돌과 나무와 흙과 풀의 자연소재가 주로 쓰인 전통마을에서 사람들은 깊은 안정감을 느낀다. 향수 때문만이 아니다. 옛 시간으로 되돌아가는 듯한 안정감 때문만이 아니다. 전통마을들은 마치 '항상 거기에 그대로 있을 듯'이 느껴진다. 곳곳에 배어 있는 시간의 흔적 때문이다. 그러한 시간의 흔적은 느리다. 느린 시간감이 사람들에게 안정감을 준다. '깊고 느린 시간성'이라고나 할까? 사람들이 여전히 유럽도시들에 매료되는 것도 이 때문일 것이다. 주로 벽돌과 돌로 만들어진 유럽의 소도시들은 분명히 인공 환경임에도 불구하고 이상하게 인공의 환경이라기보다 '백 년 전에도 거기에 있었고 백 년 후에도 거기에 있을 듯' 보인다. 이미 자연의 한 부분이 되어 있는 '인공적 자연'이 된 것이다.

전주 한옥마을

'깊고 느린 시간성'에 반대되는 '얕고 빠른 현대의 시간성'에 어떻게 대해야 할 것인가? 딜레마가 아닐 수 없다. 끊임없이 시간의 새로움을 추구하는 현대 사람들, 브랜드-뉴(brand-new), 트렌드, 첨단, 혁신, 변화, 변신을 좋아하는 현대라는 시간 속에서 어떻게 '시간성'이라는 것을 건축에서 가질 수 있겠는가? 이 의문에 대해 확신에 찬 자신의 답을 가진 사람이라면 무척 행복한 건축인일 것이다. 나는 확신에 차 있지 못하다. 나는 지금의 시간을 되돌릴 수는 없다고 생각한다. 복고적인 것이 꼭 좋다고 생각하지도 않는다. 시간과 함께 익어가곤 하는 자연소재의 건축만을 고집하기도 어렵다. 나무, 돌, 벽돌, 하물며 인공자연으로서의 콘크리트 소재를 고집할 수도 없다고 생각한다.

다만 나는 몇 가지 단서들을 꼽고 있을 뿐이다. 사람의 몸의 시계를 느낄 수 있게 하는 건축(빛, 햇빛, 자연의 조화를 감지할 수 있는 요소들), 자연의 시계를 감지하는 생명체들이 풍부하게 자리 잡을 수 있는 건축(나무, 물, 풀, 동물이 살아도 좋은 건축), 시간의 변화를 표현하는 유연함이 자연스럽게 포함된 건축(통상 건축물이 아니라 여겨지는 것들 예컨대, 간판, 커튼, 조명, 빨래, 사람활동이 잘 보이는 건축)과 같은 것들이다.

오늘 다시 한번 우리가 사는 건축과 도시의 시간을 느껴보자. 오늘은 어떤 시간인가? 얼마나 오랜 시간을 그 안에 안고 있는가? 얼마나 더 오랜 시간을 안을 것인가? 지금은 몇 시인가? 그 시간이 느껴지는가?

상상력 키우기
Free your imaginative power

상상력과 실천력은 짝이다

상상의 씨앗으로부터 자라지 않은 실현은 힘이 약하다
뿌리내린 상상력이 곧 실천력이며
꽃피운 실천력이 곧 상상력이다

"상상이 지식보다 더 중요하다!(Imagination is more important than knowledge)" 사고의 도약을 이룬 앨버트 아인슈타인이 한 말이다. 아인슈타인 특유의 '혓바닥 날름'하면서 짓는 유쾌하게 도발적인 표정 위에 이 말이 쓰여 있던 포스터가 생각난다. 혓바닥을 날름하면 상상력도 자라나?

우리는 이 말을 참 많이 듣는다. 지식기반이 넓어진 세상에서 지식보다 중요한 것은 상상력이고 새로운 지식의 단서도 상상력에 의해서 더욱 커질 수 있다는 것이다. 또 많이 듣는 말이 있다. 우리 사회가 자유로운 상상력, 창조적인 사고력 측면에서 상대적으로 약하다는 지적이다. 어렸을 때부터 잘 짜인 교육체제에서 기존 질서에 따르고 어떻게든 기존 체제에서 살아남는 것이 성장의 목적이 되는 사회구도에서 규범적, 체제적, 안전 위주의 사고에 젖어있다는 지적인 것이다.

물론 개인차는 있다. 다만 개괄적으로 비교했을 때 서구의 개인주의적 사고가 자유로운 상상력의 도발을 유도하는 반면, 우리 사회 특히 유교문화권의 규범적 사고는 상상력의 자유를 막을 개연성이 높다는 것이다. 독자들은 이런 말을 들을 때 어떤 생각이 들까?

나에게 상상력이 있을까

이 말을 듣자면 나는 우선 어딘지 언짢다. 언짢은 이유는 확실하다. 일단 비교적으로 약점을 지적 받는 것이 싫고, 상상력이 중요하다는 것을 인정하기 때문에 더 언짢아지는 것일 게다. 그런데 속으로 더 화가 날 때는 이 말이 사실로 드러날 때다. 그 예들은 너무도 많다. 예컨대 영 비실대던(?) 친구들이 서구사회에서 비약적인 활동을 하고 누구라도 인정할 만한 창의적인 작업을 한다던가, 해외유학이나 실무 시절에는 날리게 실력을 인정받던 친구들이 우리 사회에 돌아오면 처음에는 '반짝' 하는 듯싶다가 금세 어디에 박혀 있는지조차 모르게 될 때, 과연 우리 사회 체제의 중화적 힘이란 무섭구나 하는 생각과 함께 개인의 능력, 개인의 상상력, 개인의 창조력이 발현될 필요가 없는 우리 사회가 아닌가 하는 의문도 드는 것이다.

많은 젊은이들이 불안감에 시달릴 것이다. 세상은 '상상력, 자유스러움, 창조력'을 원한다는데 나는 그럴 능력이 없다는 회의가 들 터이고, 당장 치열한 경쟁에서 살아남기 위해서 치러야 할 각종 통과의례들을 그리 잘하지도 못하는 판에 무슨 상상력이냐 하는 회의가 들 때도 있을 터이고, 그런가 하면 자신의 머릿속에서 떠오르는 아이디어들이 과연 현실에서 실현 가능할 것이냐에 대한 자신 없음 등 불안의 소지는 끝이 없다.

나의 두 딸은 전형적인 태도를 보인다. 큰딸이 하는 말, "만드는 것 좋고 따라하기는 잘하겠는데, 나는 창의적이지는 못하거든." 작은딸이 하는 말, "머릿속에서는 기막히게 만들어졌는데 진짜 만들려면 글쎄 잘 안 만들어지는 거야." 큰아이는 세상 물을 더 먹은 만큼 상상력에 자신이 없고, 작은아이는 세상 때가 덜 묻은 만큼 실현력에 자신이 없는 것이다.

건축인들은 더하다. '상상력'과 '실현력' 사이에서 끝없이 불안하다. 어떤 '업'의 훈련이라는 것은 현실 구현력을 키우는 데 중점을 둔다는 것이다. 하나의 직능인 역할을 하기 위해서 받는 훈련이란 아무리 느슨하다 하더라도 틀에 맞추어져 있고 더구나 건축같이 '보수적'인 직능에서는 틀이 더욱 촘촘히 짜여 있다. 건축인의 사고에 대한 흥미로운 에피소드가 있다. 사람들에게 선을 그려보라 하면 제 맘대로 아무 선이나 그린다고 한다. 그런데 건축 훈련을 받은 사람들은 일률적으로 '하나의 수평선'부터 그린단다. 수평선이란 기준선이다. 도면을 그리려면 수평선에서 출발하여 수직선을 그리고 다른 선들을 그려 나간다. 건축인들은 바로 이 수평선에서부터 자유롭지 못한 것이다. 훈련에 의한 사고의 틀이다(요즈음 컴퓨터 세대들은 과연 어떤 선을 그릴지 조사하면 매우 흥미로운 조사가 될 것이다. 수평수직이 만나 이루어지는 '십자선'이나, 아님 '커서' 같이 깜박이는 선을 그릴 지도 모른다).

사고의 틀이란 그만큼 강력하다. 자신이 익힌 훈련에 의해 사람은 만들어진다. 익숙해져버린 틀로부터 다시 자유스러워진다는 것은 무척 어렵다. 더구나 건축이란 다만 수평선의 문제만이 아니라, 훨씬 더 복잡하고 복합적인 지식체계를 훈련으로 익혀야 직능인의 기능을 그나마 할 수 있다. 그러한 체계란 마치 빙산 같아서 그 앞에서 자신이 작아지는 듯 느껴질 때가 한두 번이 아닐 것이다. 더구나 당장 배워야 할 것이 커다랗게 앞을 가로막고 있는데 '상상력은커녕……'이라 느낄 때도 한두 번이 아닐 것이다.

게다가 주변에서의 압력 역시 상당하다. "그렇게 하면 안 되지!"라는 소리 한 번 안 듣고 자란 사람이 있을까? 한 번 정도가 아니라 부지기수로 듣기 십상이다. "이렇게 그려!" "일단 해 놔!" "그러면 집이 안 지어지지!" "그렇게 해서 어디 번듯하게 평면이 빠지겠어?" "그렇게 하면 돈이 너무 많이 들지!" 등등 정말 의기를 꺾는 말은 많고도 많다. 이런 토양에서 상상력은 참 자라기 어렵다. 아직 실현을 감히 꿈꿔 보기도 전에 상상력의 싹이 잘리고 상상하고픈 욕구가 억제된다. 그러나, 그럼에도, 여전히 젊은이들은 상상력을 키우는 훈련이 필요하다. 아무리 기성사회에서 상상력을 억제한다 하여도 자신의 날개는 자신이 펼쳐야 한다.

상상력은 자라는가

그렇다면 어떻게 해야 하나? 여기서부터 문제다. 상상력에 대해서 내가 품었던 의문들을 여기서 다시 한번 되짚어보자.

첫째, "도대체 상상력은 왜 필요한 것일까?" 나는 이 고민을 꽤 했었다. 물론 즐겁게 살기 위해서, 더 새로운 것을 만드는 단서를 찾기 위해서 같은 당연한 정답은 있었지만, 만약 그렇다면 즐겁고 싶은 사람, 새로운 것을 만들고 싶은 사람만 상상력이 있으면 되는 것 아닌가. 그렇다면 보통 사람은 딱히 상상력에 연연할 필요가 없는 것 아닌가. 이런 의문을 했었다.

내가 깨달은 바는 이렇다. 상상력은 자라기를 촉진시킨다. 한번 배운 것을 잘 안 잊어먹게 한다. 자꾸 더 새로운 질문을 만들고 그것을 채우려는 욕구를 키운다. 상상력이란 '자라기'에서 가장 중요한 요소다. 상상력이 발동되지 않은 배움은 뇌 속에 새겨지질 않는다. 뇌 속에서 파장을 일으키지 못한다. 그래서 잘 배워지지도 않고 새로운 배움을 촉발하지도 않는다. 내가 이 사실을 새삼 깨닫게 된 것은, 비로소 내가 내 자신의 의문을 만들어가며 배우기를 할 수 있게 되었을 때였다. 내가 스스로 만든 의문은 절대로 잊어버리지 않는다. 그 의문을 통한 깨달음은 또 항상 새로운 의문으로 이어지며 꼬리의 꼬리를 물고 이어지는 것이다.

둘째, "도대체 상상력이란 무엇인가?" 상상을 안 하는 사람은 이 세상에 없는데 무엇을 보고 상상력이라 하는가? 왜 어떤 사람에게는 상상력이 참 풍부하다고 하고 왜 어떤 사람에게는 상상력이 없다고 하는 것일까? 사춘기 시절에 몽상이 없는 사람이 없고 성인이 되어서도 일장춘몽을 꾸는 사람도 있는데 그런 사람들은 상상력이 풍부한 사람일까?

내가 내린 결론은 이렇다. '상상력'과 '실현력'은 짝이다. 서로가 서로를 강화해주는 역할을 한다. 실현을 전제하지 않은 상상에는 힘이 실리지 않는다. 상상의 씨앗으로부터 자라지 않은 실현은 힘이 약하다. 즉 뿌리내린 상상력이 곧 실현력이고, 꽃피운 실현력이 곧 상상력이다. 이렇게 정의하면, '소모적 상상'과 '생산적 상상' 사이의 구별이 바로 된다. 실현하는 힘이 실려 있는 상상이 곧 '상상력'인 것이다.

셋째, "상상력도 역시 자라나?" 상상력도 키워지는가? 상상력이 없다는 사람도 훈련을 하면 상상력을 키울 수 있나? 나 역시 질문을 무척 많이 했다.

나는 그렇다고 본다. 사람의 다른 모든 능력과 마찬가지로 상상력 역시 훈련에 의해 자란다. 물론 천부적인 차이는 있을 수밖에 없을 것이다. 누구나 아인슈타인이 될 수는 없다. 다만 상상력은 자신이 '절실히' 필요로 하는 만큼 자란다는 것이 나의 믿음이다. 어떻게 '절실하게' 만들 것인가가 문제일 뿐이다.

나는 '자극'이 필요하다고 생각한다. 일종의 동기부여인 셈이다. 생생한 '자극'을 받는 것이 가장 좋다. 매일 똑같은 일을 반복하는 사람에게는 소모적 상상이 생길 수밖에 없다. 똑같은 일을 한다고 미리 전제를 한다면 어떤 자극도 없기 때문이다. 일정 경력 이상이 되면 자칫 매너리즘에 빠지는 것도 이 때문이다. 가장 좋은 자극은 '위기의식'이라고 나는 생각한다. 위기를 생각하면 많은 위험을 미리 상정하게 되고 그 위험을 피하는 모든 방식을 구체적으로 생각하게 된다. 더 구체적으로 실현력을 생각하는 상상이 되는 것이다.

물론 가장 좋은 자극은 자신의 깊은 속에서 우러나는 '지적, 감성적 자극'이겠다. 그러나 이것을 너무 믿지 말자. 사람은 홀로 자라는 것이 아니라 외부의 자극에 의해서 자란다. 사람 내부의 깊은 지적, 감성적 자극 역시 외부의 자극이 있을수록 유발된다. 사람들이 체험의 폭을 넓히라는 이유는 여기에 있다. 자극을 받기 위해서다.

넷째, "많이 알수록 상상력은 커지는가 아니면 많이 알수록 상상력은 저해를 받는가?" 우리 모두 부딪히는 의문이다. 특히 건축처럼 기본적으로 '무엇을 만들 수 있는 능력'이 중요한 덕목이 되는 분야에서는 더욱 그렇다. "너무 많이 알면 못 만들어내!"라는 말, "책 많이 본다고 건축이 만들어지냐?"라는 말, "뭐 아는 건 많은데 만드는 건 신통치 않지!" 하는 말들, 이런 시각들이 특히 모든 '만들기' 분야에 무성하다. 답은 무엇일까?

나는 어느 쪽도 성립한다고 본다. 많이 알아 상상력이 풍부해질 수도 있고, 아니면 잘 몰라서 상상력이 풍부하고 더 모험적이 될 수도 있다. 예컨대, 건축을 정규과정으로 훈련받지 않은 사람은 훨씬 더 모험에 개방적이다. 건축을 주문하는 건축주들 역시 이렇게 모험적일 수 있다. 자신의 원함을 비록 공간적으로는 표현해내지는 못하더라도 말로는 표현할 수 있는 것이다. 모르니까 무엇이든 만들 수 있다고 생각하고 건축가의 빈곤한 상상력을 탓할 수도 있다. 사실 우리사회의 건축주들이 해외 건축가를 찾는 이유에는 '해외 스타'라는 명성도 있지만 건축가들이 건축주를 뛰어넘는 상상력을 발휘할 것이라는 기대도 작용할 것이다.

건축인들의 경우에도 기술에 대해 잘 모르는 건축가들이 오히려 더 모험적이 되곤 한다. '구조'와 '공법'이 전형적인 예다. 대부분의 설계 건축가는 구조해석을 직접 할 수 있는 능력이 없이 구조시스템의 기본 감각만 가지고 원하는 공간과 형태를 구상하고 구조 기술자들에게 그 해결을 요구하는데, 이런 상상의 자유는 모름으로써 가능한 자유다. 그렇지만 모름으로써 갖는 한계도 크다. 해외 건축가 중에는 자신이 직접 뛰어난 구조기술을 갖춤으로써 오히려 환상적인 공간, 놀라운 형태를 창안해내는 사람들이 있는데, 그들은 깊이 앎으로써 풍부한 상상력을 현실로 구현해내는 능력을 발휘하는 좋은 예이다.

상상력의 한계는 어디까지일까

마지막 의문. "과연 건축에서 상상력의 한계란 어디까지일까?" 모든 건축인이 갖는 의문이다. 나는 이에 대한 답을 감히 바로 할 수 없다. 오직 무한하리라는 것만은 유추할 수 있다. 지난 역사를 보아도 그렇고 인간 역량의 무한함을 믿어서 그렇기도 하다. 무엇보다도 인간이 사는 세상이란 끊임없이 변화하고 그에 따라 항상 새로운 문제가 등장하고 그에 따라 건축이 할 일도 항상 새롭게 등장한다는 것을 경험으로 알기 때문이다.

아마 독자들의 머릿속에는 온갖 희한한 건축물들의 형태가 떠오를 것이다. 수직과 수평의 중력의 힘을 거스르며 사선과 곡선으로 이어지는 신기한 형태, 어디까지 올라갈 수 있을까 궁금하게 만드는 초고층의 형태, 마치 자연의 형태를 닮아가는 것 같은 둥글둥글 유선형의 형태 같은 것들이다. 근본적인 혁신들도 있다. 특히 환경 관련 건축 혁신은 주목할 만하다. 좋은 햇볕과 나쁜 햇볕을 구분하게 된 온갖 단열 자재, 좋은 햇빛과 나쁜 햇빛을 조절하는 온갖 투광과 차광 자재, 자연과 호흡하기 위해서 고안된 지혜로운 생태 건축, 옛적 아궁이 때면서 자연스럽게 쬐었던 원적외선을 발산하는 자재 등이다.

컴퓨터 기술의 발전이 놀라운 건축 혁신을 동반한 것은 물론이다. 기기묘묘한 형태의 건축물을 설계할 수 있게 된 것은 소프트웨어의 발전 덕분이고, 더구나 그 기기묘묘한 형태를 짓는 자재들을 자유자재로 커팅하고 주물을 뜰 수 있게끔 해준 것도 컴퓨터 덕분이다. 지진, 화재, 바람 등 온갖 재앙들을 예방하게 해줄 수 있게 된 데에는 컴퓨터 시뮬레이션의 힘이 컸던 것은 두말할 나위가 없다.

짓는 방식에서도 수많은 혁신이 가능하다. 공업화가 많이 되기는 하였으나 건축은 여전히 인간의 손과 노동에 많이 기대는 '수공업'의 성격이 강하다. 앞으로는 어떨까? 온갖 로보틱스의 발전은 건설작업에 혁신을 불러올 것이다. 아니, 도구의 발전만이 아니라 계속 발전이 된다면, '스스로 지어지는 건축'은 생길 수 없을까?

'완전무결한 상상'도 가능하다. "건축은 여하튼 자연에 죄를 짓는 것이기에 되도록 죄를 덜 짓는 건축을 만드는 것이 건축의 과제"라는 나의 생각이 상상 속에서는 완전히 바뀔 수도 있다. 자연에 죄를 짓는 것이 아니라, 환경을 오염시키는 것이 아니라, 자연과 함께 호흡하고 자연의 삶과 죽음과 함께 신진대사를 하는, 그래서 드디어 건축이 무생물체가 아니라 생물체가 되어버리는 것이 상상 속에서만 가능한 것은 아닐 것이다.

그러니 건축의 상상력은 무한한 것이다. 건축공간적 상상력, 건축구조적 상상력, 건축설비적 상상력, 건축형태적 상상력, 건축프로그램적 상상력, 도시환경적 상상력, 생태환경적 상상력, 건축심리적 상상력, 건축분석적 상상력, 건축감성적 상상력 등, 상상력은 어떤 측면에서나 나올 수 있다. 어떻게 그 지평을 넓힐 것인가?

상상력의 감(感)과 지(知)를

매일매일 삶에서 상상력을 동원한다는 것은 무한할 것이라 나는 믿는다. 도시건축인들이야말로 항상 자신의 현장에 있게 마련이니 상상력을 자극하는 단서를 그 어디에서도 찾을 수 있다. 찾을 마음만 있고 자신을 훈련하고만 있다면.

상상력을 자극하는 단서들은 일상의 경험에서, 사람들의 단순한 질문에서, 자신의 의문에서 올 수도 있다. 시공(時空)을 넘나드는 자극은 더욱 자극적이다. 옛 시간, 미래 시간에서도 자극이 오고, 우리의 공간뿐 아니라 세계의 공간에서도 새로운 자극이 온다. 시공을 뛰어넘을 수 있는 것이야말로 가장 의미 있고 흥미로운 상상력이 된다.

그 훈련의 단서들은 의외로 쉬울 것이다. 우선, 항상 '낯설게' '이상해하는 눈으로' 보는 습관이 그 첫째다. 당연하게 받아들이지 말고 왜, 무엇 때문에 그렇게 해야 할까, 만약 다르게 한다면 왜 문제가 생기는 걸까, 다르게 하지 않는 이유는 무엇일까 하는 등의 의문을 가져보는 것이다. 이것은 정말 중요하다. 우리가 이미 알고 있고, 할 수 있는 것을 의문해보는 것, 이것이야말로 진정한 자유라 하지 않을 수 없다.

　일상의 의문으로부터 시작하는 것이 가장 좋은 훈련이라는 것을 깨닫는 것이 그 둘째다. 내가 아는 한 기술자는 만나면 나에게 '생활의 불편'과 '건축하기의 불편'을 수시로 묻곤 한다. 내가 민감한 것을 잘 아는 그 사람은 나에게 물음으로써 자신의 기술적 상상력의 단서를 찾아보고자 하는 것이다. '비현실적'이라 보이는 것에 겁먹지 말자. 비록 '지금'은 아니더라도 언젠가 '때'가 온다.

　자신의 '감(感)'에 온몸을 실어보자. 일상 훈련의 셋째 항목이다. 가장 중요하다. '감'이란 어떻게 설명하기가 어렵다. 종합적이고 통합적이며 순간적이고 돌발적이다. 온몸을 그 감에 맡겨보자. 떠오르는 감에 저항하지 말고 거부하지 말자.

　다만 감은 감으로 그칠 수 없다. '상상력'과 '실현력'이란 떼려야 뗄 수 없는 짝인 것이다. 바로 '실현을 목표로 상상'하는 훈련이 상상하기의 넷째 항목이 되는 것이다. 실현을 하려면 의문은 더 구체적이 되고 그에 따라 상상의 줄기도 더 많아진다. 마치 '나무'와도 같다. 그 열매가 어떻게 거두어질지도 중요하지만 나무를 우선 자라게 할 방법을 고민하자. 바로 '지(知)'로 통하는 것이다.

　'감(感)'과 '지(知)' 두 가지. 이것은 모든 상상하기의 기초다. 또한 자라기의 기초다. 이러한 감지력을 자신의 몸으로 자신의 일상에서 부단히 실습하자!

흔들어보기
Suspend your belief

당신의 믿음을 흔들어라, 야성을 깨워라

믿음이란 회의를 통해 굳어진다
우리의 믿음을 흔들어봄으로써
우리의 믿음은 새로운 단계로 넘어간다

MIT에 유학 갔던 첫 학기, '인식론(epistemology)' 과목이 건축학과의 필수과목이라 엉뚱하였고 그 과목을 맡은 유대계 인류학 교수의 도발적인 강의가 당황스럽기도 하였거니와, 전 세계에서 온 학생들이 교수와 벌이는 뜨거운 논쟁에 깜짝 놀라기도 하였다. 영어에 귀도 안 트이고 입도 안 트였던 시절이지만 건축의 고정관념과 자기중심적 사고를 비판하는 인류학 교수의 도발적 논점과 자긍심 높고 이미 머리 큰 대학원 학생들과의 논쟁이 어떻게 벌어지는가는 이해할 수 있었다.

그 과목의 엄청나게 어려웠던 리딩 리스트와 숙제의 내용을 이제는 거의 다 잊어버렸다. 그렇게 열심히 사전 찾아가며 읽었고 강의를 녹음해서 수없이 다시 틀어보고 했건만 별 소용이 없었던 모양이다. 하지만 단 한 가지는 절대로 잊지 않는다. 그 인류학 교수가 되풀이했던, "Suspend your belief!(너의 믿음을 흔들어보라!)"라는 말이다. 지금도 그 독특한 어조가 귀에 감돌 정도다.

너의 믿음을 흔들어보라

왜 그 말이 내게 그리 인상적이었을까? 그 이전에는 누구도 나에게 그런 말을 해준 사람이 없었다. 내 속에서 피어나는 의문과 회의와 불안, 그런 것이 괜찮다고 해주는 사람조차 없었다. 더욱이, 의문과 회의와 불안은 자연스럽고 당연하고 또 꼭 필요하다고 하고, 그렇게 자신이 가진 것, 아는 것, 믿는 것을 흔들어보라고까지 하니 내 인상에 콕 박혀버린 모양이다. 똑같은 말을 여러분에게 하고 싶다. 자신의 믿음을 흔들어보라. 자신이 가진 것, 아는 것, 믿는 것을 흔들어보라! 자신을 송두리째 흔들어보라! 시시때때로 이런 과정은 절대로 필요하다.

사실 우리가 받아온 많은 교육의 내용들은 우리를 일정한 틀에 꿰어버린다. 내가 이 책에서 전하는 메시지조차 분명 나의 한정된 관념과 믿음과 사고체계의 틀에서 나온 것이다. 현명한 독자라면 나의 메시지에 대해서 고개를 끄덕일 뿐 아니라 '아니야, 아니야'라고 고개를 젓기도 하리라.

건축과 도시를 공부하고 오랫동안 실무를 하고 수많은 책을 쓰고 공공 직위에서 정책과 제도를 바꾸는 일을 해오면서 수많은 의문과 회의와 불안이 들었다. 어떻게 좋은 건축을 만드느냐, 어떻게 좋은 도시를 만드느냐를 넘어서는, 아니, 그 바탕에 깔려 있는 의문들이다.

대학에 들어가 건축을 배웠던 초입 시절, 이른바 '건축 공부에 녹아 있는 일종의 영웅주의'에 회의가 깊었다. '건축으로 세상을 바꿀 수 있다, 건축의 창조란 신의 창조와 같다, 창조를 자극하는 영감이 중요하다' 같은 것이다. '정말 건축이란 게 그리 멋진 것인가, 멋진 것이기만 한가, 그리 전지전능한가' 같은 의문이 깊어지기만 했다. 대학원에서 '도시 공부'에 관심을 가지면서 내 의문에 대해 상당히 많은 것을 확인할 수 있었고, 현실적이고 사회분석적인 도시 공부를 통해 건축의 좁음에 대한 아쉬움을 풀 수 있었다. 당시 참여했던 '박정희 정권 말기의 임시행정수도 계획 수립' 과정은 여러 분야와의 통섭, 현실 문제와 도시건축과의 상관관계, 팀플레이에 대한 호기심을 불러일으켰다.

MIT 유학에서 도시 공부와 사회경제 공부로 넓히면서 '건축이란 이 큰 인간사회에서 얼마나 작은가'에 대한 인식과 함께 '건축이란 얼마나 큰 세계를 그 안에 포함할 수 있나'를 동시에 깨닫게 된 것은 흥미롭고도 행운이 깃든 깨달음이었다. 유학 내내 '내가 얼마나 작은가'에 대한 처절한 인식과 '내가 얼마나 커질 수 있나'에 대한 날개 달린 포부를 동시에 느꼈던 것과 비슷하다.

박사 학위를 받고 대한주택공사 주택연구소에서 일하며, 이른바 우리 사회의 실무 메커니즘에 대해서 알게 되었지만 그 '먹이사슬'의 엄연한 존재에 좌절을 겪었던 것도 사실이다. '서울포럼'이라는 기획 회사를 창업하고 실무를 해오면서 공공 활동과 민간 활동을 넘나드는 자유로움을 만끽했지만, 이른바 전문가로서 '계란으로 바위치기'의 고민에도 빠져들었다. 많은 전문가들이 자신의 전문 역량을 일정하게 쌓은 후에, '변화는 전문 역량 이상으로 정책 제도의 변화를 통해 가능하다'는 깨달음을 갖게 되고, 또 다시 '정책 제도의 변화는 정치의 변화 없이는 불가능하다'는 깨달음을 얻게 되는데, 나 역시 마찬가지였다.

그래서 내 공공 활동의 지평을 넓혔다. 수많은 시도들과 작은 성공들과 큰 좌절들이 당연히 있었다. 하지만 적어도 지금은 확실히 안다. '건축은 중요한가?'라는 의문을 하면서도 '건축은 중요하다'는 믿음을 갖는다. "건축은 한없이 이기적이고 속물적이고 자본과 권력의 시녀일 뿐인가?"라는 의문을 하면서도 "건축은 한없이 공공적이고 숭고하며 자본과 권력의 메커니즘을 바꿀 수 있다"는 믿음을 갖는다. "건축은 자연에 죄를 짓는 원초적 해악을 갖고 있다"고 기꺼이 인정하면서도 "자연에 죄를 덜 짓는 건축을 우리 인간사회의 지혜로 만들어낼 수 있다"고 믿는다. "속물적이고 정치에 종속된 건축이 인간 사회를 피폐하고 황폐하게 만든다"고 의심하면서도, "여전히 건축을 통해 우리 인간 사회가 더 행복하고 사람답게 살 수 있게 만들 수 있다"고 믿는다. "건축업은 저주"라는 것을 알지만, "건축은 축복"이라고 굳게 믿는다.

믿음(faith)이란 회의를 통해 굳어진다고 하던가? 나는 그것을 믿는다. 우리의 믿음을 흔들어봄으로써 우리의 믿음은 분명 새로운 단계로 넘어갈 수 있음을.

와일드해져라

"흔들어보라"의 다른 표현으로 "와일드해져 보라!"고 말하고 싶다. 거칠거나, 튀거나, 원초적 본능에 충실해보라거나 하는 류의 '와일드'가 아니다. 본질적으로 와일드해지라는 것이다. 와일드하다는 건 '스타일의 문제'가 아니라 '개념의 문제'이다. 본질적으로 와일드해져라! 첫째, 기성의 가치를 의문하고 그동안 배워온 것을 의심해보며 고정관념의 실체를 파악하고, 주문받는 내용의 진실을 의문해보라는 뜻이다. 둘째, '계란으로 바위치기'라며 기존 체제에 안주하라는 압력을 의문해보고, '빨리 포기할수록 살기 편하다'라는 말에 숨은 비겁함을 간파해보고, '결국, 변화는 무망하다'는 포기성 발언에 숨은 기성 권력의 기제를 의문해보자. 셋째, '변화시킬 수 있다' '다르게 할 수 있다' '새롭게 할 수 있다'에 대한 의지뿐 아니라 실현에 있어서도 작은 성공을 일구고 큰 성공으로 넘어가보자는 뜻이다. 나는 이것을 진정한 '야쎙(야성, 野性)'이라 부른다. 실현가능하게 만드는 '야쎙'이라 믿는다.

나는 '젊은 세대의 힘'을 믿는다. 혹간, 요즈음의 젊은 세대들이 오히려 보수적이라거나, 안주지향적이라거나, 겉멋만 들었다거나, 오히려 겁이 많아졌다거나 하는 사회적 비판이 있는 것도 사실이나, 나는 그렇게만 보지 않는다. 젊은 세대의 토양은 훨씬 더 풍부해졌다. 경제적 풍요를 맛본 만큼, 문화적 다양성에 대한 접촉면이 넓어진 만큼, 발전된 기술을 자연스레 활용하게 된 만큼, 넓은 세계에 대한 체험이 깊어진 만큼 가능성은 훨씬 더 커진다. 어느 분야에서도 그렇지만, 건축 분야와 같이 사회의 총체적 수준이 결집되어야 발전이 가능한 분야일수록 도전과 혁신의 가능성은 훨씬 더 커진다는 것이 나의 믿음이다.

한때 "한국 건축성, 또는 한국의 건축 문화성'을 어떻게 표현하느냐, 현대 건축에서 그것은 가능한가?"라는 의문이 건축계를 사로잡았던 적이 있다. 이른바 '전통 잇기'에 대한 고민인 것이다. 내 생각은 이랬다. "이른바 전통이라는 것에 관념적으로 묶이지 않은 세대, 마치 세계의 다양한 문화를 접하듯 우리의 전통 문화를 접하는 자유로운 세대가 출몰할 때, 우리의 전통은 자연스럽게 건축에 스며들고, 또 배어나오리라!" 나의 예언은 맞을 것 같지 않은가?

물론 쉽지 않다. 인정하건대, 건축은 상대적으로 '보수성'이 강한 분야이다. 잘 안 변하려 들며, 기존의 이익구조를 강화하려는 성향이 작용하고, 자본의 힘에 굴복하기 십상이며, 정치의 힘 앞에 나약해지기 쉬운 것이다. 하지만, 바로 그래서 도전해보자. 한 걸음씩 한 걸음씩 앞으로 나아가보자. 항상 과감하게 우리의 기존 믿음을 흔들어보며 본질적인 '야성'을 견지하며 와일드해지자. 와일드하다는 것은 스타일의 문제가 아니라 개념의 문제이다!

프롤로그

'만드는 건축가'가 될까
'말하는 건축가'가 될까

우리는 스스로 우리 인생의 건축가가 될 수 있습니다. 우리 '말하는 건축가'가 되어보고 '만드는 건축가'가 되어봅시다! 또 '말하는 건축가'와 '만드는 건축가'를 넘나들어 봅시다!

◻

이 책을 읽다가 '건축가가 되어볼까?' 생각하신 독자들도 있을 것 같습니다. 제가 많이 받는 질문 중 하나가 "건축을 전공하려는데 괜찮은가?"이고, 당사자인 젊은이들뿐 아니라 부모님들도 이 질문을 참 많이 하십니다. "다른 공부를 하다가 건축으로 전공을 바꾸려는데 괜찮을까?" 하는 질문도 많이 받곤 합니다.

"건축은 작업 그 자체로서는 축복이지만, 건축업으로서는 저주이다"라는 말을 자주 하고, 건축이 현실적으로 절대 녹록치 않은 분야이기 때문에 '일로서의 건축'을 선택하는 것에는 신중의 신중을 기해야 한다고 제가 누누이 얘기함에도 불구하고, 워낙 건축이 가진 매력이 독특하다보니 그 매력에 끌리시는 게지요.

건축을 자신의 일로 선택한 젊은 독자들에게 최대한의 축복을 아끼지 않으려 합니다. 건축 훈련 자체는 힘들지만 즐겁기 짝이 없고 '만드는 과정에서 생기는 행복감, 만들고 난 후의 뿌듯한 보람'이란 참 큽니다. 삶을 공간으로 만들어내고 싶은 인간의 본성에 깊이 어필하는 작업이지요. 현실이 아무리 녹록치 않고, 건축을 일생의 업으로 해나가는 과정에서 수없이 실망과 좌절을 겪고 때로는 혐오감과 절망감에 시달리는 한이 있더라도, 건축 자체의 축복과 행복을 놓치지 않으시기 바랍니다.

◻

이 책을 읽으면서, "건축수업이란 게 참 우리 인생하고 별로 다르지 않구나" 하고 생각했을 독자들도 많을 것 같습니다. 건축을 업으로 택하지 않았다 해도, 평소에 가졌던 막연한 호감, 궁금증, 호기심을 이 책으로 풀어볼 수 있기를 바랍니다. 건축을 업으로 택하지 않더라도 스스로 자기 인생의 건축가가 되고 싶어 하는 분들이 훨씬 더 많겠지요. 그래서, '말하는 건축가'라는 개념을 각별히 강조하고 싶습니다.

정재은 감독이 건축가 고 정기용 선생의 말년에 대해서 만든 다큐 영화의 제목이 〈말하는 건축가〉입니다. 참 이름을 잘 지었습니다. 물론 정기용 그 자신은 평생을 '만드는 건축가'로 활약해왔습니다. 하지만 동시에 사회를 향해 꾸준하게 소통하고, 말을 통해 건축의 철학과 행복과 가능성을 전파하고, 또한 그 가능성을 제약하는 사회의 구조적 문제에 대해 꾸준하게 비판해온 '말하는 건축가'이기도 했습니다.

우리는 모두 '말하는 건축가'가 될 수 있고 또 되어야 합니다. '나의 집 읽기'라는 부분에서 자신의 바람과 욕구와 불만을 선명하게 깨닫고 있는, 적어도 자신의 집에 대해서는 '말하는 건축가'가 될 수 있다고 했는데, 그게 어디 집에 대해서 뿐이겠습니까?

◼

가장 바람직한 상황은 우리 모두 큰 의미에서 '말하는 건축가'가 되고, '만드는 건축가'를 업으로 택하는 사람들은 '말하는 건축가'들이 '드러내는 말과 또 말하지 않는 말(깊은 욕구)'까지 헤아려서 좋은 건축을 만들고 쓰고 즐기는 상황이겠지요.

여러분은 사실 '말하는 건축가'가 됨으로써 벌써 큰 의미의 '만드는 건축가'가 되는 것입니다. 우리 스스로, 기쁜 마음으로 '말하는 건축가'가 되어봅시다!

◾

건축은 인생과 같다

어떤 프로젝트? 사람 프로젝트, 삶 프로젝트, 사람 사는 프로젝트다.
사람과 사람 사이의 보이지 않는 선을 이어주는 일,
사람 사는 이야기를 엮어주는 일이 건축과 도시다.
사람을 관찰하고 사람의 미묘한 심리를 느끼고 사람들과 얘기하고
사람들이 부지불식간에 원하는 그 무엇을 짚어주는 일이 나는 좋다.
일상의 모든 부분이 다 나에게는 좋은 공부다.
길을 걷건, 부엌일을 하건, 쇼핑을 하건, 토론을 하건,
현장을 가건, 여행을 가건 다 중요한 사람 공부이자 또 건축 공부다.
항상 미래를 그려야 한다는 것도 건축의 좋은 점이다.
긍정하지 않으면 어떻게 미래를 그려내겠는가?

건축이 또 좋은 점, 어떤 상황에서도 뭔가 만들어내야 한다는 것이다.

돈이 모자라면 모자란 대로, 시간에 쫓기면 쫓기는 대로,

궁하면 궁한 대로, 통하면 통하는 대로,

'행복'과 '희망'을 만들어내야 한다.

어떤 제약 상황에서도

'의외로' 멋진 것을 만들어내는 일이라고나 할까?

우리 인생 프로젝트와도 비슷하다.

- 김진애의 『인생은 '의외로' 멋지다』 중에서

인생을 바꾸는 건축수업

초판 1쇄 발행 2012년 10월 23일
초판 3쇄 발행 2018년 9월 17일

지은이 김진애
펴낸이 김선식

경영총괄 김은영
디자인 이주연 **책임마케터** 최혜령, 김민수
콘텐츠개발1팀장 임보윤 **콘텐츠개발1팀** 김민혜, 이주연
마케팅본부 이주화, 정명찬, 최혜령, 이고은, 김은지, 배시영, 유미정, 기명리, 김민수
전략기획팀 김상윤
저작권팀 최하나, 추숙영
경영관리팀 허대우, 권송이, 윤이경, 임해랑, 김재경, 한유현, 손영은

펴낸곳 다산북스 **출판등록** 2005년 12월 23일 제313-2005-00277호
주소 경기도 파주시 회동길 357 3층
전화 02-702-1724 **팩스** 02-703-2219 **이메일** dasanbooks@dasanbooks.com
홈페이지 www.dasanbooks.com **블로그** blog.naver.com/dasan_books
종이 (주)한솔피엔에스 **출력·제본** (주)갑우문화사

ⓒ 2012, 김진애

ISBN 978 - 89 - 6370 - 070 - 0 (13320)

- 책값은 뒤표지에 있습니다.
- 파본은 구입하신 서점에서 교환해드립니다.
- 이 책은 저작권법에 의하여 보호를 받는 저작물이므로 무단 전재와 복제를 금합니다.
- 이 도서의 국립중앙도서관 출판시도서목록(CIP)은 서지정보유통지원시스템 홈페이지(http://seoji.nl.go.kr)와 국가자료공동목록시스템(http://www.nl.go.kr/kolisnet)에서 이용하실 수 있습니다.

다산북스(DASANBOOKS)는 독자 여러분의 책에 관한 아이디어와 원고 투고를 기쁜 마음으로 기다리고 있습니다. 책 출간을 원하는 아이디어가 있으신 분은 이메일 dasanbooks@dasanbooks.com 또는 다산북스 홈페이지 '투고원고'란으로 간단한 개요와 취지, 연락처 등을 보내주세요. 머뭇거리지 말고 문을 두드리세요.